U0738810

城市交通基础设施资本化效应及其异质性研究:以杭州市为例

桂再援　温海珍　著

ZHEJIANG UNIVERSITY PRESS
浙江大学出版社
·杭州·

图书在版编目（CIP）数据

城市交通基础设施资本化效应及其异质性研究：以杭州市为例 / 桂再援，温海珍著. -- 杭州：浙江大学出版社，2025.8. -- ISBN 978-7-308-26375-7

Ⅰ. F512.755.1

中国国家版本馆 CIP 数据核字第 2025GM7235 号

城市交通基础设施资本化效应及其异质性研究：以杭州市为例

桂再援　温海珍　著

责任编辑	金佩雯
文字编辑	王怡菊
责任校对	叶思源
封面设计	杭州乾嘉文化艺术有限公司
出版发行	浙江大学出版社
	（杭州市天目山路 148 号　邮政编码 310007）
	（网址：http://www.zjupress.com）
排　　版	杭州星云光电图文制作有限公司
印　　刷	杭州钱江彩色印务有限公司
开　　本	710mm×1000mm　1/16
印　　张	13.5
字　　数	242 千
版 印 次	2025 年 8 月第 1 版　2025 年 8 月第 1 次印刷
书　　号	ISBN 978-7-308-26375-7
定　　价	78.00 元

前　言

交通和住房是传统"衣食住行"中重要的民生问题,关系人民福祉。随着城市化和机动化进程的持续推进,住房需求和交通出行需求不断增长。在此背景下,住宅周边的交通基础设施配套成为影响城市居民购房决策的重要因素之一。人们对交通资源的需求导致交通资本化价值成为住宅价格的重要组成部分。然而,针对城市交通与住宅价格关系的研究大多停留在采用特征价格模型估计平均交通资本化效应的层面,对交通资本化效应的异质性特征缺乏深入的探究,并且集中关注轨道交通,对城市交通系统中其他类型交通设施的资本化效应关注不足。

本书基于土地价值理论、外部性理论和市场细分理论,从空间维度和社会维度切入,深入探究交通资本化效应的空间异质性和社会异质性;以杭州为案例城市,整合住宅价格数据和住宅特征数据,构建特征价格模型、空间计量模型、地理加权回归模型和分位数回归模型等一系列统计模型,全面分析城市交通基础设施的资本化效应及其异质性;进一步地,以杭州地铁1号线和德胜快速路为例,深入探究城市重大交通基础设施的资本化效应。主要得到以下五点结论。

(1)总体上,大多数城市交通基础设施对住宅价格具有显著的资本化效应,但资本化效应的显著性、方向以及大小存在差异。基于2017年杭州主城区的住宅数据,空间误差模型的结果表明交通特征变量每增加一个单位,标准住宅的价格变化范围为下降710.615元/米²(公共交通出行费用)至上升1 694.089元/米²(水上巴士站点)。其中,地铁、快速公交、水上巴士、快速路设施对周边住宅价格具有显著的溢价效应;常规公交、公共自行车设施,以及公共交通出行费用、道路通行速度上升则产生了显著的折价效应;道路密度对住宅价格没有显著的影响。

(2)交通资本化效应在空间和社会维度均呈现出显著的异质性,不同类型交通资本化效应随空间位置和住宅价位变化的分异规律各异。在空间维度上,由于不同区域交通禀赋的差异、居民需求的空间分异以及交通设施有限的服务范围,购房者对交通基础设施支付意愿的显著性和大小在空间上并不是均匀分布的。在社会维度上,高、中、低价位住宅的购房者根据自身收入水平和住房需求而为交通基础设施支付相应的住宅溢价或折价。值得关注的是,城市轨道交通、快速路、快速公交等提供高品质交通服务的设施对高价位住宅的资本化效应更大,这一现象可能会加剧社会阶层分化。由于支付能力的限制,低收入人群可能因此被排斥在拥有优质交通服务的区域之外,这可能会对社会公平造成损害。

(3)针对杭州地铁1号线的研究表明,地铁设施对周边住宅价格具有显著的正向资本化效应,并表现出明显的空间异质性和社会异质性。总体而言,住宅与地铁站点之间的距离每缩短1 000米,其房价平均上升391.860元/米²。进一步地,地铁资本化效应在空间上并不是均匀分布的,而是随着距离的增加呈现"先敏感、后平缓、总体下降"的非线性规律。此外,地铁资本化效应的大小和影响范围随着价格分位点的上升而增加,说明高价位住宅购买者对邻近地铁站点住宅的支付意愿最强烈。

(4)地铁线路的开通运营显著增强了地铁设施对住宅价格的资本化效应,并加剧了其空间维度和社会维度的分异。总体来看,地铁设施对周边住宅价格的平均资本化效应在地铁线路开通运营后上涨了21%。局部来看,地铁线路的开通使各距离区间内住宅价格的溢价率明显提高,其对住宅价格产生显著影响的范围从1 000米扩大至2 000米,加剧了资本化效应的空间分异。此外,不同价位住宅价格的影响大小和范围均在地铁线路开通后进一步提升,地铁设施可达性被资本化到更多价位住宅的价值中,这强化了资本化效应的社会异质性。

(5)针对德胜快速路的研究表明,快速路设施对周边住宅价格具有显著的正向资本化效应,并呈现出明显的空间异质性和社会异质性。总体上,每靠近快速路设施1 000米,标准住宅的总价上涨48 112.590元。从空间维度考察,快速路资本化效应随着距离的增加先增大后减小,并在1 000米~2 000米范围达到峰值;由于城市不同区域交通禀赋的差异,高架快速路对郊区住宅价格的资本化效应大于市区住宅价格。从社会维度考察,快速路对低价位住宅的资本化效应大于中、高价位住宅。值得注意的是,建造于地面之下的隧道快速路在缓解地面交通拥堵的同时,对环境的负向影响较小,产生了较为可观的社会和经济效益。

在"以人为核心"的新型城镇化背景下,对交通资本化效应及其多维度异质性的探索具有重要的理论和实践意义。首先,从空间和社会维度切入的多维度分析框架有助于全面探究城市交通基础设施对住宅价格的资本化效应。其次,在此框架下取得的实证结果有效识别了城市居民对交通基础设施的偏好和支付意愿,并揭示了其随住宅空间位置和购房者社会阶层变化的分异规律,为提高城市交通设施配置效率和改善交通服务水平提供了定量依据。最后,在城市总体层面和个体层面的稳定的实证结果证明了本书多维分析框架的科学性,并为其他类型城市公共品资本化效应的研究提供了可借鉴的方法。

目　录

第1章 绪 论

1.1 问题的提出

1.1.1 研究背景

(1)现实背景

我国经历了快速的城市化发展,城市人口急剧增加。根据国家统计局的统计,2023 年末,我国总人口达 140 967 万人,其中城镇常住人口 93 267 万人,城镇化率为 66.16%(国家统计局,2024)。而在改革开放初期,我国常住人口城镇化率仅为 17.92%。40 余年来,我国城镇化的规模之大、速度之快是人类历史上前所未有的。与此同时,我国城市机动化水平逐年提高,机动车拥有量和使用量显著增长。全国民用汽车数量从 1978 年的 135.84 万辆(1.41 辆/千人)增加至 2000 年的 1 608.91 万辆(12.69 辆/千人),年均增长率为 11.89%(国家统计局,2012)。2001 年提出的"鼓励轿车进入家庭"进一步加速了我国的机动化进程,2023 年末,全国民用汽车数量达到了 33 618 万辆(238.48 辆/千人),年均增长率为 14.13%。随着城市人口和机动车数量的快速增长,交通出行总量急剧增加,这对城市交通系统建设和交通服务水平提出了更高的要求(国家统计局,2024)。

在"自上而下"的模式下,城市居民对交通服务的实际需求容易被忽视,导致出现交通服务供给与需求不匹配、资源利用效率不高等问题。在城市化和机动化进程快速推进的过程中,交通需求随城市人口增长、经济活动拓展等因素而持续上升,交通拥堵及其带来的环境污染、通行安全等问题成为城市治理面临的重要难题。随着社会经济的发展,国民收入和受教育水平不断提高,城市居民对生活质量的要求也不断提高，在"用脚投票"（Tiebout，1956）的背景下，购买住宅已经成为居民的家庭选择和享受各类公共服务的重要途径。城市交通基础设施能够为周边居民的出行带来便利，提高出行效率。为了获取优质的交通服务，购房者愿意为靠近优质交通资源的住宅支付额外的价格。由此可见，住宅的交通配套是影响居民购房决策的关键因素之一，对住宅价格的影响日益增强，并成为影响住宅价格分异的重要力量。

住房和交通作为传统"衣食住行"中重要的民生问题，与人们的日常生活息息相关。2016年G20杭州峰会和第19届亚运会的成功举办极大地促进了杭州的城市建设，城市面貌焕然一新。2023年，杭州实现地铁三期建设全网贯通，建成涵盖12条线路、运营里程达516千米的轨道交通网；基本建成"四纵五横三连十一延"快速路网，通车总里程达480千米；主城区公共交通运营线路394条。如何实现交通基础设施在城市中的科学配置，为城市居民提供高质量的交通服务，带来可观的社会和经济效益，是各界都十分关注的热点问题。党的二十大报告强调要"健全基本公共服务体系，提高公共服务水平，增强均衡性和可及性"（新华社，2022）。在住房方面，基于建成一线城市的预期，杭州住宅市场发展步入新的阶段。2016—2021年，杭州房地产市场的活跃态势促使刚性需求提前释放，投资需求也有所增长，住宅价格出现了非理性上涨现象，"买房难"问题日益严峻。因此，对城市住宅市场展开深入的研究，理解城市交通基础设施对住宅价格的作用机制，有助于我们通过制定合理的交通规划和科学的城市管理政策，抑制住宅价格的过快上涨，进而促进房地产市场平稳、健康发展。

（2）理论背景

虽然城市交通与房地产市场的关系已经得到了国内外学者的广泛关注，但是已有研究在交通基础设施对住宅价格是否具有显著的影响、影响效果，以及影响程度和范围等方面存在分歧。城市交通系统是一个庞大而复杂的系统，涵盖了各种交通设施，如城市道路、地铁、轻轨、公交车站和公共自行车站点等。由于服务方式和服务水平存在差异，不同类型的交通基础设施会产生有差异的社会和经济效益，对住宅价格的影响也随之变化。并且某一类型交通设施对住宅价格的影响可能会受到其他类型交通设施的影响，如轨道交通的存在可能会减弱周边居民对公交的需求和偏好，进而影响购房者的支付意愿。然而已有研究通常只关注单一类型的交通基础设施对房地产价值的影响，这可能会影响研究结论的有效性和可靠度（Debrezion et al.，2007；Mohammad et al.，2013）。因此，我们有必要对各类交通基础设施对住宅价格的影响展开全面的分析,增加对交通资本化效应理解的广度和深度。

此外,已有研究通常从全局视角分析交通基础设施对住宅价格的平均资本化效应。受研究视角的限制,此类研究可能无法揭示交通资本化效应更细致的分布规律。Pan(2013)发现交通资本化效应在空间维度和社会维度存在异质性,即交通基础设施对住宅价格的影响会随着住宅空间位置的变化或购房者所处社会阶层的不同而存在差异,但国内有关交通资本化效应异质性的研究仍处于起步阶段,鲜少有全面系统的分析。

首先,已有研究对交通资本化效应的空间异质性关注不足。城市交通基础设施在空间分布上呈现固定性和非均衡性特征,使得其对住宅价格的影响在不同空间区位具有明显的差异,表现为购房者对交通基础设施的支付意愿随着住宅位置的移动而变化。交通设施在城市不同空间位置上的非均匀分布和住宅供给约束,是交通资本化率空间差异产生的主要原因。有研究甚至发现交通资本化效应的方向也存在空间分异,即交通基础设施对位于不同位置的住宅价格既有正向影响,也有负向影响(Wu et al., 2014)。然而,基于全局视角研究的前提是交通基础设施对研究范围内所有住宅价格的影响是一个恒定的值,这样只能获得交通资本化效应的平均值,与现实情况不符,可能会导致估计结果有偏。因此,在模型估计过程中,有必要将数据的空间效应纳入考虑范围,揭示交通特征价格的空间差异,提高估计结果的精确度。

其次,交通资本化效应的社会异质性有待进一步揭示。来自社会不同阶层的购房者具有不同的收入水平,这导致其住房偏好和需求存在差异,即不同收入水平的购房者对某一特定住宅特征的需求和支付意愿并不是均等的。一般认为,住宅价格与购房者的收入水平成正比。高收入购房者对优质住宅特征的偏好较为强烈,倾向于购买高价住宅以获取满意的居住体验;而低收入购房者由于经济条件的限制,通常只能购买较低价位的住宅,并在有限的购房预算下尽可能地实现效用最大化。由此推测,高价位住宅购买者对交通基础设施的支付意愿可能不同于中、低价位住宅购买者,这造成了交通资本化效应的社会异质性。然而,国内关于这一现象的微观定量研究几近空白。

综上所述,针对交通资本化效应的研究,目前所采用的全局视角尚显笼统,我们需要从空间维度和社会维度对其进行解构和细化。为此,本书构建了基于空间-社会视角的交通资本化效应多维度分析框架,旨在全面剖析交通资本化效应。在此框架下,通过构建计量经济学模型和空间统计学模型,定量识别城市居民对各类交通基础设施的偏好和支付意愿，并揭示其在不同空间位置和住宅价格条件分布上的分异规律。这些定量参数有助于揭示当前城市交通资源配置中存在的可及性低、均等化不足等问题，为交通资源供给的公共决策提供依据，从而改善服务供给与居民需求不匹配的现状。多维度的分析框架及相应的研究方法也为"需求导向"的城市规划与管理政策设计和实践操作提供了科学的定量分析工具。

1.1.2　研究问题

基于上述背景分析，本书主要关注城市交通基础设施对住宅价格的资本化效应及其在空间维度和社会维度的异质性。本书以杭州市为案例城市，从建筑特征、区位特征、邻里特征和交通特征四个方面构建特征变量体系，通过建立计量经济学模型和空间统计学模型，从微观层面上探究各类交通基础设施对住宅价格的资本化效应，以及资本化效应在不同空间位置上是如何分布的，在住宅价格的条件分布上又是如何波动的。

基于空间-社会视角的交通资本化效应分析框架，本书首先对城市交通资源的资本化效应及其异质性特征进行总体分析，初步探究各类交通基础设施（包括城市轨道交通、快速公交、常规公交、水上巴士、公共自行车、城市快速路、常规道路）对住宅价格是否具有显著的影响，全面把握和比较不同类型交通基础设施的资本化效应，并揭示其在空间维度和社会维度的分异规律。进一步地，城市轨道交通和快速路是城市重大交通基础设施，显著提高了城市公共交通和私人交通的服务水平，对城市持续发展具有深远的影响。因此，有必要针对这类交通基础设施开展全面细致的实证研究。本书分别选取具有典型性的杭州地铁1号线和德胜快速路作为研究对象，深入探究重大交通基础设施对住宅价格的资本化效应及其在空间维度和社会维度上的异质性。本书的实证分析主要围绕以下几个问题展开。

①总体上，城市交通基础设施是否会对住宅价格产生显著的影响？如果是，不同类型交通设施的资本化效应分别如何？进一步地，交通资本化效应在城市空间和住宅价格的条件分布上分别呈现怎样的分布规律？

②城市轨道交通作为支撑城市公共交通的重大基础设施，对周边住宅价格是否具有显著的资本化效应？如果是，轨道交通资本化效应在沿线空间区域是如何分布的，在住宅价格的条件分布上又是如何变化的？此外，地铁线路开通这一事件对轨道交通资本化效应及其异质性是否具有显著影响？

③城市快速路作为支撑城市私人交通的重大基础设施，对周边住宅价格是否具有显著的资本化效应？如果是，快速路资本化效应在沿线区域的空间分布规律

如何? 此外,资本化效应在住宅价格的条件分布上又是如何变化的?

虽然城市交通与住宅市场之间的关系是学术界和相关政府部门长期以来关注的热点,但从全局视角切入的研究较多,它们容易忽略交通资本化效应的异质性特征。根据研究问题,本书进一步细化研究视角,提出基于空间-社会视角的交通资本化效应多维度分析框架。在此框架下,本书实证分析的研究思路为"相关研究回顾—假设推演—数据收集—模型构建—结果讨论"。对以上问题的探索,有助于揭示交通基础设施对住宅价格的微观作用机制,充实交通基础设施项目的经济和社会效益评价体系,为实现城市房地产市场与公共服务供给协调发展提供科学有效的政策建议。

1.1.3　研究意义

(1)丰富城市交通资本化效应的研究视角,提供来自中国城市的实证证据

已有研究大多基于全局视角,估计交通基础设施对住宅价格的平均影响。实际上,一方面,住宅和交通基础设施空间位置的固定性和分布不均匀导致了交通资本化效应的空间异质性;另一方面,不同价位住宅购买者由于收入水平和偏好的差异,对交通基础设施的支付意愿不同,导致了交通资本化效应的社会异质性。然而,由于数据获取困难和微观研究的缺失,交通资本化效应的异质性特征尚未得到深入的探索。本书在基于空间-社会视角的交通资本化效应多维度分析框架下,利用计量经济学模型和空间统计学模型,全面探究城市交通基础设施对住宅价格的资本化效应,并分析其在不同空间位置上的分布规律,及其在住宅价格的条件分布上的波动规律,丰富了城市交通资本化效应的研究视角,为学术界提供具有中国特色的制度背景和市场环境下的城市案例。虽然是以杭州市作为案例城市,但本书的分析框架和研究方法具有较好的普适性,可以推广到其他类型公共品甚至其他城市相关主题的研究中。目前,国内外很多城市面临着交通拥堵、住房紧张等问题,空间-社会视角的交通资本化效应多维度分析为制定科学的管理政策提供了定量支持,有助于提高城市交通资源的利用效率和居民的生活质量。

(2)识别城市居民交通偏好,促进城市公共服务供给和住宅市场协调发展

城市交通系统是支持城市正常运行的重要基础。在城市交通规划与建设中全面、精准地融合人民群众的实际偏好与需求是一项复杂的课题。如今,城市交通基础设施的资源配置效率有待提升,服务均等化与可及性还需进一步优化。一方面,自鼓励轿车进入家庭以来,我国私家车数量呈现快速增长态势。为适应私家车出行总量的显著上升,城市快速路、主干道等道路基础设施的供给增加。然而,这种基于短期应对需求的传统建设思路,在缓解交通拥堵方面成效有限。另一方面,"公交优先"成为应对交通拥堵问题的有效途径。但公共交通基础设施项目常面临较大的资金压力,建设进度相对缓慢,难以及时满足城市居民日益增长的出行需求。所以,准确识别城市居民对各类交通基础设施的偏好,有助于提高交通资源配置的科学性,改善交通服务可及性和均等化,对促进社会公平和房地产市场的健康发展具有重要意义。遗憾的是,已有研究大多基于全局视角,对局部交通基础设施配置的借鉴意义不大。本书在交通资本化效应的多维度分析框架下,从空间维度和社会维度切入,探究来自城市不同地理位置和不同社会阶层的购房者对各类交通基础设施的支付意愿。本节研究结果有助于识别城市居民对交通基础设施的偏好和需求,为交通规划和管理决策提供定量支持,促进城市公共服务供给和住宅市场协调发展,并对其他类型城市公共品的配置提供可资借鉴的定量分析工具。

(3)完善城市交通设施经济效益评价体系,为效益返还措施设计提供依据

为顺应城市化和机动化带来的交通需求持续增长态势,城市交通基础设施建设项目的投资规模不断扩大。当前,交通项目决策往往更侧重于考量其社会效益,如是否有助于提升城市居民的出行效率、改善交通拥堵状况及其引发的空气污染问题、降低交通事故发生率等;而对项目经济效益的关注相对较少,如交通设施的建设改善了周边区域的通达性,降低了附近居民出行的交通成本,进而提高了该区域房地产的价值。叶霞飞等(2002)发现轨道交通的建设使得距离站点560米、600米和800米的住宅小区价值分别增加了1.3亿元、1.2亿元和0.4亿元,仅仅三个小区的溢价就达到了2.9亿元,可见交通基础设施项目的经济效益是相当可观的。与此同时,交通基础设施项目具有投资规模大、回报周期长的特点,投资方需承担融资压力和建设风险,部分项目可能面临资金筹措方面的挑战。为了解决上述矛盾,有必要准确估计交通基础设施项目的经济效益,为投资方设计合理的效益返还措施提供科学依据,从而为城市建设提供可持续的资金支持。故本书研究结果有助于完善交通基础设施的评价体系,实现城市交通系统的有机更新和可持续发展。

1.2　概念界定与研究内容

1.2.1　概念界定

本节对本书涉及的相关概念进行界定,包括"交通基础设施""住宅特征价格""资本化效应"以及"异质性",明确本书的研究范围。

(1)交通基础设施

基础设施是保证一个国家或地区社会经济活动正常运行的基础,是为众多部门和居民生活提供公共服务的系统和设施,具有先行性、基础性和不可分性的特点,属于社会公共品。世界银行将基础设施分为经济性基础设施和社会性基础设施两类。其中,经济性基础设施是指包括交通运输、通信、电力等在内的公共设施以及它们为居民生活和经济生产提供的服务;社会性基础设施是指服务于教育、卫生、医疗、行政等方面的公共设施和公共工程(世界银行,1994)。交通基础设施属于典型的经济性基础设施,是具有一定的非排他性和非竞争性的准公共品。例如,对于轨道交通设施,新增一个消费者通常不会提高轨道交通的运营成本,也不会影响其他消费者所获得的效用。但当选择轨道交通出行的消费者数量超过该系统的承载量时,新增消费者会影响轨道交通服务的舒适性和安全性。因此,该服务具有不完全的非排他性。类似地,轨道交通对所有消费者提供相同数量和质量的服务,但同时服务过多的消费者可能会导致拥挤问题,从而影响消费者所获得的效用。通过提高票价的方式可以排除一部分消费者,因此,该服务具有不完全的非排他性。

具体来说,城市交通基础设施是由政府先行供给的,为社会生产和居民生活提供公共服务,是对社会经济运行起着基础作用的重要公共资源。从功能上来看,交通基础设施是城市区域范围内所拥有的或能控制的、实现人口和货物空间移动的物质载体。按照连接通达方式不同分类,交通基础设施包括公路、铁路、航运、水运和管道(赵坚,2007)。本书针对城市内部的交通系统进行研究,根据城市居民的出行方式,主要关注服务于公共交通出行的轨道交通、常规公交、快速公交、水上巴士和公共自行车等设施,以及服务于小汽车出行的城市快速路和普通道路设施。

随着城市交通系统日益完善和复杂化,交通基础设施对经济、社会和环境的影响逐渐显现并被关注。在经济方面,作为社会先行资本,交通基础设施的建设和完善可以降低居民生活成本、企业生产成本以及社会经济活动的交易成本,提高经济效率,促进经济增长(张学良,2012)。在社会方面,交通基础设施能够通过加速劳动力资源、自然资源等生产要素在城市不同区域之间的流动,增加就业机会,增进社会福利,提高居民收入水平。同时,交通基础设施还促进了不同区域信息和技术的交流扩散,引导技术创新,为社会和谐进步提供持续的动力(邓明,2014)。在环境方面,交通基础设施的建设会产生施工噪声、粉尘污染、建筑垃圾等,施工项目周边容易发生交通拥堵,加剧交通噪音和尾气污染(Laurance et al., 2014);在运行过程中,交通运输活动中消耗的化石能源转化为大量的二氧化碳等温室气体,交通噪声、振动等影响也不可避免(Lee et al., 2013)。

(2)住宅特征价格

特征价格(hedonic price)又称享乐价格,用于衡量商品内在特征带来的效用大小,其理论基础是 Lancaster(1966)的新消费者理论和 Rosen(1974)的市场供需均衡理论。新消费者理论认为,假设商品的效用源于组成商品的特征集合,消费者对商品的需求并不是基于商品本身,而是来自构成商品的各个特征因素带来的效用组合;每一个特征对应一个特征价格,商品拥有的所有特征的价格构成了商品总价格,不同商品拥有的特征数量和组合差异决定了商品总价格的差异(Lancaster,1966)。由于各个特征的价格并不会在交易过程中直接显现出来,而是隐含在商品总价格里,所以它被称为隐含价格;为了将各个特征的隐含价格从商品总价格中剥离出来,Rosen(1974)在市场供需均衡的条件下,以消费者效用最大化和生产者利润最大化为前提,构建了基于特征价格的供需均衡模型,该模型假定商品总价格是商品所拥有的各个特征的函数,隐含价格的估计得以实现。

作为一种典型的异质性商品,住宅可视为众多不同特征的组合,其价格取决于不同特征组合带来的效用大小,住宅拥有特征的数量和组合方式的不同将导致住宅价格的差异。由于住宅具有固定性和耐久性等特点,影响住宅价格的特征因素主要有建筑特征、区位特征和邻里特征三类。建筑特征指住宅本身的特征,如建筑面积、楼层、朝向、房龄和装修档次等;区位特征指住宅的固定和相对位置特征,通常采用住宅到城市中央商务区(central business district,CBD)的可达性来衡量;邻里特征指住宅周边设施和服务配套情况,如交通设施配套、教育设施配套、生活设施配套和物业管理水平等。我们可以通过分析住宅特征每增加一个单位,购房者愿意额外支付的费用,来确定这一特征的隐含价格。

（3）资本化效应

交通基础设施等城市公共品大多具有位置固定性的特点,城市居民为了获取相应的公共服务需要购买公共品周边的住宅。根据 Tiebout(1956)的"用脚投票"理论,居民家庭基于对城市公共服务水平的满意度来选择居住地点,在流动自由的条件下,他们从不能满足他们需求的社区迁出,并迁入到符合其偏好的社区。公共服务水平的提高将会提升住宅的基本属性,给周边住宅居民带来长期的效用体验,提升其居住满意度,导致住宅价格上涨。由此可见,城市公共资源的内在价值转化为了住宅价值的一部分,公共品或公共服务的数量和质量体现在住宅价格中的过程即为资本化。

"资本化"这一概念最早可追溯至 1879 年,美国经济学家亨利·乔治（Henry George）在其著作《进步与贫困》中指出,土地收益将会随着教育等公共品供给水平的提高而增加。Oates(1969)基于"用脚投票"理论,采用两阶段最小二乘估计展开实证分析并证明美国新泽西州的城市公共服务资本化到了房地产价值中。这种资本化效应将长期并持续存在（Yinger, 1982）,并且不同类型公共品的资本化效应存在差异（周京奎等, 2009）。本书认为,资本化效应是指城市居民根据自身的偏好和支付能力选择具有相应公共服务的住宅,并愿意为这些特征支付额外的价格。由此可见,城市公共资源可以通过房地产市场进行配置,与具有不同偏好和收入水平的购房者相匹配。

资本化效应的大小不仅取决于城市公共品或公共服务供给的数量,还取决于供给的配置效率,涉及城市内部公共资源的均衡配置。当前,我国城市交通基础设施等公共品配置失衡的问题长期存在,公共品资本化效应自下而上地量化了城市居民的偏好和需求。其在空间维度和社会维度上的分异规律进一步反映了公共品资源的配置现状,是制定科学规划政策的重要参考。对该规律进行研究有助于提高城市公共设施和服务的配置效率,缩小城市内部不同区域间的差距,继而推进城市公共品供给均等化,促进社会公平。

（4）异质性

"异质性"这一概念源于生物学领域,用于描述一种生物组织或物质的均匀性。若被描述的对象在各方面或各部分的特征至少有一种存在明显的分布不均匀现象,那么该对象具有异质性。在房地产研究领域,由于具有固定性和耐久性,住宅商品是一种典型的异质性商品。在微观层面,具有不同面积、楼层、房龄和朝向等特征的住宅,其价格明显不同;在宏观层面,由于经济背景、地理条件和文化观念等因素的差异,不同住宅某些特征的隐含价格并不相同。特征价格模型利用最小二乘法估计各个特征变量回归系数的条件均值,进而获得所有住宅样本的总体回归方程。然而,这种方法只能从微观层面揭示各个住宅特征的平均隐含价格,却忽略了这些隐含价格在整个市场内的波动。本书的异质性是指住宅特征的隐含价格在宏观层面上的非恒定现象,主要关注交通特征的隐含价格在空间维度和社会维度上的分异规律。

在空间维度上,住宅特征的供给与需求不匹配导致了特征价格的空间异质性。由于住宅的固定性和耐久性,住宅特征的供给不随居民需求的变化而改变,短期来看,拥有符合居民所需特征的住宅供给是缺乏弹性的(Schnare et al.,1976)。而城市居民对住宅特征的需求因居民家庭的收入水平和家庭成员的偏好等因素的不同而呈现出明显的差异,不同类型的住宅的可替代性较小(Quigley,1985)。因此,居民家庭需求的变化可能导致局部空间范围内住宅供给与需求不匹配,进而产生资本化效应的空间异质性。

在社会维度上,来自社会不同阶层的居民家庭拥有不同的收入水平和受教育水平,他们对住宅特征的需求和偏好也随之变化,进而产生了有差异的支付意愿。换言之,住宅特征的隐含价格将随着购房者社会阶层的变化而变化,本书将其称为社会异质性。随着社会贫富分化的加剧,来自不同阶层的购房者的支付能力的差距日益增大,购房者对住宅特征支付意愿的社会异质性越来越显著,但已有研究对这一主题的关注极为有限。

1.2.2　研究目标

改革开放以来,我国的国民经济持续发展,城市化和机动化进程加快,住房需求和交通需求迅速增长。然而,城市管理水平的提升速度未能完全与经济社会发展的节奏相匹配,交通拥堵、住宅价格波动等情况在各大城市中较为普遍地存在。本书将通过多方位探究城市交通基础设施对住宅价格的资本化效应来全面揭示城市交通与房地产市场之间的关系,为现有的城市问题提供解决思路,促进城市公共服务供给与住宅市场的协调发展。具体研究目标如下。

(1)理论层面目标

本书系统回顾了土地价值理论、外部性理论和市场细分理论;剖析了交通资本化效应及其空间异质性和社会异质性的形成机理,为基于空间-社会视角的交通资本化效应多维度分析框架提供理论依据;还总结了可达性度量方法和资本化效应测量模型的理论基础及应用,为后续在多维度分析框架下开展实证研究提供理论指导。

(2)实证层面目标

本书在实证研究部分借助计量经济学和空间统计学方法,通过构建特征价格模型、空间计量模型、地理加权回归模型和分位数回归模型等模型,估计城市交通基础设施对住宅价格的资本化效应及其在空间维度和社会维度上的分异规律,并特别关注城市重大交通基础设施的资本化效应及其异质性特征,为系统、准确地评价城市交通基础设施的社会效益和经济效益提供实证证据。

(3)实践层面目标

基于实证分析结果,本书旨在归纳城市交通基础设施对住宅价格的资本化效应及其空间异质性和社会异质性的形成机制,充实城市交通基础设施的社会和经济效益评价体系,为形成合理的公共投资决策和科学的城市规划提供支撑,进而促进城市公共服务供给与房地产市场协调发展。

1.2.3 研究内容

在快速城市化和机动化的背景下,本书旨在探究城市交通基础设施对住宅价格的资本化效应及其异质性特征。通过回顾相关理论,本书系统归纳了交通资本化效应及其异质性的形成机理,为交通资本化效应多维度分析框架的设计提供理论依据;通过总结交通资本化效应的测量方法和国内外实证研究进展,把握交通资本化效应的研究方法和进一步的研究方向,建立基于空间-社会视角的交通资本化效应多维度分析框架;在该框架下,收集杭州市交通发展现状、住宅市场的交易数据和住宅特征信息,利用计量经济学和统计分析方法,对交通资本化效应及其随城市空间和住宅价格水平的变化规律进行总体分析;进一步地,深入探究重大交通基础设施(城市轨道交通、城市快速路)对周边住宅价格的资本化效应及其异质性特征。具体地,本书进行了如下研究。

(1)交通资本化效应的理论分析

对交通资本化效应进行了系统的理论分析。从土地价值理论出发,初步分析城市交通与土地以及附着于土地上的房产价值之间的关系;外部性理论和市场细分理论则揭示了交通基础设施对住宅价格的影响路径,在此基础上归纳出交通资本化效应及其空间异质性和社会异质性的形成机理,即交通资本化效应在整个房地产市场并不是均匀分布的，而是随着住宅空间位置和住宅价格的变化而波动。为了准确、全面把握交通基础设施与住宅价格之间的关系，我们需要对以往研究中常用的全局视角进行细化，从局部视角切入，构建基于空间-社会视角的多维度分析框架。通过总结可达性的度量方法、交通资本化效应的测量模型以及实证研究成果，全面把握常用的研究方法、研究现状以及研究进展，为后续在交通资本化效应的多维度分析框架下开展实证研究提供指导。

（2）城市交通基础设施资本化效应的总体实证分析

城市交通系统包括多种类型的交通基础设施，它们通过不同的方式为城市居民提供交通运输服务，可能会对住宅价格产生有差异的资本化效应，并且不同类型交通设施对住宅价格的影响可能还会相互影响。因此，本书利用杭州市的住宅市场交易数据和住宅特征数据，对轨道交通、快速路、常规公交、快速公交、水上巴士、公共自行车和常规道路等各类交通基础设施的资本化效应进行全面分析。通过构建特征价格模型、空间计量模型、地理加权模型和两阶段空间分位数回归模型，本书首先对交通资本化效应进行全局性分析，随后从空间维度和社会维度切入，揭示交通资本化效应的异质性特征。

（3）城市重大交通基础设施资本化效应及其异质性的实证分析

城市重大交通基础设施的投资成本高、建设周期长，能够显著提高城市交通服务水平，产生可观的社会效益和经济效益，对城市发展具有深远的影响。本书选取杭州地铁1号线和德胜快速路作为典型案例，分析城市轨道交通和城市快速路对周边住宅价格的资本化效应。在此基础上，本书进一步从空间维度和社会维度切入，深入探究交通资本化效应在不同空间位置和价格水平上是否存在异质性。此外，本书还利用时间序列数据探究了地铁线路开通运营这一重大事件对轨道交通资本化效应及其异质性是否有显著的影响。

（4）总结归纳交通资本化效应及其异质性的形成机制，并提出政策建议

本书基于理论分析和实证研究，对交通基础设施对住宅价格的资本化效应及其在空间和社会维度上的分异规律进行梳理和总结。同时，从经济发展、社会发展、交通外部性、社会贫富分化和重大事件影响等多个维度，系统归纳交通资本化效应及其异质性的形成机制，为提高交通基础设施配置效率、实现经济效益返还、建立公平完善的再分配制度提供政策建议，也为房地产市场供需双方提供决策依据，助力房地产市场健康、稳定发展。

1.3 研究方法与技术路线

1.3.1 研究方法

本书采用规范分析与实证分析相结合的方法考察交通基础设施资本化效应及其异质性特征。在规范分析方面,系统地回顾了相关理论和研究,总结了交通基础设施对住宅价格的微观作用机理,为实证分析构建理论分析框架,并根据实证结果归纳交通资本化效应及其异质性的形成机制。在实证分析方面,结合实地调研、大数据分析、描述性统计分析、实证模型构建与定量分析以及系统总结等方法对本书研究问题展开定量研究。具体方法如下。

(1)规范分析

①系统回顾交通资本化效应的相关理论和形成机理。国内外对交通基础设施与住宅价格之间的关系已经有较为坚实的理论基础,本书回顾了土地价值理论、外部性理论和市场细分理论,为全面理解城市交通与房地产价值之间的关系提供理论依据。在此基础上,深入剖析交通资本化效应及其空间异质性和社会异质性的形成机理,为构建基于空间-社会视角的多维度分析框架提供理论基础。

②总结交通资本化效应的测量方法,为后续实证研究提供指导。交通基础设施往往通过改善周边区域的可达性来影响住宅价格。因此,可达性的度量是估计交通资本化效应的重要前提。常用的度量方法有最近距离法、虚拟变量法、累积机会法和重力模型法。随后,梳理了交通资本化效应测量模型的理论基础和应用,包括特征价格模型、空间计量模型、地理加权模型和分位数回归模型,为估计可达性对住宅价格的影响提供选择。

③梳理国内外研究成果,把握交通资本化效应的研究现状和进展,指出进一步研究的方向。关于交通资本化效应的研究已在国内外城市和地区广泛开展,由于研究区域社会经济背景、交通基础设施类型、可达性的度量、数据来源、模型方法等方面的差异,不同研究的结论并不一致。为了改善研究方法和分析框架的普适性,提高估计结果的准确度和有效性,我们需要在已有研究的基础上进一步细化研究视角,充实研究内容,并完善模型方法。

④对重大交通基础设施资本化效应的经验研究进行针对性的评述。轨道交

通和快速路能够提供大容量、高效率的交通运输服务，显著提高了城市交通系统的服务水平，并对城市的发展和演变产生深远的影响。考虑到这两类重大交通基础设施服务方式的差异，轨道交通和快速路对住宅价格的资本化效应及其在空间维度和社会维度上的分异规律并不相同。目前，这一议题在学术界已经有丰富的实证研究，本书基于对既有研究进行针对性的分析评述，提出各实证研究拟解决的问题。

⑤构建基于空间-社会视角的交通资本化效应多维度分析框架。基于相关理论和文献回顾，笔者发现有关交通资本化效应的经验研究在研究视角、模型方法和研究内容方面都具有可优化的空间。于是，本书细化了研究视角，从局部视角切入，探究交通基础设施对住宅价格的资本化效应在空间维度和社会维度上的异质性；并结合多种前沿的计量经济学模型和空间统计模型，对交通资本化效应进行全面的实证分析。

⑥总结归纳交通资本化效应的形成机制。基于实证分析结果，总结交通基础设施对住宅价格的影响，并归纳该影响在空间维度和社会维度上的分异规律，并从城市经济发展、社会发展、交通外部性、社会贫富分化和项目建设周期等角度分析交通资本化效应及其异质性的形成机制。

（2）实证分析

①实地调研。笔者长期关注杭州房地产市场，由于部分与住宅相关的特征（如小区内部环境）无法通过房地产中介或地图信息网站获取，故笔者所在团队分别于 2003 年、2008 年、2011 年、2014 年和 2017 年在杭州市主城区展开了大规模的实地调研，调研对象涉及位于六个行政区（西湖区、拱墅区、上城区、下城区、滨江区、江干区）①的住宅小区，调研方式包括实地观察、问卷调查和访谈调查。通过实地调研，获得了大量与住宅小区相关的第一手调查资料，为了保证数据库的一致性，各次调查的内容和方式大致统一。以 2014 年为例，调研内容包括小区环境、自然环境、物业管理、运动设施、交通情况、周边氛围和治安环境，完整的调查问卷参见第 4 章。通过实地观察，统计小区周边交通设施和商业设施的分布情况，以及小区内部游泳池、篮球场和老年活动室等运动设施的配套情况等；通过对小区居民进行问卷调查，了解他们对小区内部绿化情况、卫生状况、空气质量以及小区

---

① 杭州市在 2021 年的行政区划调整中对部分行政区进行了重新划分与合并，实地调研数据的收集时间均早于 2021 年，故文中提及的行政区划情况反映了调研时期的历史状态，与目前的行政区划有所区别。

外部自然环境等方面的评价;通过访谈居委会管理人员和物业管理人员,掌握住宅小区的治安环境、物业管理等情况。随后,笔者采用利克特量表和综合性指标等方法对原始调研数据进行量化,获得教育配套、生活配套、自然环境、小区环境和物业管理等变量,为后续分析提供第一手资料。

②大数据分析。笔者搜集了大量杭州市二手住宅的交易数据和住宅特征信息,数据来源包括房地产中介网站、相关政府部门和地图信息网站。其中,住宅交易价格数据和房龄、面积、楼层等建筑特征信息来自透明售房网。本书研究主要采用了多层和高层二手住宅的交易数据,剔除了别墅或排屋等高价物业的影响。交通特征、区位特征和部分邻里特征信息来自杭州市地理信息中心、杭州市交通规划设计院、杭州市交通运输局和相关地图信息网站(如百度地图)。笔者根据研究需要筛选有价值的特征信息,并对数据进行预处理,获得轨道交通站点距离、常规公交站点数量、快速公交站点数量、邻近水上巴士站点、快速路距离、西湖距离、教育配套和生活配套等变量,与实地调研获得的数据集整合,形成完整的特征变量体系。

③描述性统计分析。本书涉及多个数据库的数据资料,如杭州市统计年鉴数据库、杭州市透明售房网数据库、杭州市地理信息中心的地图 POI(point of interest,兴趣点)数据库等,对杭州市近年来的生产总值、人均可支配收入、城市各类交通基础设施(轨道交通、常规公交、快速公交、水上巴士、公共自行车、常规道路、快速路)的建设情况,以及对住宅的投资额、住宅施工面积和住宅竣工面积等变化趋势进行了常规的描述,为本书研究提供翔实的背景资料。并进一步对住宅价格、交通特征、建筑特征、邻里特征和区位特征进行描述性统计,为后续实证分析提供数据支持。

④实证模型构建与定量分析。本书在交通资本化效应的多维度分析框架下,提出研究假设,利用上述数据构建特征价格模型、空间计量模型、地理加权模型和分位数回归模型,对杭州市各类交通基础设施资本化的平均效应及其在城市空间和住宅价格水平上的分布规律进行总体分析。进一步地,深入分析轨道交通和快速路这两类城市重大交通基础设施对住宅价格的资本化效应,并从空间维度和社会维度切入,定量分析交通资本化效应随空间位置和住宅价位变化的分异规律。

⑤系统总结。基于实证分析结果,对交通基础设施对住宅价格的资本化效应及其在空间维度和社会维度上的异质性进行梳理,并对轨道交通和快速路的资本化效应进行针对性的总结。随后,从经济发展、社会发展、交通外部性、社会贫富分化和重大事件影响等方面剖析交通资本化效应及其异质性的形成机制,为实现交通基础设施的合理配置和房地产市场的健康、可持续发展提供科学的政策建议。

1.3.2　技术路线

本书的技术路线如图 1-1 所示。

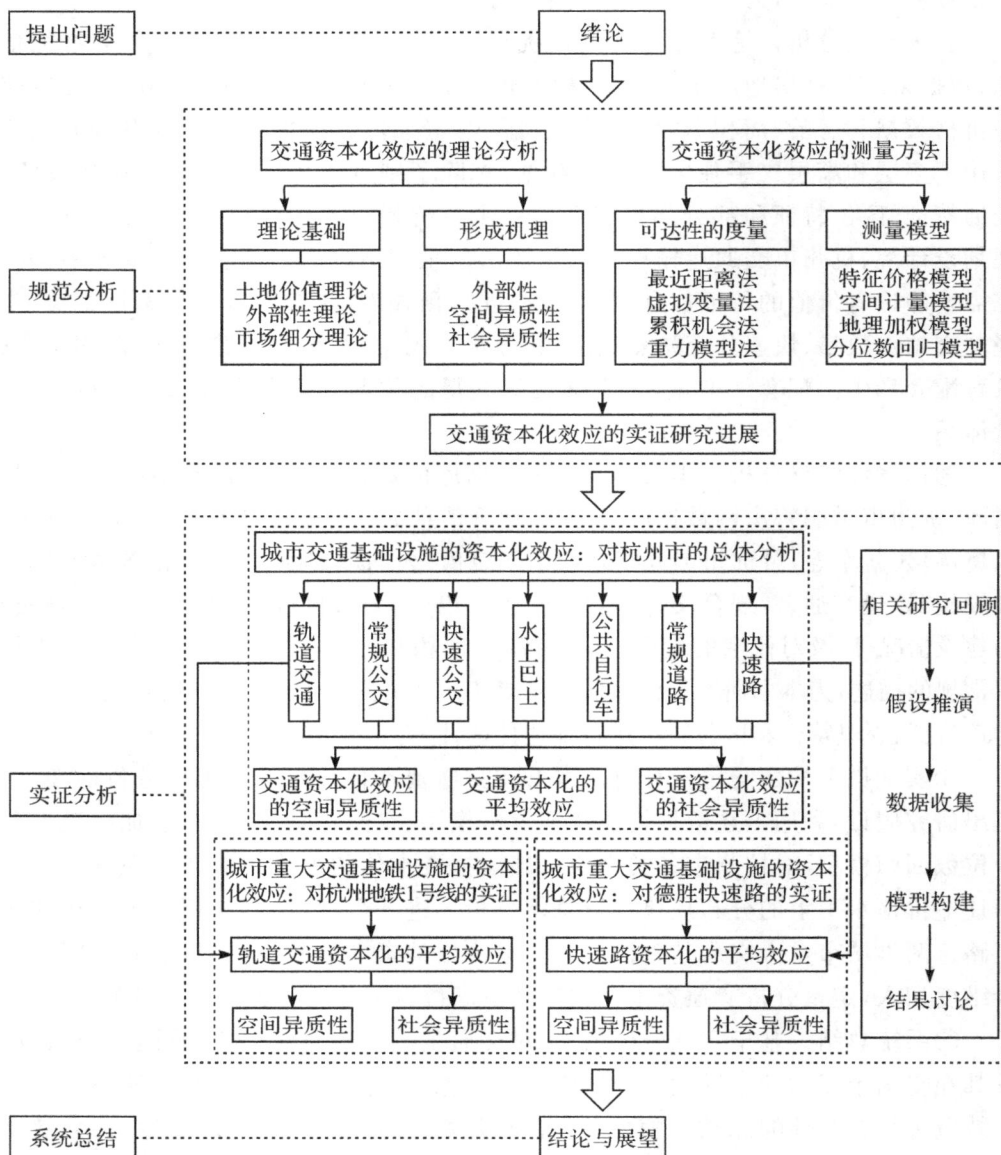

图 1-1　技术路线

1.4 研究创新与章节安排

1.4.1 研究创新

（1）在基于空间-社会视角的多维度分析框架下探究交通资本化效应及其异质性特征

通过回顾相关理论，归纳交通资本化效应及其空间异质性和社会异质性的形成机理，揭示交通基础设施与住宅价格关系的复杂性。以往基于全局视角的研究容易忽略交通资本化效应的异质性特征，无法全面地反映交通基础设施与住宅价格之间的关系。例如，由于住宅位置的固定性和住宅与周边交通基础设施组合的空间非平稳性，交通设施对住宅价格的影响可能会随着空间位置的改变而变化；购房者收入水平的差异引发了有差别的购房偏好，进而导致不同价位住宅购买者对交通设施支付意愿的分异。因此，本书从空间维度和社会维度切入，提出交通资本化效应的多维度分析框架。该框架有助于我们了解来自不同空间位置、不同社会阶层的购房者对交通基础设施支付意愿的差异，进而全面揭示交通基础设施对住宅价格的资本化效应，并为相关主题的研究提供参考。

（2）对各类交通基础设施对住宅价格的资本化效应进行全面的微观定量估计

虽然城市交通与房地产价值的关系得到了国内外学者和政策制定者的广泛关注，但已有研究通常只针对单一类型的交通基础设施对住宅价格的影响展开，特别是轨道交通设施。实际上，住宅价格受多种类型交通基础设施的共同影响，只关注某一类而忽略其他交通设施的影响可能会获得有偏的估计结果。此外，在独特的社会经济、制度和地理环境背景下，不同城市交通系统对住宅价格的影响效果存在差异，但现有研究大多集中在西方发达国家的城市和地区，对发展中国家的关注不够。为了弥补上述研究不足，本书以中国典型城市——杭州为案例城市，从微观层面定量估计轨道交通、快速公交、常规公交、水上巴士、公共自行车、快速路、常规道路等各类交通基础设施对住宅价格的资本化效应。本书实证结果有助于全面把握城市交通系统与住宅市场之间的关系，为学术界提供来自中国快速城市化背景下的实证案例，也为其他发展中国家和地区的城市提供经验借鉴。

（3）结合多种计量经济学模型和统计分析工具对交通资本化效应进行多方位考察

在实证研究方面，本书在交通资本化效应的多维度分析框架下，综合运用多种模型方法展开实证分析。采用特征价格模型估计交通基础设施对住宅价格的平均资本化效应；考虑到住宅价格数据的空间自相关性，运用空间计量模型（空间滞后模型和空间误差模型）对传统特征价格模型进行优化，避免遗漏变量的影响，提高模型的解释能力和估计结果的准确度；采用地理加权模型探究交通资本化效应的空间异质性，结合地理信息系统的可视化技术，将模型结果进行直观的展示；采用分位数回归模型和空间分位数回归模型探究交通资本化效应的社会异质性。尽管这些模型和方法在以往研究中都被运用过，但受研究问题所限，已有研究通常只采用其中一类或少数几类模型展开分析。而本书的研究问题和研究对象较为全面，为了获得可靠的结果，本书采用了一系列前沿的模型方法，以期全面揭示交通基础设施对住宅价格的资本化效应及其异质性特征，也为相关议题的研究提供可资借鉴的研究方案。

1.4.2　章节安排

第一章是绪论。介绍了本书的理论背景和现实背景，提出研究问题，阐述本书的研究意义、目标和内容，通过对相关概念的界定来明确研究范围，进而确定研究方法和技术路线，阐述研究创新点和章节安排。

第二章是文献综述。回顾了相关经典理论，归纳交通资本化效应及其空间异质性和社会异质性的形成机理，为交通资本化效应多维度分析框架的构建奠定理论基础；梳理了可达性度量方法和测量模型，为后续实证研究提供借鉴和指导；回顾了国内外交通资本化效应的实证研究，把握国内外的研究现状和进展。

第三章是研究区域概况。首先，从杭州市社会经济发展概况、城市发展和建设概况等方面介绍了研究区域的基本情况。其次，阐述了杭州市交通系统的建设现状。最后，通过分析住宅市场的供应和需求情况，介绍杭州市住宅市场的发展情况，为后续研究提供基本素材和分析起点；通过数据描述、资料整合和概览，为理解城市交通与住宅市场之间的关系提供参考。

第四章是城市交通基础设施的资本化效应：对杭州市的总体分析。通过回顾相关研究，提出了研究假设，收集了所需的数据，经过初步的比较和筛选，确定了合适的函数形式及变量体系。随后，构建了传统特征价格模型、空间计量模型、地理加权模型和两阶段空间分位数回归模型，对城市各类交通基础设施的资本化效应进行全面分析。

第五章是城市重大交通基础设施的资本化效应：对杭州地铁1号线的实证。轨道交通作为城市交通系统中的重大基础设施，对城市空间结构具有深远的影响，对住宅市场影响的重要性也不言而喻。采用2011—2015年的时间序列数据，构建了特征价格模型和分位数回归模型,深入探究轨道交通资本化效应的影响大小和范围,并进一步分别从空间维度和社会维度探索轨道交通资本化效应在不同地理位置和价格水平上是否存在异质性。此外,还关注了地铁线路开通运营这一重大事件对轨道交通资本化效应及其分异规律是否具有显著的影响。

第六章是城市重大交通基础设施的资本化效应:对德胜快速路的实证。快速路亦为城市重大交通基础设施,在道路系统中扮演重要的角色,然而鲜有研究关注城市快速路对住宅价格的影响。基于 2018 年的横截面数据,构建了特征价格模型和分位数回归模型,对城市快速路的资本化效应及其在空间维度和社会维度的异质性进行了全面分析。

第七章是结论与展望。对本书的主要研究结论进行总结,归纳交通资本化效应及其异质性特征的形成机制,提出有价值的政策建议,概括本书的主要贡献和意义,对本书的局限性进行阐述,并对未来研究的方向进行展望。

第 2 章　文献综述

2.1　交通资本化效应的理论分析

2.1.1　理论基础

(1)土地价值理论

城市土地价值理论认为土地的价格取决于地租,地租的多少取决于土地的区位,而土地区位取决于土地的可达性(闫小培等,2004)。由此可见,地租理论和区位理论是土地价格概念提出的依据,城市土地的可达性决定了土地价格的高低。

地租是土地所有权的经济表现形式,对同等面积的土地,土地肥沃程度、与市场之间的距离、投入产生的劳动生产率的差异导致了级差地租。马克思认为级差地租是指土地等级不同所导致的土地经营者占有的超过土地本身价值的超额利润。并且他根据形成条件将级差地租分为两种形态:级差地租第一形态是因土地自身肥沃程度和位置等土地基础条件不同而产生的超额利润转化的地租;级差地租第二形态是在同一地块上连续追加资本和劳动力投资,各次投资产生不同的劳动生产率形成的超额利润转化的地租。在现代城市中,城市土地通常根据其基础设施完善程度、可达性和经济发展水平等而被划分为不同的等级,这与级差地租的产生密切相关。城市交通基础设施带来的级差地租也可分为两种形态:交通基础设施的建设和开通导致的区位价值改变而形成的房地产价值变化为级差地租第一形态;在土地运营过程中逐渐形成的客流、商业等资源的聚集和土地的开发利用而形成的房地产价值变化为级差地租第二形态。

地租的高低取决于土地的区位条件,von Thünen(1826)在农业区位论中首次考虑了交通运输对区位价值的影响，即农业用地与市场的距离影响运输的费用和农产品品质，进而导致农业用地类型和地租的差异，形成"杜能圈"这一布局模式。随后，Weber(1909)在其创立的工业区位论中论述了运输成本、劳动力成本和集聚效应对工业区位选址的影响，并提出了以成本和运输费用为内涵的运输区位法则、劳动区位法则以及集聚或分散法则。由此可见，交通运输费用对工业区位和产业选址具有重要影响。Christaller(1933)在中心地理论和 Losch(1954)在市场区位论中探讨了交通系统对商业中心、企业总部、居住和工作地点选择的影响，认为交通系统是影响城市中心地体系和市场区位的重要因素。由此可见，城市交通系统通过影响土地区位价值，进而对土地之上的住宅价格产生了重要影响。

长期以来，众多学者致力于对城市交通和土地价值的关系进行探讨和研究。Hurd(1903)提出城市土地价值的高低取决于城市土地的可达性。土地区别于其他生产要素的特点在于土地区位不同引起了地租差异，而地租与交通成本之间的互补构成了土地价值与城市交通之间联系的本质。Haig(1926)在地租决定论中指出，地租和交通成本具有某种程度的替代性，两者的和称为阻力成本，交通成本是克服阻力成本所支付的费用，地租会随着交通成本的降低、区域可达性的改善而发生变化。他还提出地租与空间距离存在显著负相关，而且城市中心比城市边缘梯度更陡，这一命题在后续研究中被多次证实。

随着城市交通与土地价值关系的理论逐渐成形，Wingo(1961)在《交通与城市土地》一书中提出了两者之间的经济学模型，这标志着城市经济学的诞生。他认为一个理性的消费者通常会综合考虑交通成本和住房成本，两项支出之和占总支出的比例是一个较为固定的值。在高密度工作地点工作的人们通常需要在高额的交通成本与住宅成本之间做出选择，远离工作地点的住宅价格便宜，但通勤的交通成本更高；而靠近工作地点的住宅价格较高，但却降低了交通成本。Meyer等(2013)的实地调查显示，大多数人为了节省住房成本，选择居住在通勤时间较长、交通成本较高的郊区。

Alonso(1964)提出的竞租理论系统地论述了城市交通系统与土地价值的关系，他建立了土地价值模型，得出了交通成本随着土地与城市中心距离的增加而增加，而土地价格则随着交通成本的增加而下降，城市中心地块的可达性最好所以土地价格也最高的结论。随后，Muth(1969)和 Mills(1972)考虑了生产力要素对土地价值的影响，对竞租理论和模型进行了改进。具体来说，在单中心城市的假设下，竞租理论认为交通成本的差异是土地价值的差异，居民家庭的购房决策依赖于交通成本和住宅价格间的权衡。城市交通服务水平的提升能够降低交通成本，缩小交通基础设施周边区域土地价值的差异，使土地价格曲线的梯度趋于平缓,由此可见,可达性是城市交通与土地价值之间的纽带。

根据上述理论,交通成本通过改变土地区位价值而对房地产价值产生重要影响。在购房者的决策过程中,可达性是重要的考虑因素。一方面,可达性越好,交通成本越低;另一方面,具有高可达性的住房往往具有更高的市场价值和投资价值。在实证研究中,这一结论也得到了广泛证实。如 Stover 等(1988)发现新的交通基础设施建设提高了周边区域的可达性,并提高了土地价格。Baerwald(1982)认为可达性是土地开发的决定性因素,缺乏公路连接的地块由于交通条件的落后而在土地市场中缺乏吸引力和竞争力,几乎没有住宅开发的可能性。

(2)外部性理论

外部性理论起源于马歇尔(1981)在《经济学原理》中提出的"外部经济"概念,他为外部性理论的发展奠定了基础。在此基础上,庇古(2007)扩充了"外部不经济"概念,在《福利经济学》一书中提出了社会边际成本、私人边际成本、社会边际收益和私人边际收益的概念。他以环境污染问题为例,说明在社会经济活动中社会和私人的边际成本并不总是相等的,所以出现了市场失灵、资源配置效率低下、不公平等问题。此时,政府需要通过税收和补贴等方式对外部不经济问题进行干预,促使社会边际成本和私人边际成本达到平衡,实现资源配置的帕累托最优状态。随后,科斯等(1991)从市场角度出发,提出了以市场机制解决外部性问题的思路,为外部性问题的解决提供了内化途径。科斯定理中指出:当交易费用为零时,无论权利如何界定,都可以通过市场交易和自愿协商达到自愿的最优配置;当交易费用不为零时,制度安排和选择是同等重要的。

广义来说,外部性是指经济主体在从事生产和消费活动中做出理性决策时没有考虑到的相关成本或收益。对外部性的定义有两类,一类从外部性的产生主体角度来定义,另一类从接受主体角度来定义。前者定义外部性为生产或消费对其他团体强征了不可补偿的成本或给予了无需补偿的收益(萨缪尔森等,1999)。后者认为当一个行动的某些效益或成本不在决策者的考虑范围内的时候所产生的一些低效率现象;也就是某些效益被给予,或某些成本被强加给没有参加这一决策的人(兰德尔,1989)。当外部性发生时,消费者的效用函数或生产者的生产函数中的自变量包含了除决策者之外的其他人的行为,但决策者并没有获得来自其他人的补偿或向他们提供报酬。

交通运输作为城市的重要功能之一,Rothengatter(1994)认为交通运输的外部性可分为三个层次:第一层次为交通运输系统与环境、人力生产资本等不可再生资源存量相互作用的外部性,如环境资源被无偿地用于交通运输服务,这与生活在该环境中的人或与环境相关的生产消费活动之间产生了矛盾,交通运输与环境之间的外部不经济性发生。第二层次为交通运输系统内部相互作用的外部性,即由交通运输系统与消费者之间的相互作用导致的外部不经济性,如交通拥堵。第三层次是交通运输系统与公共或私人的生产消费制度之间相互作用的外部性,例如,公共交通作为公共服务之一,政府通过财政税收和优惠补贴等政策,以较低的价格提供公共交通服务,消费者支付较少的费用享受该服务。这实际上是消费者享受到的额外的利益,而不使用公共交通服务的群体则通过纳税间接支付了本不应该支付的费用,这也被称为制度外部性。

具体来说,交通运输外部性可分为正向外部性和负向外部性。正向外部性主要体现在以下几个方面:①最明显的,作为公共服务设施,城市交通基础设施为人们提供交通运输服务,随着交通服务水平不断提高,交通运输的时间成本和经济成本随之下降;②交通运输系统与城市经济发展密切相关,交通基础设施的建设和改善会促进沿线区域土地的开发利用,推动土地和住宅价值上涨,为政府、企业和个人带来直接或间接收益;③交通运输系统使人流、物流和信息集中,吸引了商业和文教体卫等服务设施在周边区域集聚,提高了人们的生活水平;④提高了城市不同区域之间经济、科技和文化等方面交流的速度和频率,有利于实现区域产业专业化,增加就业机会,拉动经济增长;⑤交通运输系统扩大了人们的活动范围和市场范围,使偏远地区进入交通设施的服务范围,有利于区域协调发展。负向外部性则主要体现在其对自然环境和社会经济的负向影响:①在自然环境方面,交通基础设施建设过程中和开通运营之后会产生噪声、振动和空气污染等;②在社会经济方面,体现为交通拥堵、交通事故和交通人流密集区犯罪率增加等风险。

交通运输外部性普遍存在,而市场这只"看不见的手"并不能平衡外部经济与不经济问题,这导致资源配置效率低下,交通基础设施的社会和经济效益降低。例如,交通运输对环境造成的负向外部性来源于机动车运行过程中产生的交通噪声和尾气排放,但没有使用机动车的社会成员也被动接受了生存环境受到损害的事实,环境污染的损失转嫁到了社会所有成员的身上;另外,交通运输系统带来的土地价值上升的正向外部性也只被少部分土地使用者占有,但他们受益而并没有支出相应的报酬。经济学家指出,交通运输系统外部性问题可通过将其内部化来解决,具体方法有两类:一类是科斯提出的在产权明晰的前提下,通过谈判协商达成资源配置最优方案的合约,使得受外部性影响的各方实现权益最大化;另一类是通过政府干预实现资源配置最优,基于"庇古税"概念,政府对从事交通运输生产或消费活动的经济主体征收合适的税或给予一定的补贴,实现私人与社会边际成本(收益)之间的平衡。

(3)市场细分理论

多数市场都不是单一性的市场,而是由几个相对同质的子市场组成。为了适应市场需求的变化,提高企业的应变能力和竞争力,Smith(1956)提出了市场细分的概念,并由 Kotler(1997)和 Schiffman 等(2004)深化。企业在当难以服务于规模较大的总体市场时,应将其按照消费者的需求、偏好、购买行为和购买习惯等方面的差异性划分成若干具有共同特征的子市场,这对企业的生产、营销起着极其重要的作用。

随着研究的深入,市场细分不再单纯地拘泥于市场营销领域,而被广泛地用于房地产领域的研究中。区别于其他商品市场,住宅的空间位置固定性和高异质性导致住宅市场分散化、区域化。Straszheim(1975)首次将市场细分概念运用到房地产领域的研究中,指出住宅市场是由一系列具有差异的住宅子市场组成,各个子市场对应着不同的特征价格函数。在同一个子市场内的住宅具有一定程度的内部同质性,与其他子市场内的住宅则具有相当的外部异质性。Tu(1997)从特征价格角度出发进一步明确了住宅子市场的定义:根据任一影响住宅价格关键属性的特点将所有住宅划分为若干个不同的住宅群,若这一关键属性的特征价格在某一住宅群中的大小与其他住宅群存在显著的差异,那么这个住宅群就是一个单独的子市场。Goodman 等(2003)总结了划分子市场的必要性:①可以提高统计模型的预测精度;②识别子市场边界可以更好地为分析住宅价格的时空波动建模;③为购房者提供子市场范围的信息可以降低其搜寻成本。后来,住宅子市场的存在也被越来越多的研究证实(Bourassa et al.,2003;Gallet,2004)。

根据相关经济学文献,对房地产市场细分主要有三种解释:市场失灵、住房供给非弹性和住房需求非弹性(Jones et al.,2004)。

市场失灵是指市场信息的不完全和不对称造成的市场竞争不完全和市场不完备。住宅建造过程复杂、隐蔽工程较多,交易双方难以掌握全部信息,且不同交易者掌握的信息也存在差别。因此,逆向选择、委托-代理等问题随之产生,资源配置和市场的运行效率也会随之降低(Pope,2007)。在国内很多城市,由于新房限购政策的限制,大量消费者涌入二手房市场,导致二手房市场蓬勃发展。相较于新房市场,二手房市场内有足够多的消费者和供应者,他们能自由出入市场,并且随着网络信息技术的革新和交易量的增加,交易双方都能够轻易获取大量信息,住宅价格逐渐透明化,这有利于实现完全竞争的市场。本书研究基于杭州市二手房市场,暂不考虑市场失灵导致的房地产市场细分。

住房供给非弹性是指由于住宅的高异质性、稀缺性和固定性等特点,住房市场产生结构细分和空间细分。结构细分根据数据结构的特点划分子市场，采用主成分分析法、因子分析法和聚类分析法等统计分析方法进行识别(Goodman et al.，2007)。Dale-Johnson(1982)采用因子分析法分析影响住宅价格的特征变量，确定子市场的数量。Maclennan 等(1996)首先利用主成分分析确定对住宅价格影响最显著的住宅属性，然后采用聚类分析来定义子市场。另外，通过住宅特征划分住宅子市场也是一种常用的方法，如 Schnare 等(1976)根据房间的数量对住宅市场进行分类，Bajic(1983)根据建筑面积和建筑类型划分住宅市场，Allen 等(1995)根据住宅类型进行市场划分。空间细分主要基于地理和行政边界或社会经济特征的空间分区，如行政区划(Sonstelie et al.，1980)、邻里特征(Bates，2006)、人口普查区(Thibodeau，2003)、邮政编码区(Fletcher et al.，2000)等划分子市场。

住房需求非弹性是指由于经济收入、生活品位、使用目的和文化观念等方面的差异，不同购房者对住宅特征的需求和偏好也不尽相同，进而导致市场细分现象。Gabszewicz 等(1979)证实了拥有不同收入水平和偏好的购房者对同一住房特征的支付意愿存在异质性。为了弥补单一的特征价格无法识别这种异质性的缺陷，学者们采用了离散选择模型(Chattopadhyay，2000)、区位均衡模型(Sieg et al.，2002)以及随机竞价模型(Chattopadhyay，1998)来捕捉购房者对住房特征偏好的差异。分位数回归在线性关系的假设下，通过最小化残差加权绝对值之和，获得因变量任意分位点处的回归方程。分位数回归结果的有效性和可靠性使得该方法在经济学、金融学等领域得到了广泛的应用。在房地产领域的研究中，分位数回归模型按照住宅价格将购房者细分为不同群体，进而揭示不同价位住宅购买者对住宅特征支付意愿的异质性(Liao et al.，2012)。分位数回归模型的优点是它利用整个数据样本进行回归分析，而不是人为地将样本数据划分为不同的子样本再分别进行回归分析，它避免了与截断相关的统计问题(Newsome et al.，1992)。

2.1.2 形成机理

(1)交通资本化效应的形成机理

土地价值理论的核心观点认为可达性是土地价值的决定因素，具体来看，城市交通系统通过外部性来影响住宅价格。基于外部性理论，城市交通系统具有正向外部性和负向外部性，并对住宅价格产生不同的影响效果。一方面，城市交通基础设施在个人层面能够改变居民的出行方式，运行顺畅的交通系统能够减少居民的交通成本，提高通行效率，在城市层面则能促进土地的混合、高效利用，引导城市空间结构演变;另一方面,城市交通产生的交通噪声、空气污染等负向影响则降低了周边住宅的宜居度,对住宅价格产生负向影响。经过总结归纳,城市交通基础设施对住宅价格的影响机理有以下四点。

①降低交通成本,改善物业可达性

城市交通基础设施为居民提供交通出行服务,改善了周边区域的可达性,降低了居民交通成本,并为周边房地产带来增值。例如,轨道交通、快速公交等为居民提供快速、舒适的公共交通服务,显著降低了居民公共出行的经济成本和时间成本;城市快速路为居民提供高速度的长距离道路交通服务,减少拥堵时间以及拥堵造成的额外的燃油成本,从而降低了居民机动车出行的交通成本。在可达性方面,轨道交通、快速路、快速公交和常规公交等交通设施在城市中呈网状分布,连通度高,换乘便捷,扩大了城市居民的出行范围,提升了周边区域土地和住房的可达性。由级差地租的概念可知,城市交通基础设施的建设和开通提升了周边区域的区位价值,产生了第一形态的级差地租,并反映在住宅价格的上涨中。

②改变周边土地利用性质,优化城市空间结构

城市交通基础设施不仅能促使周边区域发生集聚效应,还能改变周边土地的利用性质,引导城市空间结构演变。根据竞租理论,在单中心城市,城市中心地块享有最好的可达性,土地价值最高,随着与城市中心距离的增加,土地价值逐渐减小。而城市交通基础设施导致了人流、物流和信息流的集中,可以吸引各类设施集聚,进而引导周边土地利用性质的改变。便利的交通服务提高了居民出行效率,扩大了居民的活动半径,可达性好的区域会形成新的城市生长点,发展成为功能完善的城市次中心,这将推动多中心城市结构的形成。大容量的快速交通服务使得居民在相同时间内实现更长距离的通勤,扩大了其住房选址范围,推动居民从高房价、重污染、交通拥挤的城市中心向低房价、轻污染、交通通畅的郊区迁移。这不仅促进了城市土地的扩张,还拉动了城市边缘地区的发展,引起郊区土地和住宅价格上涨。

③提高周边区域综合开发强度,促进土地高效利用

根据地租理论,第二形态的级差地租产生于劳动生产率的差异。城市交通基础设施能够提高交通运输效率,并使周边区域产生集聚效应,提高土地开发强度,形成级差地租,推动周边住宅价格上涨。例如,轨道交通明显提高了公共交通的运输效率,由于其客运量大、周转迅速的特点,站点周边区域容易形成大量的商业集聚地,轨道交通对区域可达性的改善也吸引了大量住宅和其他服务设施的建设,刺激了站点和沿线土地的开发利用;快速路宅为居民出行提供高效的长距离道路交通服务,对可达性要求较高的办公物业吸引力较大,快速路出入口附近的

土地将进行更高密度的办公物业开发，大量的工作岗位催生了就业人口就近购房的需求，进而催生了大量住宅项目的开发，区域配套基础设施也日益完善，土地开发强度和密度进一步提高。由此可见，城市交通基础设施周边可达性较高的区域通常会吸引高密度、混合型的土地开发利用，这将提高整个区域的区位价值，进而推升土地和住宅价格。

④产生负向影响，影响周边住宅的宜居度

除了上述正向影响，城市交通基础设施也可能会对土地和住宅价格产生负向影响。交通设施项目在施工过程中产生的振动、噪声、空气污染等损害了周边居民的生活环境，工程占地还会妨碍原有交通系统的正常运行，造成交通拥堵，并加剧环境污染。在开通运营之后，车辆运行产生的噪声和空气污染会影响周边住宅居住环境的舒适度；交通基础设施附近人口稠密，对周边居民的居住舒适度和私密性造成影响，复杂的人员构成还增加了潜在犯罪发生率；大量的车辆运行也增加了交通事故的发生率，对居民居住环境的安全性产生威胁。以上问题将直接影响居民对住宅的满意度，进而对住宅价格产生负向影响。

（2）交通资本化效应异质性的形成机理

①交通资本化效应空间异质性的形成机理

交通资本化效应空间异质性的来源主要有两点：住宅位置的固定性和住宅与周边交通公共品（或服务）的组合的空间非平稳性。

首先，不同于一般的商品，住宅在空间上是不可移动的，无法在位于不同空间位置上的市场进行出售，即住宅的供给是非弹性的。根据子市场理论，住宅市场将通过空间细分或结构细分被划分为若干个具有一定程度内部同质性的子市场。由于住宅难以像其他商品一样在空间上跨越不同子市场进行交易，不同子市场住宅特征的供需状况存在差异，这导致某子市场内的购房者对住宅特征（如交通特征）的支付意愿区别于其他子市场，即住宅价格资本化效应的空间异质性。

其次，根据特征价格理论，住宅的价格是由一系列特征带来的效用所决定的，如建筑特征、区位特征和邻里特征。由此可知，住宅的价格不仅取决于建筑面积、楼层、朝向等自身特征，还取决于周围环境和配套设施带来的附加效用，如自然景观、交通设施和教育设施等。通过与周边环境相结合，不同住宅所拥有的特征集合存在差异，购房者只有购买当地的住宅才能享受相应特征带来的效用。因此，购房者对住宅特征的需求在地理空间上具有非平稳性。在购房决策过程中，购房者不仅要考虑自身的居住需求，还考虑住宅的周边环境及其带来的效用体验和隐性福利，如为了满足不同购房者的需求和偏好，景观房、地铁房、学区房等住宅概念随之产生,从而产生了购房需求在空间上的差异。由此可见,住宅与周边交通公共品(或服务)的组合以及交通公共品的供给在空间上的非均匀分布将导致购房者需求的空间差异,进而导致交通资本化效应的空间异质性。

值得注意的是,这种交通资源分布的不均衡性将加剧交通资本化效应的空间异质性。Tiebout(1956)提出,公共服务水平的高低决定消费者的效用体验,而效用体验影响他们对住宅的支付意愿。在流动不受限制的条件下,交通服务水平的高低是居民迁移流动的原因之一,而交通资源分布的不均衡将导致不同区域的交通服务水平参差不齐。服务水平低的区位不仅会因为缺乏吸引力而无法吸引从其他区位迁移而来的新居民,还可能出现该区位的原住居民外流的现象,部分流失的人口可能因偏好于便捷的交通条件而迁入到交通服务水平更高的区位。通常来说,人口流失将导致经济活力衰减、公共财政支出减少、房地产市场活跃度下降,最终导致住宅价格降低。由此可推论,在交通服务水平低的区位,购房者对住宅交通特征的支付意愿和支付能力较低;而在交通服务水平高的区位,购房者对住宅交通特征的支付意愿和支付能力都较高。因此,交通资源分布的不均衡性增加了不同空间区域之间交通服务水平的差距,继而加剧了交通资本化效应的空间异质性。

②交通资本化效应社会异质性的形成机理

住宅的品质与社区公共品(或服务)配置密切相关,具有不同收入水平和偏好的购房者根据社区的特征及其带来的效用选择居住地点。根据收入水平、生活习惯和文化观念等方面的差异,购房者被细分为不同的群体,同一群体内的购房者具有相似的购房偏好和需求,对住宅特征的支付意愿和支付能力相近,而与其他群体相异,进而造成了住宅特征的资本化效应在不同群体之间的差异性,即社会异质性。

通常来说,高收入购房者愿意购买高价位住宅以获取较好的邻里环境和公共服务,低收入购房者受经济条件的限制会选择购买低价位住宅(Lewis et al.,2010)。因此,住宅市场根据住宅价格的高低产生细分,不同子市场内购房者的收入水平不同,对住宅特征的偏好和支付意愿也存在差异。国内外学者广泛证实了这一市场细分方式的必要性和合理性,并致力于揭示不同收入水平的购房者对住宅特征偏好的差异(Ellickson,1981)。交通出行作为城市生产和生活中的基础性活动,不同收入水平的居民根据自身经济实力和现实需求选择不同的通行方式,从而产生了不同的交通偏好,并最终导致购房者对交通特征支付意愿的社会分异。

此外,优质交通资源的稀缺性将加剧交通资本化效应的社会异质性。优质的交通服务能够进一步提高周边居民的出行效率,减轻交通负向外部性的影响。在

"用脚投票"的背景下，拥有优质交通资源的社区吸引了更多高收入居民的迁入，提升了社区的素质水平。这些社区不仅能为居民提供更大程度的物质满足，还可以使他们获得优质的邻里特征及其隐含福利。居民购买优质交通公共品周边的住宅意愿增加，而这类资源的稀缺性使得购房者之间的竞争更加激烈。根据同群效应所指出的"同收入水平的个体具有共同居住的心理和偏好"，竞争的结果是高收入居民和家庭逐渐在优质交通公共品周围聚居，这也将抬高该区域的住宅价格，而低收入居民和家庭则被挤出，从而失去享受相应公共服务的机会。在市场的价格机制下，优质公共品的资本化效应被放大，其社会异质性进一步加剧，居民所享受的公共品在不同收入阶层之间的不平等现象也被强化。

2.2 交通资本化效应的测量方法

2.2.1 可达性的度量

为了估计交通基础设施对住宅价格的资本化效应，我们需要准确量化住宅周边交通资源的配置情况，交通可达性（transport accessibility）就是基本的衡量指标，即本书研究中所指的可达性。"可达性"的概念由来已久，它在古典区位理论中被用于衡量交通成本。Hansen（1959）首次将可达性定义为空间中各节点相互作用机会的潜力。随后，可达性的概念被广泛应用于城市规划、地理学和交通运输经济学等多个领域。但由于研究问题和背景的差异，学者们对可达性的理解和定义各不相同，例如以下定义：①克服空间阻隔的难易程度，以距离、时间和费用作为衡量指标（Ingram，1971）；②通过特定交通系统从给定地点出发到达任一活动机会的难易程度（Burns et al.，1976）；③个体决定是否参与不同活动的自由度（Burns，1979）；④从给定地点出发获得活动机会的数量（Black et al.，1977）；⑤在土地利用和交通系统支持下，个体或团体通过一种或多种交通方式组合获得活动机会或到达目的地的便利程度（Geurs et al.，2004）；⑥不同地点之间相互作用的潜力（Morris et al.，1979）。值得注意的是，交通系统和土地利用是可达性的重要影响因素。交通系统的服务水平越高，居民获得工作、医疗、商业和娱乐等活动机会所需的交通成本（时间、距离、费用）就越低或便利程度（舒适度、可靠性、安全性等）就越高，可达性就越好。土地利用（居住、商业和工业等）规划越合理，个体在固定的时间或距离阈值内能够获得的活动机会就越多，可达性就越好。对可达性的不同定义导致了不同的度量方法，如基于空间阻隔的度量、基于机会累积的度量、基于重力的度量和基于效用的度量等。其中,房地产领域的研究中常用的方法有:最近距离法、虚拟变量法、累积机会法和重力模型法。

(1)最近距离法

最近距离法是应用最广泛的可达性度量方法。从住宅到达最近活动机会的阻隔越小,可达性就越好,通常以两者间直线距离、网络距离或时间距离为衡量指标。

直线距离度量方便,数据获取难度低,很多学者采用住宅到交通基础设施节点(如轨道交通站点、快速公交站点、高速公路出入口等)之间的直线距离来衡量可达性(Al-Mosaind et al., 1993;John,1996)。由于真实城市交通网络结构的复杂性,住宅与交通基础设施节点之间的连接路径通常不是一条直线,而是由多段曲折的线路构成。网络距离反映了实际生活中居民在住宅与交通基础设施节点之间往返的距离,与真实情况更为接近。地理信息系统和空间分析技术的发展使得网络距离的测量成为可能。为了提高估计结果的准确性,越来越多的研究采用网络距离作为自变量来探究交通基础设施可达性对住宅价格的影响(Wang et al.,2013)。Hess 等(2007)采用了直线距离和网络距离两种方式度量轨道交通和高速公路的可达性,发现网络距离变量回归系数在统计意义上的显著性高于直线距离变量的回归系数,且采用直线距离会高估交通基础设施对住宅价格的影响。

时间距离反映了从一个区位移动到另一个区位所需要的时间。两点之间的空间距离一般不会改变,而时间距离却可能因交通基础设施的改善和服务水平的提高而不断减小,交通成本也因此下降(Ryan,1999)。Armstrong 等(2006)采用从住宅到轨道交通站点的步行时间和行车时间来衡量可达性,发现在站点 0.5 英里(1 英里≈1.61 千米)的缓冲区内,住宅与站点之间的行车时间每增加 1%,住宅价值将下降 1.6%。Dewees(1976)针对多伦多的研究发现,轨道交通使得沿线1/3英里范围内住房的通勤时间成本显著降低,对住宅价格产生了显著的正向资本化效应。Munoz-Raskin(2010)针对哥伦比亚波哥大市快速公交的研究发现,距离公交车站 5 分钟步行路程范围内的住宅价值比其他住宅价值高出近 10%。

(2)虚拟变量法

除了直接度量住宅与交通基础设施之间的空间距离和时间距离外,还可以采用虚拟变量的方式来度量可达性。具体来说,虚拟变量的设置方法主要分为以下两类。

①以指定的空间距离阈值作为划分依据,对该距离阈值之内的样本赋值为 1,距离阈值之外的样本赋值为 0,从而将所有样本划分为两个子样本,赋值为 1 的子样本为实验组,赋值为 0 的子样本为对照组。虚拟变量的估计系数为相较于对照

组的住宅样本，交通基础设施对实验组住宅价格资本化效应的大小。这一划分依据与现实情况相符，即交通基础设施的服务范围有限，一定距离范围内的居民才能够便捷地享受相应的交通服务，进而影响居民对周边住宅的支付意愿，超过这个范围，居民获取交通服务的难度和成本增加，交通基础设施对住宅价格的影响消失。然而，已有研究就影响范围的界定标准并没有达成一致，800米、1 000米、1 600米、2 000米是常用的划分标准（Nelson，1982；Cervero et al.，2011；Dubé et al.，2013）。

②以交通线路为轴线或以交通设施节点为中心划分多个环形距离带，每个距离带用一个虚拟变量表示，获得一组虚拟变量。虚拟变量的回归系数表示相应距离带中住宅价格受交通基础设施影响的程度，它展示了交通资本化效应随距离的变化规律。例如，Seo等（2014）分别以400米和300米为标准，将高速公路出入口和轨道交通站点周边的区域划分为多个距离带，发现交通资本化效应随着距离的增加呈现先增大后减小的规律，分别在距离高速公路出入口800～1 200米和距离轨道交通站点600～900米的范围内达到最大。一些研究还发现，在最近的距离区间内，由于受到交通噪声和空气污染等影响，回归系数可能是负值，即对住宅价格产生负向的资本化效应（Salon et al.，2014）。同时，还可以根据回归系数的显著性情况判断交通基础设施对住宅价格资本化效应的空间范围。Dai等（2016）以200米为标准将不同的轨道交通站点周边的区域划分为9个距离带，发现距离换乘站点1 400米以外区域的虚拟变量的回归系数不再显著，这表明换乘站点的影响范围为1 400米；而非换乘站点周边，回归系数只在1 000米范围内显著，这表明非换乘站点的影响范围为1 000米。

（3）累积机会法

累积机会法通过设定空间距离、时间距离或交通成本阈值，将阈值范围内所能获得的活动机会数量定义为可达性，机会越多，可达性就越好（Vickerman，1974）。该方法同时考虑了出行的空间、时间和经济成本，以及各类设施的数量、规模和分布情况，并且获取数据容易，得到了越来越多学者的青睐（Wen et al.，2014；杨林川等，2016）。Yang等（2018）以厦门市区为研究区域，采用累积机会法评价住宅周边教育、商业、医疗和文体等各类公共服务的步行可达性和公交可达性。步行可达性以900米作为距离阈值，分别统计该距离范围内小学、购物中心、二甲和三甲医院、文体中心的数量，实证结果表明，小学、购物中心或文体中心每增加1个，将分别对周边900米范围内的住宅产生0.6%、1.2%和1.3%的溢价，而医院每增加1个，将产生3.8%的折价效应；公交可达性以500米距离范围内公交站点的数量作为衡量指标,回归结果证明了公交可达性对住宅价格的正向资本化效应,公交站点每增加 1 个,住宅价格将上升 0.6%。由于阈值的设定并没有统一的标准,Wang 等(2015)设定了一系列的空间距离阈值来探究公交可达性对住宅价格的影响,以住宅周边 300、400、500、750、1 000 和 1 500 范围内公交站点的数量来衡量公交可达性,模型结果显示,所有距离阈值设定下的公交可达性都对住宅价格具有显著的正向资本化效应,在 500 米及以下的距离范围内,每增加 1 个公交站点,住宅价格上升 0.3%,随着距离的增加,在 750 米及以上的范围内,公交可达性对住宅价格的影响减小为上升 0.1%。

(4)重力模型法

基于重力模型法的度量认为可达性不仅与克服起点与终点之间空间阻隔的难易程度有关,还与两点活动机会的规模有关,体现了两点之间相互作用的能力(交通服务水平)和潜力(人口、资源等相互交流和作用)。该方法同时考虑了节点发展机会的大小及机会随距离衰减的情况,将土地利用因素和交通系统因素结合在一起考虑,在土地利用模式和交通规划研究中得到了广泛的应用(Kok et al.,2014;Jang et al.,2015;Piovani et al.,2018)。Martínez 等(2009)将起点和终点的行程总数(吸引力)以及两点之间的通行时间(阻隔)纳入重力模型,分别计算公共交通可达性和私人交通可达性,并探究其对住宅价格的影响。实证结果显示,公共交通可达性对住宅价格具有 51.1% 的溢价效应,私人交通可达性的溢价效应可达 104.5%。技术层面上,采用重力模型法计算可达性的难点是如何选取决定距离衰减关系的摩擦系数,而已有研究对这一问题并没有形成统一的标准,且采用的摩擦系数的大小差异较大,如 0.051(Ahlfeldt,2013)、0.086(Osland et al.,2008)、0.1(Ahlfeldt,2011)。由于房地产领域的研究大多关注可达性的经济价值,而不是可达性本身,因此,较少有研究采用重力模型法来度量可达性。

2.2.2　交通资本化效应的测量模型

(1)特征价格模型

住宅是由一系列的特征构成的异质性商品,具有耐久性和空间固定性等特点。购房者愿意为一套住宅支付的价格取决于该住宅的各种特征能够提供的效用体验,所有特征的边际价格构成了住宅(总)价格。为了估计各住宅特征对住宅价格的贡献,特征价格模型被引入并广泛应用于房地产领域的研究中。特征价格模型以住宅价格作为因变量,各个住宅特征作为自变量,包括区位、邻里和建筑特征,通过最小二乘法估计住宅特征的边际价格。模型的基本形式如下:

$$P = f(L, N, S) \qquad (2\text{-}1)$$

式中,P 为住宅价格,L 为区位特征,N 为邻里特征,S 为建筑特征。

在实际应用中,模型函数形式和变量的选择是影响估计结果有效性和可靠性的重要因素。特征价格模型有四种常用的函数形式:线性、对数、对数线性和半对数形式(表2-1),函数形式选择有误可能会导致有偏的估计结果(Goodman,1978;Blomquist et al.,1981)。自 Ridker 等(1967)首次将特征价格模型引入房地产领域以来,Brown 等(1977)、Harrison 等(1978)以及 Lafferty 等(1978)随后进行了一系列探索。目前,特征价格模型已经得到了广泛的应用和检验(Malpezzi,2002;Chau et al.,2003)。在已有的经验研究中,许多学者采用特征价格模型并发现了显著的交通资本化效应。Laakso(1992)对赫尔辛基房地产市场的研究表明,轨道交通使周边住宅价格产生 3.5%～6.0%的溢价。Boarnet 等(2001)和 Cervero 等(2002)发现高速公路和轨道交通对房地产价值分别产生了显著的资本化效应。为了选择合适的函数形式,学者们通常将研究数据代入所有的函数形式进行一系列试验,通过比较回归结果的显著性和解释能力确定估计效果最好的函数形式。通常来说,对数形式和对数线性形式都拥有较好的解释能力,应用范围较广泛(Wen et al.,2017a)。

表 2-1　特征价格模型的函数形式

函数形式	模型设置
线性形式	$P = \alpha + \beta_i L_i + \gamma_j N_j + \rho_k S_k + \varepsilon$
对数形式	$\ln P = \alpha + \beta_i \ln L_i + \gamma_j \ln N_j + \rho_k \ln S_k + \varepsilon$
对数线性形式	$\ln P = \alpha + \beta_i L_i + \gamma_j N_j + \rho_k S_k + \varepsilon$
半对数形式	$P = \alpha + \beta_i \ln L_i + \gamma_j \ln N_j + \rho_k \ln S_k + \varepsilon$

另外,由于影响住宅价格的特征复杂且繁多,变量选取不规范也是也是建模过程中不可避免的问题,体现在忽略与住宅价格有关的属性或者包含不相关的住宅属性(Kuminoff et al.,2010)。为了提高模型估计结果的有效性,Butler(1982)建议在回归方程中考虑少量边际成本高或效用大的关键变量就能够满足研究需要。Mok 等(1995)证实了非关键变量对模型预测和解释能力的影响可以忽略不计,影响住宅价格的关键特征有区位特征、邻里特征和建筑特征三类。一般来说,住宅拥有的满足购房者需求的特征越多,价格越高(Ball,1973)。Kohlhase(1991)发现建筑特征对住宅价格的影响可能随着时间推移和研究区域的不同而变化。具体来说,面积、房龄、楼层和房间数量都是影响住宅价格的重要建筑特征(Carroll et al.，1996；)，一些研究还考虑了住宅的配套设施，如地下室、车库和壁炉等(Forrest et al.，1996)。

区位特征是住宅的固定和相对位置属性，通常采用到城市 CBD 的可达性来衡量，具体量化指标包括直线距离(Ryan，2005)、路网距离(Hess et al.，2007)、时间距离(Diao et al.，2010)、交通成本和便利程度(Adair et al.，2000)等。根据区位理论，区位特征通过交通成本的改变来影响购房者的支付意愿。购房者通常会在住房成本和交通成本之间进行权衡，交通成本的增加往往需要住房成本的下降来弥补(郑思齐等，2007)。

邻里特征涉及社会经济、公共服务和住宅外部性这三类特征。社会经济特征包括社区的社会阶层、居民职业情况和种族构成等(Dong，2017)。公共服务特征包括交通、学校、医院、超市、教堂和公园等设施的可达性(Boyle et al.，2001；Hui et al.，2016；Wen et al.，2017b)。住宅外部性特征包括犯罪率、交通噪声和空气质量等(Zheng et al.，2013；Beimer et al.，2017)，也有少数研究关注了风水、楼层号或幸运数字对住宅价格的影响(Humphreys et al.，2019)。

（2）空间计量模型

传统特征价格模型的基本假定要求住宅价格是独立分布的，这与 Tobler(1970)提出的空间邻近的事物相似，空间远离的事物相异的"地理学第一定律"相悖。一般来说，在空间上邻近的住宅通常具有相似的区位特征和公共服务设施，这导致住宅价格在空间上存在一定的相关性，即空间依赖性。随着距离的靠近，住宅价格的空间依赖性增强，忽略空间依赖性可能会导致参数估计偏误和统计性检验偏倚(Tse，2002)。为了克服这一问题，空间计量经济学提供了一系列有效的理论和实证分析方法(Anselin，1988)。LeSage 等(2009)和 Anselin 等(2013)对空间计量模型进行了详细描述，并提出了多种考虑空间依赖性的模型：空间滞后模型(spatial lag model，SLM)、空间误差模型(spatial error model，SEM)、空间杜宾模型(spatial Dubin model，SDM)和空间自相关模型(spatial autocorrelation model，SAC)。

空间依赖性通常采用莫兰 I 数(Moran I)来衡量，其值域为[−1，1]，大于零表明空间正相关，反之则为负相关，若接近零，说明属性为随机分布，即不存在空间自相关。其计算公式如下：

$$I = \frac{n}{\sum\limits_{i=1}^{n}\sum\limits_{j=1}^{n} W_{ij}} \frac{\sum\limits_{i=1}^{n}\sum\limits_{j=1}^{n} W_{ij}(y_i - \overline{y})(y_j - \overline{y})}{\sum\limits_{i=1}^{n}(y_i - \overline{y})_i^2} \tag{2-2}$$

式中,n 为研究对象的数目,y_i 和 y_j 为观测值,$\bar{y}$ 为 y_i 的均值,W_{ij} 为研究对象 i 和 j 之间的空间权重矩阵。

区别于传统计量经济学,空间计量经济学通过空间权重矩阵来描述空间单元在地理位置上的邻接关系,以衡量数据的空间依赖性。空间权重矩阵通常表示为 n 阶非负矩阵,表达式如下:

$$W_{ij} = \begin{bmatrix} 0 & w_{12} & \cdots & w_{1n} \\ w_{21} & 0 & \cdots & w_{2n} \\ \vdots & \vdots & \ddots & \vdots \\ w_{n1} & w_{n2} & \cdots & 0 \end{bmatrix} \tag{2-3}$$

常用的空间权重设定方法有邻接法、距离法和经济特征法。其中,邻接法和距离法基于样本数据的地理位置信息构建空间权重矩阵,被广泛应用于房地产领域的研究。邻接法对空间单元在地理空间上的相对位置根据判定标准判定是否相邻,相邻定义为 1,否则为 0。设定方式如下:

$$w_{ij} = \begin{cases} 1, & \text{对象 } i \text{ 和 } j \text{ 邻接} \\ 0, & \text{其他} \end{cases} \tag{2-4}$$

邻接关系主要有三类,分别为 rock 邻接、bishop 邻接和 queen 邻接。rock 邻接表示两个空间单元具有公共边;bishop 邻接表示两个空间单元具有公共顶点;queen 邻接表示两个空间单元既有公共边又有公共顶点。此外,当 $i=j$ 时,w_{ij} 取值为 0。

邻接关系的另外一种设定方式是设置一个距离阈值 b,若空间单元 i 与空间单元 j 的质心距离小于等于 b 时,认为两点之间存在空间依赖关系,取值为 1;反之,则为 0。表达式如下:

$$w_{ij} = \begin{cases} 1, & d_{ij} \leqslant b \\ 0, & d_{ij} > b \end{cases} \tag{2-5}$$

式中,d_{ij} 为空间单元 i 与空间单元 j 质心之间的空间距离,b 是根据数据结构设定的带宽。

距离法通过距离函数计算得到各空间单元的元素值,构建权重矩阵,常见的有克利夫-奥德(Cliff-Ord)矩阵和 k-近邻矩阵。Cliff-Ord 矩阵的表达式如下:

$$w_{ij} = \begin{cases} d_{ij}^{-a} \beta_{ij}^{b}, & i \neq j \\ 0, & i = j \end{cases} \tag{2-6}$$

式中,a 和 b 分别为外生的距离摩擦系数和边界共享效应系数,β_{ij} 为空间单元 i 和空间单元 j 共有边界长度占 i 的总边界长度的比例。

当将 a 设为 1,b 设为 0 时,它则成为反距离权重矩阵,表达式如下:

$$w_{ij} = \begin{cases} \dfrac{1}{d_{ij}}, & i \neq j \\ 0, & i = j \end{cases} \tag{2-7}$$

k 近邻矩阵认为空间单元 i 与距离最近的 k 个空间单元存在空间依赖关系。若空间单元 j 是空间单元 i 的 k 个邻居之一,则两者空间相关;反之,则不相关。其设定表达式如下:

$$w_{ij} = \begin{cases} \dfrac{1}{d_{ij}}, & d_{ij} \leqslant d_{i(k)} \\ 0, & i = j \text{ 或 } d_{ij} > d_{i(k)} \end{cases} \tag{2-8}$$

式中,$d_{i(k)}$ 为空间单元 i 与其 k 个邻居之间的最远距离。

随后,将构建完成的空间权重矩阵代入模型进行计量分析,最常用的空间计量模型有 SLM 和 SEM。SLM 强调空间关系的溢出效应,即不同空间单元的因变量会相互影响,其模型表达式如下:

$$\boldsymbol{P} = \rho \boldsymbol{WP} + \boldsymbol{X\beta} + \boldsymbol{\varepsilon} \tag{2-9}$$

式中,$\boldsymbol{P}$ 为住宅价格向量;$\boldsymbol{X}$ 为住宅特征变量矩阵;$\boldsymbol{\beta}$ 为回归系数向量;$\boldsymbol{W}$ 为 $n \times n$ 阶的空间权重矩阵,体现本单元因变量受邻近空间单元因变量影响而产生的空间滞后性;$\boldsymbol{\varepsilon}$ 为随机误差向量;ρ 为空间相关系数,表示相邻空间单元之间的影响程度,值域为 $[-1,1]$,当 $\rho = 0$ 时,该式即为标准线性回归模型,当 ρ 值不显著时,样本数据不存在空间效应。

SEM 则通过误差项来体现空间单元之间的空间依赖作用,强调相邻空间单元的误差对本单元误差项的影响。其模型表达式如下:

$$\boldsymbol{P} = \boldsymbol{X\beta} + \boldsymbol{\varepsilon} \tag{2-10}$$

$$\boldsymbol{\varepsilon} = \lambda \boldsymbol{W\varepsilon} + \boldsymbol{\mu} \tag{2-11}$$

式中,λ 为空间自回归系数,$\boldsymbol{\varepsilon}$ 为随机误差项向量,$\boldsymbol{\mu} \sim N(0, \sigma^2 \boldsymbol{I})$;$\lambda$ 的绝对值越大,随机误差项对住宅价格的空间影响就越大。

SLM 和 SEM 都旨在减少样本数据之间的空间依赖对估计结果产生的影响,但两种模型的建模方式以及估计结果反映的实际意义却截然不同。由于无法事先根据样本数据判断空间效应是否存在及其存在的形式,因此,我们需要构建一套检验准则,来衡量不同类型的空间模型对样本数据的解释能力,为选取合适的模型提供判定标准。目前,极大似然法(maximum likelihood,ML)经常被用来估计空间滞后模型和空间误差模型的参数,并使用拉格朗日乘数(Lagrange multiplier,LM)检验来判断模型的优劣。另外,赤池信息量准则(Akaike information criterion,AIC)、似然比率(likelihood ratio，LR)、对数似然函数值(log-likelihood，LogL)和施瓦茨准则(Schwarz criterion，SC)也是常用的检验准则。其中，LR、LogL 的显著性越高，AIC 值和 SC 值越小，空间自回归模型的拟合效果越好。

在以往的经验研究中，住宅价格的空间依赖性对估计结果的显著影响被广泛证实。Ibeas 等(2012)针对西班牙桑坦德的实证研究证明了空间依赖性的存在，他们采用 SLM、SEM 和 SDM 建模估计交通基础设施对住宅价格的影响，回归结果表明空间计量模型的表现优于传统的普通最小二乘(ordinary least squares，OLS)模型。Cohen 等(2008)对比了空间计量模型(SLM、SEM)与 OLS 模型的回归结果，发现忽略了样本数据的空间依赖性会低估机场噪声对住宅价格的影响。Paliska 等(2020)建立了 SLM、SEM 和 SAC 模型来估计新建高速公路对斯洛文尼亚东北部地区住宅价格的影响，发现空间计量模型具有更强的解释力度。Chen 等(2015)和 Mulley 等(2016)的研究结果也显示空间计量模型显著提高了模型的解释能力和显著性，减小了传统特征价格模型估计结果的偏误。因此，空间自相关性的影响不应被忽视。

(3)地理加权回归模型

空间异质性是另一典型的空间效应，被认为是地理学第二定律(Goodchild，2003)。空间异质性主要来源于两方面：①住宅在空间上缺乏平稳的分布结构，在部分区域可能存在集聚或分散现象，从而引发了住宅特征的隐含价格在不同空间位置上的异质现象；②城市各区域的地理环境和社会经济背景等因素并不是均质的，因此，住宅特征对位于不同区域的住宅价格会产生不同的影响，这造成了住宅特征的隐含价格在不同空间区域间的波动。

为了揭示住宅特征与住宅价格的关系随空间位置变化的规律，国内外学者们做了一系列尝试。Goodman 等(2003)采用划分子市场的方式分别对不同空间区域内的住宅子市场进行特征价格估计，但是划分子市场这种方法主观性较强，其划分标准不一，难以客观地揭示房地产市场的一般规律。Fik 等(2003)提出空间扩展模型，通过构建含有空间坐标函数的函数来估计住宅特征的隐含价格，并反映其在空间上的异质性。但该方法展现的空间异质性在空间上是连续的，不能刻画空间异质性的离散性以及在市场边界处的跳跃性和突变性。Brunsdon 等(1996)提出的地理加权回归(geographically weighted regression，GWR)为探测模型参数在空间区域内的非平稳变化提供了新方法，该方法利用基于距离加权估计出每个样本点的模型参数，与被估计点距离越近的样本被赋予的权重越大，反之，则越小。其基本模型如下：

$$Y_i = \beta_0(u_i, v_i) + \sum_{k=1}^{m} \beta_k(u_i, v_i) X_{ik} + \varepsilon_i \tag{2-12}$$

式中，Y_i 为样本 i 的观测值（$i=1,2,\cdots,n$），n 为样本点的数目；m 为解释变量的数目；(u_i, v_i) 是样本点 i 的坐标；$\beta_0(u_i, v_i)$ 是样本点 i 的空间截距项；$\beta_k(u_i, v_i)$ 是样本点 i 上的第 k 个回归系数；X_{ik} 为样本点 i 的第 k 个解释变量；ε_i 是随机误差项。

不同于基于 OLS 估计的传统特征价格模型，为减小估计系数 $\beta_k(u_i, v_i)$ 的偏差，GWR 模型采用局部加权最小二乘法估计，表达式如下：

$$\min \sum_{j=1}^{n} \left[Y_j - \beta_0(u_i, v_i) \sum_{k=1}^{m} \beta_k(u_i, v_i) \right]^2 w_j(u_i, v_i) \tag{2-13}$$

式中，$w_j(u_i, v_i)$ 为样本点 i 与其他样本点 j 之间空间权重。

令 $\boldsymbol{\beta}(u_i, v_i) = [\beta_0(u_i, v_i), \beta_1(u_i, v_i), \cdots, \beta_i(u_i, v_i)]^T$，

$$\boldsymbol{W}(u_i, v_i) = \text{Diag}[w_1(u_i, v_i), w_2(u_i, v_i), \cdots, w_n(u_i, v_i)] \tag{2-14}$$

则 i 样本点的回归系数估计值为

$$\hat{\boldsymbol{\beta}}(u_i, v_i) = (\boldsymbol{X}^T \boldsymbol{W}(u_i, v_i) \boldsymbol{X})^{-1} \boldsymbol{X}^T \boldsymbol{W}(u_i, v_i) \boldsymbol{Y} \tag{2-15}$$

令 $\boldsymbol{X}_i = (1, X_{i1}, X_{i2}, \cdots, X_{im})$ 为自变量 $X_1, X_2, \cdots, X_m$ 在 (u_i, v_i) 处的取值，则 i 样本点因变量的回归估计值为

$$\hat{Y}_i = \boldsymbol{X}_i \hat{\boldsymbol{\beta}}(u_i, v_i) = \boldsymbol{X}_i [\boldsymbol{X}^T \boldsymbol{W}(u_i, v_i) \boldsymbol{X}]^{-1} \boldsymbol{X}^T \boldsymbol{W}(u_i, v_i) \boldsymbol{Y} \tag{2-16}$$

高斯函数法是地理加权回归模型的空间权重矩阵设定较为常用的方法，本书采用该方法构建空间权重矩阵。高斯核函数用一个连续单调衰减函数描述距离 d_{ij} 与权重 w_{ij} 之间的关系，表达式如下：

$$w_{ij} = K_h(d_{ij}) = \exp\left(-\frac{d_{ij}^2}{2h^2}\right) \tag{2-17}$$

式中，h 为带宽，表示空间权重随距离衰减的函数。带宽越大，w_{ij} 随 d_{ij} 的增大衰减越慢；反之，则越快。

带宽的确定方法并不唯一，常用的方法有交叉验证（cross validation，CV）法和带校正项的 AIC（AICc）。AICc 是确定最优带宽的常用方法，是 AIC 的延伸，其原理如下（Hurvich et al., 1998）：

令 $\hat{\boldsymbol{Y}}(h) = \boldsymbol{L}(h)\boldsymbol{Y}$，$\hat{\boldsymbol{\varepsilon}} = \boldsymbol{Y}^T[\boldsymbol{I}_n - \boldsymbol{L}(H)]^T[\boldsymbol{I}_n - \boldsymbol{L}(H)]\boldsymbol{Y}$，

$$AICc = \lg\left(\frac{1}{n}\hat{\boldsymbol{\varepsilon}}^T \hat{\boldsymbol{\varepsilon}}\right) + \frac{n + \text{tr}[\boldsymbol{L}(h)]}{n - 2 - \text{tr}[\boldsymbol{L}(H)]} \tag{2-18}$$

式中，$\hat{\boldsymbol{Y}}(h)$ 为带宽为 h 时的预测值向量；$\boldsymbol{Y}$ 为因变量向量；$\boldsymbol{L}(h)$ 为带宽为 h 时的帽子矩阵；$\boldsymbol{\varepsilon}$ 为残差向量；$\boldsymbol{I}_n$ 为 n 阶单位矩阵，n 为样本量；$\boldsymbol{L}(H)$ 带宽为 H 时的帽子矩阵；tr 为迹（trace）运算。则最优带宽

$$h_0 = \mathrm{argmin} AICc(h) \qquad (2\text{-}19)$$

鉴于空间异质性的存在,全局回归模型无法全面而准确地体现住宅特征对住宅价格的影响。GWR 作为局部空间统计方法,结合可视化工具,可以直观地显示样本点的回归系数和显著性在空间上的分布情况,成为探测空间分布非平稳性的主要方法。在房地产研究领域,隋雪艳等(2015)证实了 GWR 模型在局部参数估计方面具有明显的优势,能够解释研究区域 61% 的地价变化,比全局 OLS 模型提高了 14%,可视化的回归结果强有力地反驳了传统特征价格模型变量回归系数稳定性的假设。Bitter 等(2007)和董冠鹏等(2011)分别采用空间扩展模型和 GWR 模型对住宅特征对房地产价值的影响展开研究,发现两种模型均能较好地识别样本数据的空间异质性特征,但地理加权模型能够准确捕捉每个样本点的住宅特征对住宅价格的影响,并直观地展示其在空间上分布的非平稳性特征,对样本外数据的预测精度也较大。因此,GWR 模型对空间数据的解释能力和预测能力具有明显的优越性。

(4)分位数回归模型

根据 Gabszewicz 等(1979)的研究,居民家庭收入水平和偏好的差异可能导致他们对异质性商品属性的边际替代率不同。Bayer 等(2004)的研究表明,购房者基于自身收入水平和需求而对住宅特征产生不同的偏好,收入排名前 25% 的家庭往往会选择购买高价住宅,以获得优质的区位和邻里特征。因此,不同价位住宅特征的隐含价格可能会因购房者收入水平的不同而有所差异(Watkins,2001),换句话说,高价住宅购买者和低价住宅购买者对某一特定住宅特征的支付意愿有所不同。

已有研究大多采用传统特征价格模型估计住宅特征对住宅价格的平均影响,但只有当样本数据满足正态性、独立性和同方差性的假设时,才能得到无偏、有效的估计结果。实际上,这种理想的假设很难被满足,当数据存在厚尾或尖峰分布情况时,OLS 估计结果的稳健性有所降低,还可能遗漏一些重要且有价值的信息。分位数回归模型能够弥补这一缺陷,有效处理异方差、截断问题和异常值的问题,并准确刻画住宅特征的回归系数在所有价格分位点上的分布情况(Koenker et al.,2001)。该方法最早由 Koenker 等(1978)提出,他们利用因变量的条件分位数来建模,通过最小化加权的残差绝对值之和来估计回归参数。这种方法能够得到所有分位数值下的回归估计,因此,分位数回归更能精确地描述自变量对因变量影响的变化范围以及条件分布形状的影响。特别是当数据存在厚尾尖峰或有偏分布的情况时,分位数回归能够准确、细致地刻画数据分布特征,并且受异常值的影响很小,使估计结果更稳健。

具体而言,对任意的随机变量 Y,其分布函数为

$$F_Y(y) = \Pr(Y \leqslant y) \tag{2-20}$$

对任意的 $0 < \tau < 1$,定义随机变量 Y 的 τ 分位数函数

$$Q(\tau) = \inf\{y : F(y) \geqslant \tau\} \tag{2-21}$$

分位数回归的估计通过实现加权的残差绝对值之和最小化,得出参数在 τ 分位点处的估计值。对于

$$\min_{\beta} \sum_{i=1}^{n} \rho_\tau \big[y_i - \beta_0(\tau) - \beta_1(\tau) x_i \big] \tag{2-22}$$

可进一步写为

$$\min_{\beta} \Big[\sum_{\{i \mid y_i \geqslant \beta_0(\tau) + \beta_1(\tau) x_i\}} \tau \mid y_i - \beta_0(\tau) - \beta_1(\tau) x_i \mid + \\ \sum_{\{i \mid y_i < \beta_0(\tau) + \beta_1(\tau) x_i\}}^{n} (1 - \tau) \mid y_i - \beta_0(\tau) - \beta_1(\tau) x_i \mid \Big] \tag{2-23}$$

式中,y_i 为因变量;x_i 为自变量;τ 为分位数;$\beta_0(\tau)$ 和 $\beta_1(\tau)$ 为待估系数,其值随着 τ 的变化而变化。

通过上述分析,可以看出分位数回归赋予回归线 $y_i = \hat{\beta}_0(\tau) - \hat{\beta}_1(\tau) x_i$ 以下的数据点的权重是 $1 - \tau$,而赋予回归线以上的数据点的权重是 τ。对 τ 的每一个选择,由于权重不同,都会产生各自不同的分位数拟合函数。因此,分位数回归可以得到各分位点上的回归函数,它不仅能在局部意义上揭示某一特定分位点上的变量信息,还能在全局意义上揭示变量关系在所有分位点上的变化情况。

从模型内涵和设定来看,分位数回归模型的优点主要体现在以下几个方面:①在模型假定方面,不需要对误差项的分布做任何假定,即使误差项不满足正态分布的假设,通过分位数回归得到的参数估计值仍然是有效的,因此,分位数回归模型具有很强的适应性和稳健性;②在参数求解过程中,分位数回归利用因变量的条件分位数来建模,通过最小化加权的残差绝对值之和来估计回归参数,使得目标函数对于异常值的敏感程度大为降低,估计结果更为稳健;③从回归结果来看,分位数回归可以针对任意因变量分位点生成相应的回归函数,对因变量中的异常值具有很强的耐抗性,能对因变量在整体分布上的回归关系做出更为清楚的阐释。

分位数回归因其所具有的显而易见的优点,被广泛应用于经济、金融、公共卫生、生态和医学研究等多个领域(Yu et al., 2005;Allen et al., 2009;Trzpiot et al., 2016)。在房地产研究领域,分位数回归模型作为揭示住宅特征对不同价位住宅影响的异质性有效工具,近年来也得到了广泛的关注。Kim 等(2015)采用分位数

回归模型探索了首尔住宅价格的影响因素，并且得到了各住宅特征的隐含价格在不同分位点上的分布情况；回归结果显示，邻近学校对低价住宅的资本化效应最大，景观则对高价位住宅影响最大，对低价位住宅影响不显著，而邻近轨道交通对依赖出行的低价位住宅购买者具有较强的吸引力，因而对低价位住宅价格产生显著的正向影响。Yang 等(2020)运用一系列计量经济学模型探究了快速公交对厦门房地产市场的影响，发现快速公交站点可达性的溢价效应和交通走廊负外部性的折价效应同时存在于住宅市场中，快速公交站点可以提高周边区域的可达性，对住宅价格的影响随分位点的上升而增大，而靠近快速公交交通走廊的住宅可能受负外部性影响，快速公交站点对住宅价格产生的负向资本化效应随着分位点的上升而增大。总体来看，高价住宅购买者在获得更好的可达性和避免交通走廊负向影响方面有着更强烈的支付意愿。Forouhar 等(2018)发现德黑兰地铁对低收入社区的住宅价格具有明显的溢价作用，但对高收入社区的住宅价格则产生负向资本化效应。由此可见，住宅特征与住宅价格之间关系的社会异质性广泛存在于以往的经验研究中，并且对研究结果产生了较大的影响，忽略社会维度上的异质性，可能导致重要信息的缺失。

2.3　交通资本化效应的实证研究进展

在城市经济学领域，通勤的交通成本与住房成本是两个相互关联的变量，竞租理论在理论层面上阐述了两者之间的均衡关系：居民在选择居住区位时，通常会在两者之间进行权衡，以在有限的预算约束下实现效用最大化。Baerwald (1981)指出，可达性是土地开发与否的决定性因素，部分地块因为缺少交通连接而缺乏价格竞争力，对开发商和购房者的吸引力也因此下降。Zheng 等(2007)的研究发现，单程通勤时间每减少 1 分钟，居民愿意多支付 0.6% 的住房溢价。国内外学者针对交通基础设施与房地产价值之间的关系展开了广泛的研究，其研究对象、方法和结果各不相同，本节从实证研究回顾和研究进展总结两方面系统地回顾国内外有关交通资本化效应的研究，并摘选多篇代表性文献列于附表 1 中。

2.3.1　实证研究回顾

随着社会经济的发展和城市化的推进，城市居民日益增长的交通需求及其呈现出的多样化、强时效等特征对城市交通系统提出了新的挑战，建设地下、地面、地上的全方位、立体化、多元化的综合交通系统是应对这一挑战的有效措施。根据住建部 2010 年发布的《城市综合交通体系规划编制导则》，城市综合交通体系包括道路、公共交通、步行与自行车交通等子系统。城市居民出行方式也可根据其所采用的交通设施类型划分为私人交通出行和公共交通出行。其中，私人交通出行包括小汽车出行和步行出行，公共交通出行则包括城市道路公共交通、城市轨道交通、城市水上公共交通和城市其他公共交通四大类（城市建设研究院，2007）。根据上述理论回顾和分析，不同类型交通基础设施对房地产价值的影响路径略有不同，进而产生不同的影响效果。

（1）城市轨道交通设施

在气候变暖、能源紧缺和环境污染成为全球关注焦点的背景下，公共交通是实现城市可持续发展的有效途径。轨道交通具有运量大、速度快和安全环保等优点，能满足城市大客流及未来发展需求，是城市公共交通系统的骨干。轨道交通设施的投资能对城市交通、经济发展、生态环境和公众健康产生长远的影响，世界范围内展开了广泛的轨道交通建设。2000 年，全国只有 4 个城市拥有地铁线路，2019 年则增加至 40 个，运营里程达 6 730 千米。一些大城市的轨道交通设施建设已经达到世界领先水平，以上海市为例，截至 2017 年底，已开通运营地铁线路 15 条，运营里程达 637 千米，是世界上线路总长度最长的城市轨道交通系统，中心城区的地铁密度已超过 0.96 千米/千米²，形成了空间分布较为密集的轨道交通网络，地铁出行占公共交通出行的 53%。

轨道交通设施与房地产市场关系是制定交通设施投资策略的重要基础，受到政府和学术界的广泛关注。相关研究已在世界上多个国家和地区开展，包括美国的渥太华（Hewitt et al.，2012）、明尼阿波利斯（Hurst et al.，2014）、亚特兰大（Macfarlane et al.，2015）等；欧洲的爱尔兰都柏林（Mayor et al.，2012）和波兰波兹南（Gadzinski et al.，2016）；以亚洲城市为背景的研究也越来越多，如马来西亚的吉隆坡（Dziauddin et al.，2015）、中国的台北（Liou et al.，2016）、天津（Sun et al.，2016）、北京（Dai et al.，2016）、武汉（Jiao et al.，2010）和杭州（Wen et al.，2018）。

大部分学者认为，轨道交通提高了周边区域的可达性，提升了周边居民出行的便捷度，从而提升了站点周边住宅的吸引力（Voith，1991）。Cervero（2004）回顾了自 1993 年以来的研究，发现距离轨道交通站点 0.25～0.5 英里范围内的住宅价格比距离更远的住宅高 6.4%～45%。在国内，Li 等（2019）针对北京的研究表明周边 800 米区域内有地铁线路的住宅比其他住宅价格更高，进一步研究发现，地铁发车间隔时间越短，站点附近的住宅价格越高；此外，在就业岗位数量较多的区域，地铁的资本化率高于其他区域。不可避免地，轨道交通设施在建设过程中会产生噪声和空气污染等负向外部影响,开通运营后,站点周边人流密集可能会产生损害周边居住环境的私密性和安全性等不利影响,对房地产价值产生负向资本化效应。Henneberry(1998)通过对英国谢菲尔德轻轨的长期跟踪研究发现,轻轨附近住宅价格在轻轨建设期间发生了一定程度的下降。Wagner 等(2017)分析了弗吉尼亚州汉普顿的轻轨交通对住宅房地产市场的影响,结果显示轻轨的建设使得站点周边 1 500 米以内的住宅价格降低了 8%。

（2）城市常规公交设施

城市常规公交是城市交通系统中的主要交通工具,具有集约高效、低碳环保等优点。城市公交系统能减轻人们对私家车出行的依赖,减少汽车尾气的排放,有助于解决交通拥堵、环境污染等"城市病",并能促进高密度和混合利用的土地开发模式的发展。公交系统适合高密度和紧凑型的城市,如在上海、首尔、新加坡和东京等人口密度较高的城市,公交出行是极受欢迎的出行方式之一。然而,由于缺少专用通道,公交运行受路况、天气等不确定因素影响较大,公交出行的可靠性较差;公交站点附近或车厢内人群密度较高,可能会增加一些潜在安全风险事件发生的概率;此外,公共汽车运行也会产生噪声污染等,高峰时段乘客的频繁进出站可能会使交通拥堵加剧。因此,人们对城市公交设施的偏好受多方面因素的影响,难以准确衡量。一方面,人们愿意支付更高的价格购买公交通达性好的住宅;另一方面,公交设施和公交出行的负向外部性也可能会降低人们的支付意愿,导致住宅价格下降。

与轨道交通不同,城市公交在引导城市扩张和发展、塑造城市形态方面的作用微弱,对房地产市场的影响可能是不显著的。在以往研究中,公交设施可达性通常只是作为控制变量进入模型,对其资本化效应的探讨较为浅显,结论也差异较大(Wen et al.,2014a)。大多数研究表明,公交设施不足以对房地产价值产生显著的影响。Hess 等(2007)认为公交设施经常随着城市的发展发生变动和调整,缺乏永久性和固定性,对房地产市场的影响不显著。Cervero 等(2011)和 Pang 等(2015)针对韩国首尔和中国北京的研究均证实城市常规公交设施均不能诱导土地开发利用,从而影响周边房地产价值。Barker(1998)也发现公交设施对住宅价格的影响微弱。部分研究发现城市交通设施对住宅价格产生负向影响。Cao 等(2012)发现在美国的一个小城市,公交设施对周边 1/8 英里范围内的住宅产生了负向的资本化效应。Wen 等(2015)针对杭州的实证研究显示,公交线路对周边 1 千米范围内的住宅价格产生 0.1% 的折价作用。然而,Ibeas 等(2012)针对西班牙某一中型城市和 Wang 等(2015)针对英国加的夫的研究发现了公交设施对住宅价格正向的资本化效应。Zheng 等(2008)发现北京公交基础设施对住宅价格产生了显著的正向影响,每靠近公交站点 1 000 米,住宅价格上涨 5.1%~7.9%。Yang 等(2019)针对厦门的实证研究表明,住宅周边的公交站点数量每增加 1 个单位,住宅价格上涨 38 350 元。

(3)城市快速公交设施

快速公交(bus rapid transit,BRT),为城市居民提供了介于轨道交通和常规公交之间的新型公共客运服务,由于其大运量和专有路权的特性也被称为"地面上的地铁"。与轨道交通系统类似,BRT 系统具有缓解道路交通拥堵、促进城市要素的流动、刺激土地开发利用和带动周边地区经济活动开展等优点,成为世界各大城市应对交通问题的有效解决方案(Weinstock et al.,2011)。早在 20 世纪 70 年代,巴西库里蒂巴建设开通了第一条 BRT 线路,凭借相对较低的建造成本和对交通问题显著的改善效果,BRT 系统随后在世界范围内迅速扩展,目前已有 200 多个城市拥有 BRT 系统,每天服务 3 300 多万乘客(Ingvardson et al.,2018)。

许多实证研究表明 BRT 系统对周边土地和住宅价值具有显著的溢价作用(Zhang et al.,2013;Mulley,2014)。Zhang 等(2020)对 23 项实证研究进行元分析,结果显示 BRT 系统给周边房地产价值带来了 4.3% 的总体溢价,站点 50 米范围内的物业价值比 1 200 米以外的物业价值高 13%。在哥伦比亚波哥大,到 BRT 站点的步行时间每减少 5 分钟,住宅租金上涨 6.8%~9.3%(Rodríguez et al.,2004)。在人口密集的韩国首尔,距离 BRT 站点 300 米范围内的住宅用地溢价率达 10%,而距离站点 150 米范围内的零售商业地和其他非住宅用地的溢价率则达到了 25%(Cervero et al.,2011)。Deng 等(2010)针对北京南中轴路快速交通的实证研究表明 BRT 线路的开通带来了显著的经济效益,为政府和开发商的共同开发创造了机会。然而,Zhang 等(2013)、Ma 等(2014)并没有发现 BRT 设施对住宅价格具有显著的资本化效应,有些学者甚至发现负向的资本化效应(Zhang et al.,2015)。Mulley 等(2013)发现澳大利亚悉尼首条 BRT 线路的开通对周边物业价值产生了 17.1% 的负向影响。为什么 BRT 系统对土地和住宅价值的影响会有如此大的差异?为了回答这一问题,Stokenberga(2014)回顾了拉丁美洲和亚洲 BRT 系统对房地产市场影响的研究,发现不同文献中采用的研究方法和理论基础的差异是房地产价值变化不一致的主要原因。Higgins 等(2016)则认为研究结论的差异来源于变量遗漏问题。

(4)公共自行车设施

公共自行车使用方便,操作灵活,且成本低廉、低碳环保,是一种优秀的辅助性交通工具。公共自行车设施通常配合公交、地铁站点设置并对其进行有效衔接,实现无缝换乘,有效解决了城市公交"最后一千米"难题。对行人和自行车友好的城市设计有助于鼓励居民采用公共交通出行,减少私家车出行,进而缓解道路交通拥堵和污染等城市问题(Bartholomew et al.,2011)。公共自行车不仅能够为居民到达工作场所和各类服务设施提供可替代的交通方式,提高可达性,还对公共健康、交通秩序和交通安全产生影响(Welch et al.,2016;Conrow et al.,2020),这些都可能对房地产价值产生不同的影响,导致自行车基础设施的资本化效应难以准确衡量,从而对合理分配相关设施提出了挑战。

Knaap 等(2001)指出,公共自行车设施延伸了城市公共交通网络,改善了住房市场条件,但由于数据收集困难,很少有研究将自行车设施的邻近性与房地产价值变化联系起来。美国俄勒冈州波特兰市作为自行车友好城市,Welch 等(2016)采用该市 2002—2013 年住宅销售数据,估计自行车基础设施对住宅价格的长期影响,结果表明住宅与自行车道之间的距离每靠近 1 英尺(1 英尺≈0.305米),住宅价格下降 2.47 美元/米^2,这可能是因为许多自行车道位于城市主干道等交通繁忙的道路上,住宅与自行车道距离越近,受到噪声、空气污染和交通安全等负向外部性影响越明显。而 Liu 等(2017)则发现波特兰居民家庭对高质量自行车设施的偏好明显,住宅每靠近自行车设施 0.25 英里,居民家庭的支付意愿上涨686 美元,住宅周边自行车道密度每增加 0.25 英里,支付意愿增加 4 039 美元。Conrow 等(2020)针对美国坦佩市的研究也证实了自行车友好型设计与住宅价格呈正相关系。Krizek(2006)采用陈述偏好法和显示偏好法探究了美国明尼阿波利斯和圣保罗的住宅价格与自行车设施邻近性之间的关系,研究结果表明在郊区,邻近自行车道对住宅价格有负向影响,而在市区则没有显著的影响。

(5)城市道路设施

城市道路设施为城市交通提供基础保障,一般可分为快速路、主干道、次干道和支路。快速路一般具有双向四车道以上的规模,全部或部分采用立体交叉以控制出入,避免机动车和非机动车混行,并减少交通信号灯数量,从而保障机动车畅通连续行驶,提高城市交通安全和运输效率。因此,快速路对居民出行具有很大的吸引力,对邻近的房地产价值也会产生正向和负向影响(Iacono et al.,2011)。一方面,快速路凭其运量大、通行速度快的优势缩短了沿线居民的交通出行时间,改善了周边区域的可达性,对土地和住宅价值产生正向的影响;另一方面,快速路的存在会使沿线居民深受噪声、汽车尾气污染、采光影响以及景观割裂等负外部性的困扰,对住宅价格产生负向的影响。

　　快速路和高速公路由于封闭式的设置,有效承担了城市内部快速、大规模和长距离的交通需求,改变了城市内部土地的相对位置,缩短了不同地点之间的时间通达距离,这种影响可能对沿线土地价值和利用方式产生巨大的影响。早在 20 世纪 50 年代,Adkins(1957)就发现达拉斯邻近中央快速路周边四个街区内的土地由于拥有优越的可达性,价值高于其他区域的土地,且随着距离的增加,快速路对土地价值的正向影响逐渐减弱。随后 Buffington 等(1964)也发现了美国 IH 35 高速公路对奥斯汀土地产生了 856 美元/英亩(1 英亩≈4046.9 平方米)的增值作用,增值率达 163%。不同实证研究的结果可能会因地区背景、评估方法的差异而不同,但可达性改善与房地产价值之间普遍存在正相关关系。Huang(1994)和 Ryan(1999)总结了早期的研究,发现快速路降低了交通成本,使远离城市中心的土地更适合住宅开发,而降低的这部分交通成本则转化为购房者对住宅增加的支付意愿。

　　然而,快速路带来的交通噪声、空气污染和景观隔离等负向外部性会对人们的身心健康造成不可忽视的威胁,随着人们对居住环境的重视程度不断提高,快速路的负向外部性对房地产价值的影响引起了国内外学者的关注(Bateman et al.,2001;Levkovich et al.,2016)。Wardman 等(2004)采用陈述偏好法和条件价值法评估交通噪声和空气质量变化的货币价值,发现爱丁堡居民对改善道路交通产生的噪声和空气污染的支付意愿分别是 33.55 美元和 39.91 美元。Slensminde(1990)针对挪威奥斯陆和阿克什胡斯的研究表明,居民对改善城市交通带来的空气污染和噪声的支付意愿分别为 127~255 挪威克朗和 45~90 挪威克朗。通过总结相关文献,笔者发现道路交通噪声每提高 1 分贝,住宅价格折价的幅度为 0.08%~2.22%(Rich et al.,2004;Baranzini et al.,2010;Swoboda et al.,2015)。

　　部分学者同时考虑了快速路或高速公路的正向外部性和负向外部性,估计其对房地产价值的综合影响。在美国以汽车为导向的城市背景下,Tian 等(2017)分别估计了美国犹他州盐湖城住宅购买者对高速公路带来的可达性、交通噪声和空气污染的支付意愿,模型结果表明,相较于获得更好的可达性,购房者愿意花更多的钱来降低环境健康风险。Seo 等(2014)发现高速公路对邻近住宅价格的资本化效应总体上是正向的,且影响程度随距离增加而呈现先增后减的倒 U 形规律。可能原因是负向外部性的影响范围相对较小,且这种影响会随着距离的增加而迅速减弱;相比之下,可达性的影响范围更为广泛,并且其随距离增加而减弱的速率更为缓慢。因此,综合考虑负向和正向影响,住宅价格最初会随着距离的增加而上升,但随后会逐渐减少。

2.3.2 研究进展总结

(1)研究视角的细化:全局视角—局部视角

上述文献多从全局视角入手,估计交通基础设施对房地产价值的平均资本化效应。然而,交通公共品的供给在城市空间上的差异或购房者偏好不同导致的需求差异等,使得交通资本化效应可能并不是均匀分布的。为了揭示交通资本化效应的分异规律,我们需要从局部视角出发,采用市场细分的方式将住房市场划分为一系列子市场,同一子市场内的住宅样本具有较强的可替代性。根据 Baudry 等(2016)的研究,市场细分方式主要有两类:水平细分和垂直细分。水平维度的分异性来源于异质性商品在空间上的分布存在集聚和分散现象,消费者对商品不同属性的边际替代率存在差异;垂直维度的分异性来源于消费者的收入水平和偏好的差异,这导致他们对异质性商品的质量和数量的边际替代率不同。

①水平维度上的市场细分旨在揭示交通资本化效应在空间上的异质性,细分方法主要有以下三种:划分多个距离带、区分不同区域子市场和采用 GWR 模型。

划分距离带。这种方法是以交通基础设施为中心,将节点或线路周边区域划分为多个环形距离带,采用计量经济学模型估计交通资本化效应在各个距离带中的大小。如 Kim(1995)将轨道交通站点周边区域按照距离的远近划分为不同的影响区,距离站点 200 米范围内的区域为首要影响区,200~500 米为次要影响区,500~1 000 米为轻微影响区,研究结果表明各个影响区内的土地价格分别上涨9~10 倍,11~12 倍,以及 9~28 倍。李飞(2007)针对南京的研究表明轨道交通设施对距离站点 1 000 米范围内的房地产价值影响最为显著,其中,500 米范围内的房地产价值上涨 6.85%,500~1 000 米范围内的房地产价值上涨 10.57%。Xu 等(2016)发现轨道交通设施对住宅价格的溢价率在站点周边 100 米范围内为16.7%,而在 100~400 米范围内则为 8.0%。

区分不同区域子市场。考虑到城市不同区域的经济水平、地理条件和交通禀赋等方面的差异,有必要区分不同区域的住房子市场,提高对交通资本化效应估计的准确性。如 Clower 等(2002)对美国达拉斯市轻轨系统与沿线房地产价值之间的关系进行了实证研究,采用交通成本模型对 1997—2001 年的样本数据进行分析,发现轻轨设施对市区和郊区办公地产价值的影响程度不同。在郊区,轻轨站点周边 0.25 英里范围内的办公地产溢价幅度超过 50%,而在市区,溢价幅度仅为13%。Mulley 等(2018)的研究也表明交通基础设施的可达性对市中心以外区域的房地产价值影响更大。Kim 等(2005)认为交通资本化效应的大小与不同区域子市场的中心度和开发密度有关,他们针对韩国首尔的实证研究表明,地铁站点设施对土地价值的影响在城市中心商务区较大,每靠近站点 1 米,土地价值上涨 7.54 美元;然而在城市副中心区域,对土地的溢价作用则降至 5.88 美元/米(在三星副中心)和 1.69 美元/米(在江南副中心)。在国内,谷一桢等(2010)针对北京的研究发现,地铁站点对市区住宅价格没有显著的影响,但是对郊区住宅产生了 20% 的溢价效应。苏亦宁等(2011)也发现了类似的结论。王福良等(2014)针对深圳的研究证实了交通资本化效应存在区域分市场效应,由于区域中心的空间分布差异,轨道交通设施对近郊区住宅价格具有正向的资本化效应,而对远郊区住宅价格具有负向资本化效应。

GWR 模型。这种方法则是对每一个样本点分别进行回归,是市场细分的特例。作为局部空间统计方法,它能够揭示由于空间非稳定性造成的空间关系的变化,结合可视化技术,能直观地展示特征变量与住宅价格之间的关系在空间上的分异。在实证研究中,Löchl 等(2010)和 Li 等(2016)建立特征价格模型、空间滞后模型以及 GWR 模型估计各类特征与房地产价值之间的关系,地理加权回归模型的结果显示大部分解释变量对公寓租金或住宅价格的影响具有显著的空间异质性,且 GWR 模型的解释能力和预测精度最好。Wang 等(2011)利用 GWR 模型来捕捉城市各个地块受不同等级的城市道路设施影响而发生的价值变化。McMillen 等(1999)和 Paez(2006)也采用了类似的方法探究交通设施可达性对城市土地利用的影响。Wu 等(2014)对深圳 2001—2008 年的住宅价格数据进行 GWR 分析,结果表明城市交通基础设施对住宅价格的资本化效应具有显著的空间异质性,邻近公交设施对住宅价格的影响在 $-3.29\% \sim 4.84\%$,城市主要道路设施对住宅价格的影响在 $-2.40\% \sim 2.93\%$。

②垂直维度上交通资本化效应的分异主要来源于社区和邻里的社会经济状况差异,收入水平和教育水平等因素影响着居民的居住选择,垂直维度的住房市场细分现象在很多大城市日益明显。Glaeser 等(2005)和 Lewis 等(2010)发现高收入家庭为了获取优质的邻里环境而倾向于购买高价位住宅,较高的住宅价格还能过滤购房预算有限的低收入家庭,保持社区内部人口特征的相对同质性。由此可见,高价位住宅通常被高收入家庭购得,低价位住宅通常被低收入家庭购得。不同价位住宅购买者对住宅特征的偏好和品位的差异产生了不同的住房需求,进而导致他们对同一住宅特征的支付意愿存在差异。在早期研究中,虽然有学者发现了交通基础设施对不同价位住宅的资本化效应存在差异,但由于研究方法的局限,鲜少有学者对这一现象进行深入的探究。分位数回归利用因变量的条件分位数建模,能够估计任何分位点上的回归函数。在房地产领域的研究中,分位数回

归可以刻画住宅特征变量对住宅价格条件分布的影响,而不仅仅是分析住宅价格的条件均值,为交通资本化效应的社会异质性研究提供了合适的研究方法,随后相关研究逐渐涌现(Wen et al.,2018;Mathur,2020;Yang et al.,2020)。

(2)测量方法的完善:传统定量分析方法—前沿的计量经济学模型和统计分析方法

国内外学者对交通基础设施与房地产价值之间的关系做了大量的定量分析,但早期由于研究方法的局限,大多数研究采用均价对比法开展定量研究,如 Du 等(2007)以桑德兰地铁系统作为研究对象,收集了英格兰 1999 年 10—12 月、2002年 7—9 月、2003 年 4—6 月这三个时间段的住宅交易数据,通过对比分析住宅价格的上涨是否与地铁设施的开通运营有关。国内部分学者也采用该方法探究交通基础设施对住宅价格的影响(叶霞飞等,2002;王霞等,2004)。刘贵文等(2007)分析了重庆轨道交通 2 号线对周边住宅价格的影响,发现项目的全面开工使得周边住宅价格上涨 17%,开通运营进一步推动了住宅价格的上涨,达到最大涨幅 28%,随后影响逐渐减小;在空间维度上,轨道交通设施的影响范围随着与城市中心距离的增加而增大。然而,均价对比法无法排除其他因素对房地产价值的影响,获得的结果可能是有偏的。

此外,条件评估法(contingent valuation method,CVM)也是早期研究常用的分析方法。CVM 是陈述性偏好法(stated preference method,SPM)的一种,通过调查受访者的利益得失来估计他们对某物品或资源的支付意愿或补偿意愿,从而获得量化的价值(Barreiro et al.,2005)。Wardman 等(2004)针对爱丁堡的调查发现,居民对改善道路交通产生的噪声和空气污染的支付意愿分别是 33.55 和39.91 美元。Istamto 等(2014)在五个欧盟国家展开了问卷调查,分析居民为了治理交通产生的空气污染和噪声的支付意愿,结果显示每人每年愿意支付 130 欧元来避免空气污染带来的健康风险,若空气污染程度降低 50%,居民的支付意愿为330 欧元;对避免交通噪声产生的一般健康风险的支付意愿为 90 欧元,为了避免更高分贝的噪声及其健康威胁,居民愿意额外支付 320 欧元。Bravo-Moncayo 等(2017)发现厄瓜多尔基多的居民对减少交通噪声滋扰的平均支付意愿为每年10.4 至 20.8 美元。虽然 CVM 理论上可应用于任何城市公共品资本化效应的估计,但这种方法基于受访者的主观回答,由于受访者对交通公共品效用感知的偏差、定价经验缺乏等因素,结果的真实性和可靠性令人怀疑。

随着 Griliches(1971)首次将特征价格模型引入房地产领域的研究,很多学者开始尝试采用这种方法探究房地产价值的影响因素。特征价格模型为住房特征和不通过市场直接进行交易的城市公共品提供了隐含价格的估计方法,成为房地产领域的主要研究方法(Debrezion et al.，2007；Mohammad et al.，2013)。在国内，梁青槐等(2007)运用特征价格模型，对北京地铁 13 号线沿线的住宅样本进行实证分析，结果表明，轨道半径 2 000 米范围内的住宅价格平均上涨 267 元。王琳(2009)以上海轨道交通 8 号线为研究对象，发现轨道交通对沿线住宅价格有显著正向影响，影响半径为 1000～1500 米，而且不同站点对住宅价格的影响范围和强度不同。谷一桢等(2010)利用特征价格模型验证了住宅子市场的存在，在北京地铁13 号线开通后，城市中心的住宅价格变化并不明显，但郊区的住宅价格受线路开通影响显著。然而，采用特征价格模型估计可能存在遗漏变量的问题，部分对房地产价值有显著影响的特征因无法被观察到而被忽略，这将影响估计结果的准确性。

　　为了避免遗漏变量，部分学者基于"自然试验"的思路，将双重差分技术引入特征价格分析框架。双重差分模型通过将研究对象分为实验组和对照组，剔除事前差异，从而更准确地识别住宅特征对住宅价格的影响。McMillen 等(2004)以美国芝加哥为例，以距离 Midway 轨道线 1.5 英里范围内的住宅样本为实验组，该距离范围外的样本为对照组，双重差分模型的结果表明 1983—1999 年，实验组的住宅价格涨幅比对照组更大。相较双重差分模型，传统特征价格模型没有区分实验组和对照组，无法剔除事前差异，可能会导致交通资本化效应的高估。Billings(2011)采用多种方法分析美国夏洛特轻轨站点对房产价值的影响，双重差分模型的回归结果表明在站点 1 英里范围内，单户住宅和公寓的价格分别上涨了 4.0% 和 11.3%，而特征价格模型的回归结果则表明轻轨设施对住宅价格的影响范围为 9.0%～30.2%，明显高估了交通资本化效应的大小。Sun 等(2015)收集了北京 2005—2011 年的住房租赁价格，并构建双重差分模型探究地铁设施对住房租金的影响。结果表明住宅与地铁站点每靠近 1%，租金上升 0.02%，这一弹性系数较基于横截面数据的特征价格模型估计结果低 70%。

　　空间计量经济学模型旨在避免数据的空间自相关性对估计结果的干扰，Bowen 等(2001)论述了在住宅价格建模中考虑数据空间效应的必要性及其统计处理方式。温海珍等(2011)通过空间自相关莫兰 I 数检验杭州市住宅价格的空间效应，随后构建空间滞后模型和空间误差模型来探究住宅价格数据空间效应的决定因素，发现空间计量模型估计结果的有效性和稳健性优于传统特征价格模型。Cohen 等(2008)采用多种空间计量经济模型估计美国亚特兰大机场噪声对住宅价格的影响，发现同时考虑了空间滞后效应和空间误差效应的模型对样本数据具有更好的解释能力，且相较于传统特征价格模型，空间计量模型估计的噪声对住宅价格的负向影响被空间滞后乘数放大。Abelson 等(2013)采用传统特征价格模型、空间滞后模型、空间误差模型和空间杜宾模型对悉尼住宅价格进行建模研究,并发现空间计量模型拥有更好的拟合优度。

空间异质性的存在也被广泛证实,但早期研究缺乏合适的处理方法(Dubin et al., 1987; Michaels et al., 1990; Goodman et al., 1998)。为了解释每一个空间区位上住房特征价格的构成,Brunsdon 等(1996)将变系数回归思想引入空间数据的统计分析中,提出 GWR 模型,允许每一个空间区位上的住宅价格和住宅特征都存在不同的空间关系。Du 等(2012)利用 GWR 模型分析英格兰泰恩-威尔地区住宅价格的研究表明,可达性对住宅价格的影响表现出明显的空间分异规律。如轨道交通可达性对住宅价格的全局平均影响为 1.2%,但在交通基础设施欠缺的区域,住宅与地铁站点的时间距离每缩短 1 分钟,住宅价格的上涨幅度可达 6%,而在地铁线路的北部和西部地区,可达性的提高反而会对住宅价格产生显著的负向资本化效应;小汽车可达性的资本化效应则呈现出不同的规律,城市郊区的住宅与市中心的行车时间每增加 1 分钟,住宅价格平均上涨 2%,特别在东部和西北部的郊区,住宅价格上涨幅度最大可达 7%,但在城市中心区域,小汽车可达性的变化对住宅价格并没有显著的影响。由此可见,GWR 模型有助于精确描述住宅特征与住宅价格的关系在空间上的分布和变化情况,提高对住宅价格的解释能力和预测精度,已成为处理空间异质性的主流方法(Huang et al., 2010; Wu et al., 2014)。

随着计量经济学的发展,新的方法和模型不断涌现,如分位数回归模型通过最小化加权的残差绝对值之和来估计回归参数,通常用于处理存在异方差或厚尾、尖峰分布问题的数据。在房地产领域的研究中,分位数回归能够精确估计住宅特征对住宅价格的变化范围和条件分布形状的影响,捕捉住宅特征数据的尾部分布特征。罗玉波(2011)采用传统特征价格模型和分位数回归模型探究北京市住宅价格的影响因素,发现分位数回归模型的优越性主要体现在两方面:一方面,住房特征回归系数的显著性随分位点而变化,如卧室个数属性对住宅价格的影响在传统特征价格模型中不显著,但是在分位数回归模型中,在 0.8 分位点上具有显著正向影响;另一方面,不同分位点上,住房特征对住宅价格的影响大小和方向可能存在明显的差异,如住宅与地铁站点的距离每增加 1 个单位,0.2、0.5 和 0.8 分位点上的住宅价格分别下降 1.5%、3.7% 和 2.9%,但特征价格模型只能估计出平均影响为 2.0%。

(3)研究内容的充实:交通资本化的平均效应—重大事件前后交通资本化效应的变化

由于数据获取困难,以往研究内容大多局限于利用单一横截面数据估计交通资本化的平均效应。实际上,城市重大交通基础设施项目在开通运营前往往会经历漫长的规划期、审批期、公示期和建设期等。在此过程中,居民对项目周边区域未来可达性改善的预期可能会导致交通资本化效应提前显现,且该资本化效应可能会受到规划发布、审批通过、项目公示、开工建设和开通运营等重大事件的冲击而发生明显的变化。由此可见,交通基础设施与房地产价值之间的关系在不同时期可能存在较大的差异,因此,有必要扩展研究内容,采用时间序列数据来探究交通资本化效应随时间的变化情况,并从中剥离出重大事件对资本化效应的影响。

Agostini 等(2008)认为,交通设施对房地产价值的影响可以分解为公告期、施工期和运营期。Golub 等(2012)收集了美国马里科帕 1988—2010 年的房地产交易数据并分析轻轨设施对房地产价值的资本化效应,数据跨越凤凰城轻轨项目的公告期、审批期、规划期、建设期和运营期,研究结果表明轻轨设施对单户住宅、多户住宅和商业地产价值的影响在项目开通运营前就已经存在,且在不同时期,轻轨设施资本化效应的大小存在显著差异,如对商业地产的溢价效应随着时间的推移不断增大,在运营期达到最大值。

根据研究需要,学者们针对交通基础设施在不同时期的资本化效应展开研究。Atkinson-Palombo(2010)和 Grimes 等(2013)在轨道交通设施项目的公告期就发现了资本化收益。Knaap 等(2001)发现在轨道交通设施项目规划信息发布后,沿线住宅价格明显上升,0.5 英里以内住宅价格涨幅最为明显。Comber 等(2017)对伦敦伊灵绿线(Green Line)项目的研究显示,轻轨对住宅价格的影响早在宣告不久之后,正式建设之前就存在。基于交通改善的预期,城市居民愿意支付 2.5% 左右的溢价来购买离轨道交通设施周边的住宅,即项目的宣告导致周边住宅价格上涨了 9.2 美元/平方英尺(1 平方英尺≈0.093 平方米)。Yen 等(2018)发现在澳大利亚昆士兰黄金海岸轻轨项目宣告后,站点周边 800 米范围内的住宅价格上涨幅度为 33.41%~39.06%,然而在开工建设和开通运营后,住宅价格的涨幅则降为 11.94%~22.09%。Cotteleer 等(2011)利用 1996—2006 年荷兰中部德尔弗兰地区房地产市场的数据来估计高速公路项目的规划和宣告对住宅价格的影响,结果显示住宅价格在项目宣告后发生了一定程度的下降,这可能是由人们对高速公路负向外部性的预期导致的。

在建设期,Levkovich 等(2016)收集了荷兰高速公路项目宣告期和建设期的住宅价格数据,并以建设期的样本为实验组,以宣告期的样本为控制组,双重差分模型的估计结果表明该项目开工建设后,高速公路对住宅价格产生了 5% 左右的溢价作用。Chernobai 等(2011)发现美国洛杉矶某一高速公路项目在开始建设的第一年就对住宅价格产生了正向的资本化效应,且作用的大小与距离呈先增加后减小的非线性关系。Dabinett(1998)针对国谢菲尔德 TOD(transit-oriented development,以公共交通为导向的开发)项目、Bae 等(2003)针对韩国首尔轨道交通项目,以及 Dube 等(2011)针对加拿大魁北克快速公交系统的研究均发现了项目的开工建设对房地产价值具有正向的预期效应。然而,Yan 等(2012)在北卡罗来纳州夏洛特轨道交通系统开始运营之前并没有发现该项目对邻近住宅有显著的资本化效应。Devaux 等(2017)针对蒙特利尔地铁的研究也没有发现预期效应。Loomis 等(2012)针对波多黎各圣胡安的研究则表明,虽然地铁设施的建设对沿线住宅价格并没有显著的资本化效应,但开通运营后,住宅每靠近地铁设施 1% 的距离,住宅价格上涨 7.8%。

部分学者发现交通资本化效应只有在交通设施开通运营后才出现。Mathur 等(2013)针对美国圣何塞 TOD 系统的研究表明,在 TOD 站点建设完成之后,距离站点 200 米范围内的住宅价格比该范围之外的住宅价格高 18.5%,但是在站点完工之前并没有发现周边住宅价格有显著的差异。Wen 等(2018)以杭州地铁 1 号线为研究对象,发现地铁站点对住宅价格的资本化效应在地铁建设阶段就已经存在,地铁的开通进一步提升了资本化效应,具体来说,住宅与地铁站点的距离每减少 1%,住宅价格上涨幅度从 0.044% 增加到 0.053%,同时影响范围也从 1 500 米增加到 2 000 米。Mulley 等(2015)对澳大利亚悉尼快速公交系统的研究发现,相较于开通运营前两年,快速公交设施周边的住宅价格在开通运营之后的两年内上涨了 11%,但是在随后的两年里,快速公交设施对住宅价格的影响不再显著。这可能是由于随着城市交通系统的逐渐完善,交通设施对房地产价值的边际效应逐渐减小。

2.4 本章小结

本章首先通过回顾土地价值理论、外部性理论和市场细分理论,归纳出交通资本化效应及其空间异质性和社会异质性的形成机理,为交通资本化效应多维度分析框架的构建奠定理论基础。随后,本章总结了交通资本化效应的测量方法,为后续实证研究提供指导。交通基础设施通过改善周边区域的可达性,进而影响附着于该区域土地之上的住宅价格。因此,可达性的度量是交通资本化效应估计的重要环节之一。以往研究通常采用最近距离法、虚拟变量法、累积机会法和重力模型法来量化可达性,其中前三种方法被广泛应用于房地产领域的研究中。在此基础上,本章梳理了交通资本化效应测量模型的理论基础和应用,为估计可达性对住宅价格的影响提供选择。其中,特征价格模型仍是估计交通资本化效应的基本方法,随着计量经济学和空间统计学的发展,考虑了住宅价格数据空间效应的空间计量模型和 GWR 模型被提出,并得到了广泛的应用,分位数回归模型能够识别交通资本化效应在住宅价格条件分布上的波动,常被应用于衡量交通资本化效应的社会异质性。

最后,本章对城市交通资源资本化效应的实证研究进展进行评述,把握国内外的研究现状和进展。城市交通系统的构成复杂,各种类型的交通基础设施需统筹建设,以满足居民日益多样化的出行需求。由于不同实证研究中研究区域背景、数据质量、模型方法等方面的差异,各类交通基础设施对住宅价格的资本化效应在不同研究背景下表现出明显的差异。通过研读大量的文献,本章归纳出该领域研究的进展,将研究视角从全局视角细化至局部视角,将测量方法从传统定量模型完善到前沿的计量经济学模型和空间统计学方法,将研究内容从简单的交通资本化的平均效应充实到关注重大事件前后交通资本化效应的变化。

第 3 章　研究区域概况

本书选取杭州市作为研究区域,主要基于以下两方面的原因。

一方面,杭州市具备成熟的房地产市场。1998 年,国务院发布《关于进一步深化城镇住房制度改革加快住房建设的通知》,推动了住房商品化进程。次年,杭州市在"十大促市政策"中首次提出了"住在杭州"的概念;通过打造"上有天堂,下有苏杭"的城市宜居品牌,充分展示杭州的自然环境、人文气息和生活品位,吸引了大量购房者(崔新明等,2001)。2016—2021 年,杭州市的住房需求迅速增长,房地产投资持续增加,房地产市场呈现供需两旺的局面。活跃的交易活动、庞大的交易量以及透明的市场信息为实证研究的开展提供了数据支撑。经过 20 多年发展,杭州市已经形成了成熟稳定的房地产市场,针对杭州市房地产市场的研究能够为城市交通基础设施的优化配置提供重要的参考依据,也为其他城市开展类似研究提供借鉴。

另一方面,杭州市拥有丰富的交通资源。2013 年,杭州市成功申报创建国家"公交都市"示范城市,经过建设,截至 2023 年,由轨道交通、公共汽(电)车、水上巴士、公共自行车和出租车构成的具有杭州特色的"五位一体"大公共交通系统已基本形成。其中,轨道交通初步成网,形成由 12 条轨道交通线路组成的 516 千米的运营网络;公共汽电车方面,形成了由 B1 路、B4 路、B4C 路、B7 路、B8 路和 B8C 路六条主线,以及多条支线、区间线和高峰线组成的快速公交线网,日客流量可达 30 多万人,在"公交优先"战略的指导下,杭州市常规公交的服务水平得到了显著的提高,日客流量可达 250 万~270 万人;水上巴士则是杭州市的特色交通工具,集水上交通、休闲观光功能于一体,对城市公共交通系统进行有效辅助;此外,公共自行车在短途出行和交通接驳方面发挥着重要作用,较好地解决了"最后一千米"的问题,提高公共交通的机动性和可达性,目前已成为杭州居民重要的出行方式。除了公共交通基础设施的建设,杭州市在道路交通基础设施方面也取得了巨大的成就,城市快速路网通车总里程已达 489 千米,并向着"两环八横五纵八连"的快速路网新格局、新目标迈进。但是,在快速城市化和机动化的过程中,"出行难"问题仍然是杭州市居民日常生活中的困扰之一。因此，以杭州市为研究对象，定量估计居民对各类交通基础设施的偏好和需求，可为优化城市交通资源优化配置提供科学方法。

3.1　杭州城市基本概况

3.1.1　杭州社会经济发展概况

(1)杭州市 GDP

自 2000 年以来，杭州市 GDP(gross domestic product，国内生产总值)逐年增长(图 3-1)。2019 年，杭州市 GDP 突破 1.5 万亿元，在全国城市中位列第九。同时，产业结构持续改善，经济增长质量不断提高。2000 年各产业 GDP 占当年杭州市总 GDP 的比重分别为第一产业 7.4%、第二产业 51.4% 和第三产业 41.2%；其中，第二产业对杭州市总 GDP 的贡献率最大。到了 2019 年，第三产业 GDP 所占的比重增加至 66.2%，是第二产业比重的两倍多，成为拉动城市经济增长的主力军；第二产业是支持经济发展的中坚力量，对杭州市总 GDP 的贡献率为 31.7%，第一产业 GDP 所占的比重继续减小，仅占杭州市总 GDP 的 2.1%。

杭州人均 GDP 也从 2000 年的 22 342 元增加至 2019 年的 195 897 元(图 3-2)。在这 20 年里，杭州市的社会经济得到了长足的发展，创新、协调、绿色、开放和共享的发展理念为其经济持续增长提供不竭的动力，也为其在全国率先高水平全面建成小康社会，建设世界名城打下了坚实的基础。

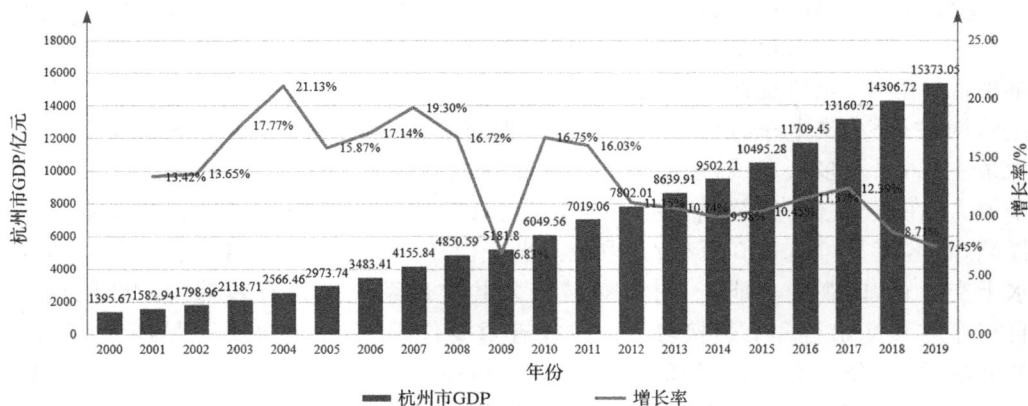

图 3-1　2000—2019 年杭州市 GDP 及其增长率

数据来源：2000—2019 年杭州市国民经济和社会发展统计公报

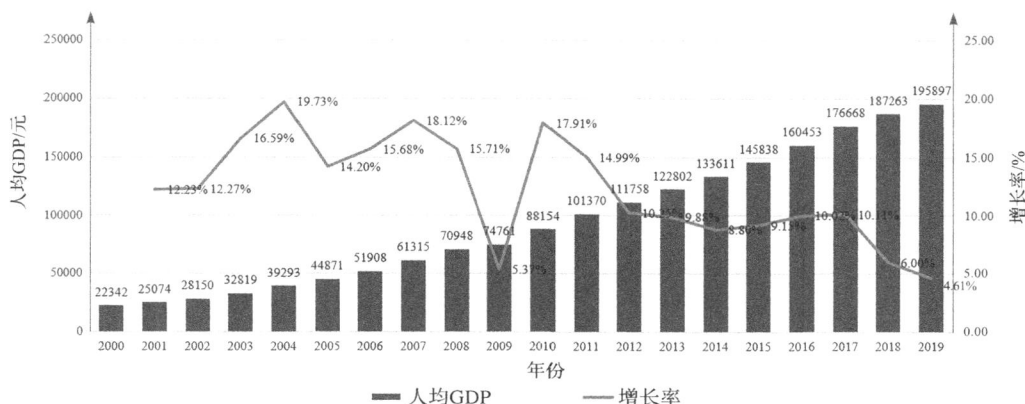

图 3-2　2000—2019 年杭州市人均 GDP 及其增长率

数据来源：2000—2019 年杭州市国民经济和社会发展统计公报

（2）居民收入和消费情况

表 3-1 展示了 2000—2019 年中几个年份的杭州市居民收入和消费的情况，主要通过人均可支配收入、社会消费品零售总额和居民消费价格指数等指标来体现。随着杭州市经济持续健康的发展，城镇居民的可支配收入也逐年攀升，从 2000 年的 9 668 元增长至 2019 年的 66 068 元，年均涨幅超过 10%（图 3-3）；随之而来的，社会消费品零售总额的规模在 20 年的时间内扩大了 10 倍多（图 3-4）；而居民消费价格指数的波动则很小，绝大多数年份的涨幅保持在 3% 以下，表明物价水平总体稳定，经济发展平稳，人们生活的获得感、幸福感、安全感强。

表 3-1　杭州市主要年份居民收入和消费情况

指标	2000 年	2005 年	2010 年	2015 年
人均可支配收入/元	9 668	16 601	30 035	48 316
年增长率/%	—	13.98	11.80	8.25
社会消费品零售总额/亿元	514.68	1 036.96	2 270.61	4 280.61
年增长率/%	—	14.00	19.90	11.80
居民消费价格指数	100.8	101.7	103.9	101.8
指标	2016 年	2017 年	2018 年	2019 年
人均可支配收入/元	52 185	56 276	61 172	66 068
年增长率/%	8.01	7.84	8.70	8.00
社会消费品零售总额/亿元	4 727.97	5 222.33	5 689.82	6 187.70
年增长率/%	10.45	10.46	8.95	8.75
居民消费价格指数	102.6	102.5	102.3	103.1

数据来源：2000—2019 年杭州市国民经济和社会发展统计公报

图 3-3 2000—2019 年杭州市人均可支配收入及其增长率

数据来源：2000—2019 年杭州市国民经济和社会发展统计公报

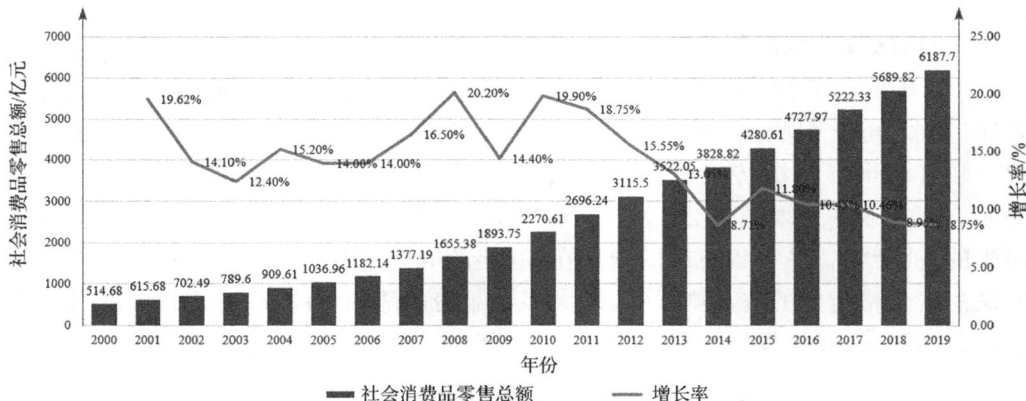

图 3-4 2000—2019 年杭州市社会消费品零售总额及其增长率

数据来源：2000—2019 年杭州市国民经济和社会发展统计公报

3.1.2 杭州城市建设和发展概况

杭州市地处中国东南沿海，是长三角的核心城市之一和重要的交通枢纽。作为浙江省的省会，杭州市还是重要的政治、经济、文化、科教和金融中心，经济总量长期位居全国城市前列。2019 年，杭州市总面积为 16 850 平方千米，总人口 1 036 万人，其中市区面积 8 289 平方千米，市区人口 911.9 万人。地理环境方面，杭州市是一个依山傍水的山水城市，具有"三面临山一面城，西湖在中央"的格局，东临杭州湾，钱塘江和京杭大运河分别由西南向东北和由北向南流经城市大部分地区。此外，杭州市历史悠久，风景秀丽，是吴越文化的发源地之一，素有"人间天堂"的美誉。作为最具象征性和特色的城市名片,西湖文化景观是我国唯一一个湖泊类文化遗产,对历代美学、文学和园林设计有着极为深远的影响。丰富的自然资源和深厚的历史文化积淀为杭州市评选全国重点风景城市和国家首批历史文化名城提供了天然的优势。

2000 年以来,杭州的城市建设成绩斐然,概况如表 3-2 所示,杭州市在 20 年的时间里取得了长足的发展,城市综合实力显著提升。在经济快速增长的背景下,杭州市城市用地扩张和城镇化进程加快。城市建成区面积从 177.18 平方千米增加至 648.46 平方千米,增加了 2.66 倍,城市规模显著扩大。城镇人口从 227 万人增加至 535.96 万人,增加了 1.36 倍。城镇化水平不断提高,2019 年末,杭州城镇化率达到 67.38%,比 2000 年提高了 30.86 个百分点,年均提高 1.62 个百分点。大量人口的流入对城市住房和公共服务提出了更高的要求,带动了杭州市房地产业和基础设施的投资。城市固定资产投资总额从 376.65 亿元增加至 7 241.91 亿元,其中房地产投资从 101.53 亿元增加至 3 395.78 亿元,房地产投资额占固定资产投资总额的比重也大幅提升,从 2000 年的 26.86%增加至 2019 年的 46.89%。

表 3-2　2000—2019 年主要年份杭州市城市发展和建设概况

年份	建成区面积/千米²	总人口/万人	城镇人口/万人	城镇化率/%	GDP/亿元	固定资产投资/亿元	房地产投资/亿元
2000	177.18	621.58	227.00	36.52	1 395.67	376.65	101.53
2005	314.45	660.45	297.54	45.05	2 973.74	1 277.8	410.57
2010	412.95	689.12	365.24	53.00	6 049.56	2 651.88	956.20
2015	506.09	723.55	447.24	61.81	10 495.28	5 556.32	2 472.07
2016	541.38	736.00	463.86	63.02	11 709.45	5 842.42	2 606.41
2017	591.08	753.88	482.55	64.01	13 160.05	5 856.65	2 734.00
2018	615.22	774.10	515.04	66.53	14 306.72	6 489.168	3 067.55
2019	648.46	795.37	535.96	67.38	15 373.05	7 241.912	3 395.78

数据来源:2000—2019 年杭州市国民经济和社会发展统计公报

为了满足城市发展的需要,杭州市确定了"城市东扩、旅游西进,沿江开发、跨江发展"的发展战略,并经历了多次行政区划调整。2001 年,萧山、余杭撤市设区,杭州市区面积扩大了近四倍;富阳和临安也分别于 2014 年和 2017 年撤市设区,成为杭州的"第九区"和"第十区",市区面积进一步扩大。在此基础上,杭州市发展形成"东整、西优、南启、北建、中塑"的城市格局,从"西湖时代"逐渐走向"钱塘江时代",形成"一主三副,双心双轴,六大组团"的开放式空间结构。在国务院 2007 年批复的杭州市城市总体规划中,主城、江南副城、临平副城、下沙副城构成中心城区,承担生活居住、行政、商业、金融、旅游、科教、文体等功能。到了 2016 年,新增城北副城、城西科创副城和大江东副城,引导优质公共服务资源向各副城和组团布局。"双心"是指延安路及近西湖地区的旅游商业文化服务中心和钱江新城与钱江世纪城的城市商务中心。"双轴"则是指以钱塘江为轴线的东西向城市生态轴和以主城-江南副城为轴线的南北向城市发展轴。外围城区分为南北两片,北片包括瓶窑、良渚和余杭组团,南片包括义蓬、瓜沥和临浦组团,吸纳中心城区人口和产业功能扩散。在新的历史条件下,2016 年 G20 杭州峰会和 2023 年亚运会的举办令杭州市站上了国际舞台,城市国际化水平大幅跃升。

3.2　杭州交通发展现状

根据杭州市居民出行调查,市区居民人均每日出行次数从 2000 年的 2.07 次增加至 2015 年的 2.42 次,公共交通和小汽车出行比重不断攀升,非机动的出行方式逐渐向机动的出行方式转化。随着城市人口和机动车数量的不断上升,城市交通需求日益旺盛,对城市交通服务水平提出了更高的要求。杭州市市区交通体系较为完备,具备轨道交通、公路以及水路等多种交通方式。以下为公共交通和道路交通设施的建设情况。

(1)公共交通设施建设

2004 年,中共杭州市委、杭州市人民政府关于构建"城市公交优先"体系解决市民"出行难"问题的实施意见(试行)出台以来,杭州市高度重视公共交通设施的建设,以"优先发展公共交通"的战略思想为指导,不断完善城市公共交通系统,改善服务质量。构筑集轨道交通、公交、水上巴士、公共自行车和出租车"五位一体"的城市公共交通运营体系,打造立体化、多层次、高效率的公交都市。

①轨道交通

截至 2019 年末,杭州市共有 4 条轨道交通线路开通运营,包括地铁 1 号线、2 号线、4 号线和 5 号线一期,线路总长度为 130.9 千米。其中,地铁 1 号线一期和二期工程分别于 2012 年和 2015 年开通,地铁 1 号线是杭州市的首条地铁线路,起于萧山湘湖站,途经城站、杭州东站和客运中心,分别终于下沙江滨站和临平站,全长 53 千米,设车站 34 座。地铁 1 号线连接了主城与临平、下沙、江南副城,是杭州市轨道交通网络的主骨架线。地铁 2 号线南起萧山朝阳站,北至余杭良渚站,全线建设工程共分为三期,并于 2017 年底实现全线贯通;全长 43.3 千米,设置车站 33 座,途经多个行政区,是杭州市南北向的重要交通通道。地铁 4 号线一期工程的首通段和南段分别于 2015 年和 2018 年开通运营,该线路起于钱塘江北的彭埠站,止于钱塘江南的浦沿站,全长 9.65 千米,是首条贯穿钱江新城的地铁线。地铁 5 号线从善贤站到和睦睦路站的首段工程于 2019 年开通运营,是首条通到城北区块的地铁线路,地铁 5 号线设有多个换乘站,可以与杭州市所有地铁线路实现一站式换乘,被称为"换乘之王"。地铁 4 号线和 5 号线有效串联了 1 号线和 2 号线,初步形成轨道交通网络,大大提高了通行效率。近年来,杭州市轨道交通的建设如火如荼,客运量和运营线路总长度呈现稳步增长的态势(图 3-5)。

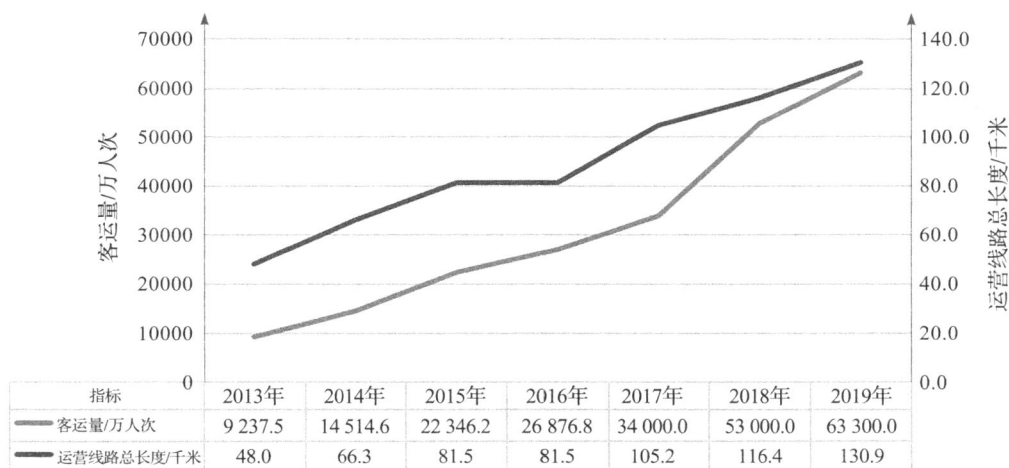

指标	2013年	2014年	2015年	2016年	2017年	2018年	2019年
客运量/万人次	9 237.5	14 514.6	22 346.2	26 876.8	34 000.0	53 000.0	63 300.0
运营线路总长度/千米	48.0	66.3	81.5	81.5	105.2	116.4	130.9

图 3-5 2013—2019 年杭州市轨道交通客运量、运营线路总长度概况

数据来源:2013—2019 年中国城市客运发展报告

②常规公交

在"公交优先"战略思想的指导下,杭州市按照"线网分层、线路分级、服务分区"的原则合理设计常规公交网络,并加强其与轨道交通网络的融合,促进各类公共交通网络布局的一体化和高效化;将原有的公交车辆升级为环境友好型的绿色公交车辆,建成完善的站场体系,建立公交服务质量的评价体系。多年来,杭州公交城市建设取得了明显的成效,公交线网的服务范围进一步扩大,运行车速明显提高,服务质量不断改善。近年来杭州市公交运营情况如表 3-3 所示。

③快速公交

在轨道交通出现之前,快速公交满足了居民往返城市不同区域的长距离、快速度公共交通出行的需求,弥补了常规公交的不足。轨道交通开通运营后,快速

表 3-3　2013—2019 年杭州市公交运营情况

指标	2013 年	2014 年	2015 年	2016 年	2017 年	2018 年	2019 年
运营车辆/辆	9 036	9 232	9 171	9 534	9 981	11 300	10 200
运营线路/条	738	789	871	916	990	1 136	1 118
线路总长度/千米	12 920	13 410	14 607	17 021	17 400	21 200	20 200

数据来源：2013—2019 年中国城市客运发展报告

公交还承担着为轨道交通线路培育客源的作用。2006 年，杭州市开通了首条快速公交线路 B1 线，成为继北京之后，国内第二个开通快速路公交线路的城市。截至 2019 年末，杭州市已经形成了以 1、2、3、4、7、8 号线这六条线路为主线，辅以多条支线、区间线和高峰线的快速公交网络。线路布局为由主城区向城区外围的放射状，运营线路总长度达 155.3 千米，平均时速接近 20 千米/时。

④水上巴士

杭州市内河流纵横，水系资源丰富，主要河流有京杭大运河、钱塘江以及它们的支流。为了改善市区交通行车难、停车难的"两难"问题，提高市区中部和西北部区域的公共交通便捷程度，水上巴士 1 号线于 2004 年 10 月正式开通，标志着杭州市成为全国首个开设水上巴士线路的城市。由于在缓解城市交通拥堵、优化城市公共交通网络、方便市民出行等方面具有积极作用，水上巴士被纳入杭州"五位一体"的特色公交体系中。截至 2019 年末，共有四条稳定开通的水上巴士线路，运送乘客约 93 万人次，它承担着市内公共交通运输和旅游观光的功能。其中，水上巴士 1 号线沿京杭大运河布线，南起武林门站，北至运河水陆交通集散服务中心站，线路长度为 5.5 千米。2 号线呈东西向布线，站点分布在京杭大运河及其支流余杭塘河两岸，始于武林门站，途经信义坊站、古翠站、蒋村站等站点，止于西溪五常港站。3 号线位于杭州第一条人工河——上塘河上，始于半山站，终于打铁关站。7 号线沿东河布线，始于坝子桥站，止于梅花碑站；东河开凿于一千多年前的五代时期，是连接京杭大运河和钱塘江的重要通道，两岸拥有丰富的历史景观和自然景观资源。因此，7 号线公交船只采用了类似游船的漕舫船，吸引了大量游客。

⑤公共自行车

公共自行车是低碳、绿色的交通方式，有助于缓解城市居民出行难、停车难问题，解决公交"最后一千米"问题。借鉴法国里昂、英国伦敦、丹麦哥本哈根等城市的发展经验，杭州于 2008 年首次在国内推出了公共自行车服务系统。在推出当年，杭州市仅有 343 个服务点，4 900 辆自行车。到了 2019 年，服务点数量增加至 4 253 个，自行车数量也增加至 10.7 万辆，日最高租用量达到 47.3 万人次，累计租用量超过 10 亿人次，相当于减少了机动车行驶所排放的二氧化碳共计 133.08 万吨。如今,杭州市公共自行车系统已享誉全球,被评选为 16 个全球最好的公共自行车系统之一,完善的公共自行车系统和先进的运营管理经验也被推广至全国 170 多个城市。公共自行车已成为杭州市"五位一体"特色公交体系中的重要组成部分。

(2)道路交通设施建设

随着机动化的推进,机动车出行成为城市居民主要出行方式之一。截至 2019 年末,杭州市民用机动车辆保有量 297.58 万辆,其中私人汽车 244.14 万辆,每千人汽车拥有量约为 374 辆,比全国千人汽车拥有量(173 辆)高出 116%。与此同时,主城区通勤高峰期拥堵指数为 1.63,城市居民在高峰期出行耗费时间是道路通畅状态下的 1.63 倍,高峰期行车速度为 28.16 千米/时。为了缓解道路交通拥堵问题,杭州市实施了一系列道路建设整治工程。例如,在"33929"工程中,完成了 33 条道路、9 座桥、2 个隧道和 9 个入城口的建设;在"三口五路"工程中,完成了对彭埠、留下、104 国道北线入城口以及环城北路、天目山路、莫干山路、良山西路和解放路延伸的综合整治;在"一纵三横"工程中,完成了对 18.1 千米道路的整治,而"五纵六路""十纵十横""5433"等工程的实施缓解了道路交通"两难"问题,带动城市有机更新,提高了居民对城市交通的满意度。

近年来,为了实现"决战东部、疏解主城、提升西部"的战略部署,推进包括快速路、主次干道、支路、背街小巷在内的城市路网建设,杭州市"三快四立交六路""七快五路""两快两立交十路"等工程先后开始开工建设,提高了道路设施的供给,进一步完善了城市道路交通系统。2010—2019 年杭州市公路供给概况如表 3-4 所示,总里程从 15 266 千米增加至 16 667 千米,公路密度也从每百平方千米 92.0 千米增加至 100.4 千米。2019 年,杭州市快速路通车总里程达到 219 千米,并计划于 2022 年之前建成"四纵五横三连十一延"的快速路网,为亚运会的举办提供交通保障,届时快速路的总里程将达到 464 千米。完善的道路网络加强了主城与副城、各组团等功能区块之间的联系,促进了城市一体化发展。

表 3-4　2010—2019 年杭州市公路供给概况

指标	2010 年	2011 年	2012 年	2013 年	2014 年
总里程/千米	15 266	15 418	15 747	15 900	16 025
公路密度	92.0	92.9	94.9	95.8	96.7
指标	2015 年	2016 年	2017 年	2018 年	2019 年
总里程/千米	16 210	16 306	16 424	16 520	16 667
公路密度	97.8	98.3	99.0	99.5	100.4

注:公路密度以每百平方千米的公路总里程(千米)表示。

数据来源:2013—2019 年中国城市客运发展报告

3.3　杭州住宅市场供需情况分析

1998 年中央正式发布城镇住房改革的通知，取消了福利分房制度，开启住房供给货币化、商品化的改革。杭州市走在房地产市场改革的前列，早在 1992 年就开始推行公房制度改革，积极推进住房商品化。1998 年以后，杭州市房地产市场进入快速发展阶段。其中，住宅市场的表现十分突出。本节将从住宅供应和需求的方面分析杭州市住宅市场的发展情况。

3.3.1　供应情况分析

(1)投资规模变化

住房制度改革以来，杭州市房地产市场对住宅的投资持续稳定增长（图 3-6）。1999 年，全市住宅投资额为 9.5 亿元，到 2019 年增长至 2 198.7 亿元，年均增幅达31.29％。2001—2018 年，杭州市住宅投资额占房地产投资总额的比重均在 60％以上，这一比重在 2005 年甚至达到了 91.57％，可见住宅投资远远大于办公楼、商业营业用房以及其他房地产类型投资。住宅投资占固定资产投资总额的比重变化较为平稳，2003 年，住宅投资占比为 21.67％，到了 2019 年，上升至 30.36％。虽然增长速度较缓慢，但住宅投资的比重已达到固定资产投资总额的近 1/3，住宅产业在国民经济中的地位不言而喻。

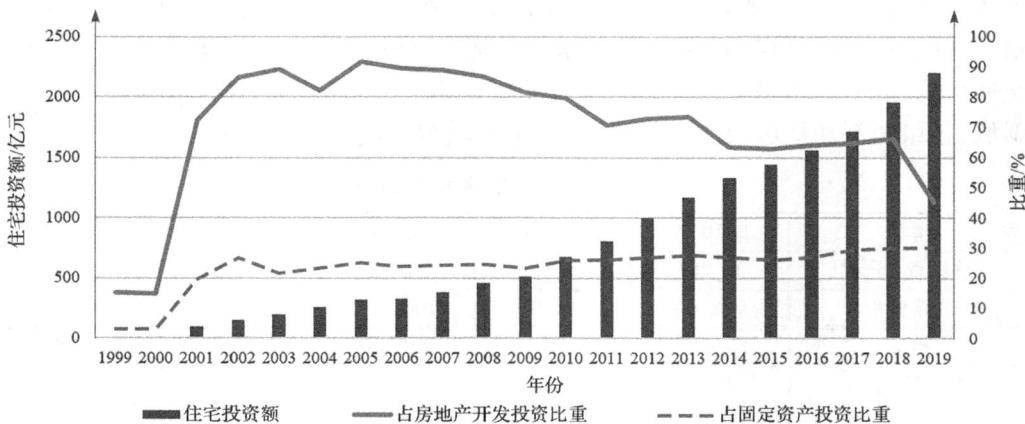

图 3-6　1999—2019 杭州市住宅投资额及其比重

数据来源：2000—2019 年杭州市国民经济和社会发展统计公报

（2）施工和竣工规模变化

自 1998 年起，杭州市住宅施工面积和竣工面积总体呈现上升的趋势，部分年份受政策或经济形势等原因的影响产生微小波动。2016 年以后，杭州市为了促进房地产市场的健康发展，调控政策频出，住宅供应放缓。具体地，1998 年，住宅施工面积为 743.59 万平方米，2015 年增加至最大值，为 8 163.82 万平方米，年均增长率为 40.8%。2016 年以后，建设速度放缓，施工面积下降至 7 370.57 万平方米，2017—2019 年，住宅施工面积缓慢增长，并在 2019 年达到 7 428.54 万平方米。住宅竣工面积的变化趋势类似，从 1998 年的 271.91 万平方米增加至 2015 年的 1 600.80 万平方米，年均增长率为 28.8%。2016 年以后，住宅竣工面积逐渐减小，2018 年和 2019 年分别为 1 110.85 万平方米和 1 032.83 万平方米，同比下降 24.5% 和 7.0%。1998—2019 年杭州市住宅施工面积和竣工面积的变化情况如图 3-7 所示。

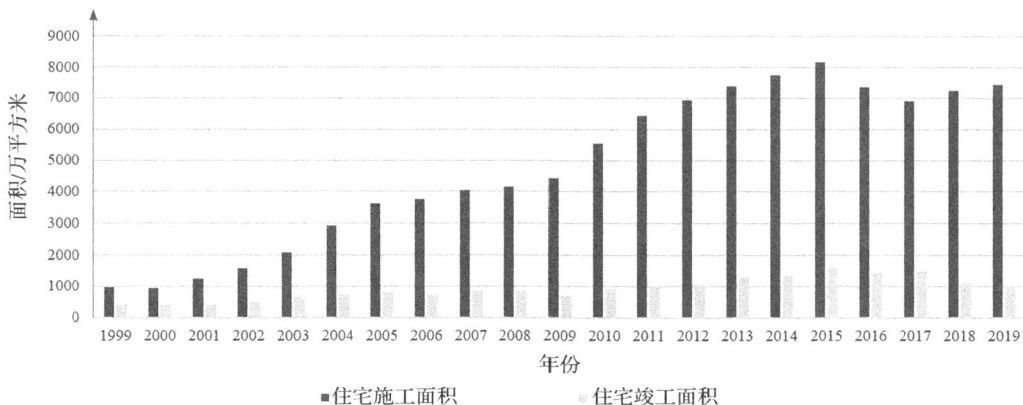

图 3-7 1999—2019 杭州市住宅施工面积和竣工面积

数据来源：2000—2019 年杭州市国民经济和社会发展统计公报

3.3.2 需求情况分析

根据 1999—2019 年住宅销售金额和销售面积的变化情况（图 3-8），可将杭州住宅市场分为四个时期，分别为成长期（1999 年—2004 年）、调整期（2005 年—2011 年）、回暖期（2012 年—2016 年 9 月）、调控期（2016 年 10 月—2019 年）。

第一个时期为成长期，1999 年—2004 年这五年间，杭州市住宅市场处于快速增长的阶段，住宅单价从 2 000 元/米^2 上涨至 8 000 元/米^2，涨幅在全国 35 个大中城市中排名榜首，这一繁荣的景象也被称为"杭州现象"（宋蓉晖，2005）。随着"住

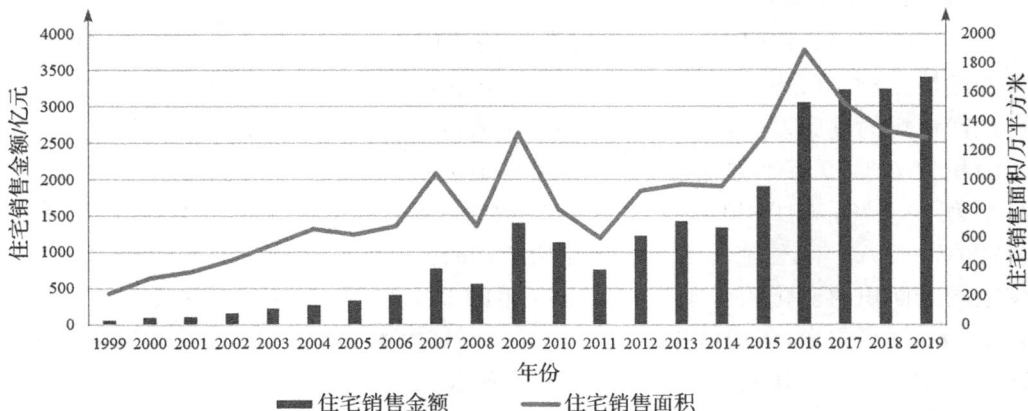

图 3-8　1999—2019 杭州市住宅销售金额和销售面积

数据来源:2000—2019 年杭州市国民经济和社会发展统计公报

在杭州"口号的提出,杭州市对房地产开发的投资规模不断扩大,特别是精品住宅的建设,吸引了大量购房者,成功拉动了内需,促进了消费。然而繁荣的背后也隐藏着问题。例如,住宅价格虚高不下,与居民同期收入比超过了 10,远远超出世界银行提出的 3~6 的合理范围,这意味着居民家庭对住房的支付能力很低;住宅价格的非理性上涨会导致土地价格上涨,开发商开发成本增加,住宅价格进一步上涨的恶性循环,影响了杭州市经济的健康发展。

第二个时期为调整期,时间跨度为 2005 年—2011 年。在政府的多轮调控和复杂的国际经济背景下,杭州市房地产市场进入了调整期,住宅销售金额和销售面积经历了多次波动。首先,为了缓解过热的房地产行情,国务院于 2005 年下发了"国八条",2006 年,建设部等九部门联合下发"国六条",开启国家新一轮的宏观调控,调控效果显著,住宅需求增速放缓甚至出现了负增长。2007 年,被压制了两年的住宅需求出现了短暂的回弹。而 2008 年,美国次贷危机引发了全球性的金融危机,购房需求再度萎缩。2009 年,随着 4 万亿的经济刺激计划初见成效,住宅需求也出现爆发式增长;随后又进入了回调期,住宅需求也随之下降。

第三个时期为回暖期,2012 年—2016 年 9 月,为了缓解住宅市场高库存的情况,杭州市通过市场手段和政府行为双管齐下,拉动内需,从而实现去库存的目标。因此,这段时期内住宅销售金额和销售面积稳步增长。特别是 2016 年,随着 G20 杭州峰会的成功召开,杭州市各类基础设施日趋完善,城市面貌焕然一新,伴随着建成新一线城市的预期,住宅的刚性需求提前释放,投资需求大幅增长。住宅销售金额从 2015 年的 1 905.14 亿元增加至 3 059.61 亿元,增长幅度达 60.6%;住宅销售面积从 1 291.64 万平方米增加至 1 887.11 万平方米,增幅为 46.1%。

最后一个时期为调控期,2016 年 10 月—2019 年,在前一时期去库存和流动性过剩的背景下,杭州市的住宅价格经历了新一轮的暴涨。为了抑制住宅价格的过快上涨,杭州市于 2016 年 9 月 19 日实施限购、限价政策,住宅市场也随之迈入调控期。2016 年底,"房子是用来住的,不是用来炒的"被首次提出,并被写入党的十九大报告中。在"房住不炒"定位指导下,杭州市在 2017 年以后继续加强针对房地产市场的调控政策,并取得了显著的成效。住宅销售金额增速放缓,从 3 225.75亿元缓慢增加至 2019 年的 3 406.10 亿元,年均增幅仅为 2.79%;而住宅销售面积则持续减小,从 2016 年的 1 887.11 万平方米下降至 2019 年的 1 284 万平方米,降幅达 32.0%。

3.4　本章小结

本章主要介绍了杭州城市基本概况、交通发展现状以及住宅市场供需情况,旨在为后续研究提供翔实的背景资料。在 2000—2019 年,杭州市社会经济快速发展,经济总量逐年提高,经济增长质量不断改善,城市居民收入和消费水平也逐年攀升。在经济快速增长的背景下,城市建设成就斐然。城市化进程、城市用地扩张以及空间布局优化在此过程中获得了源源不断的驱动力,杭州市逐渐从"西湖时代"走向"钱塘江时代",这对杭州市交通和房地产市场发展产生了深远的影响。在城市交通发展方面,以"公交优先"战略思想为指导,杭州市积极推进包括轨道交通、公共汽(电)车、水上巴士、公共自行车和出租车在内的"五位一体"特色大公共交通体系的建设;道路设施的有机更新有效缓解了出行难、停车难的"两难"问题。在房地产市场发展方面,杭州市住宅市场在此期间迅速发展,住宅投资规模逐年增加,住宅供应总量大体上呈现增加的趋势,并在部分年份伴随出现微小的波动;根据住宅销售金额和销售面积的变化,可将杭州市住宅市场的发展历程划分为四个时期,依次为成长期、调整期、回暖期和调控期,不同时期住宅市场需求差异明显。

第4章　城市交通基础设施的资本化效应：
对杭州市的总体分析

4.1　引　言

近年来,随着城市化进程的快速推进,城市人口急剧增加。截至2019年底,杭州市城镇人口达到了535.96万人,约占总人口的67.38%。城市中心区域人口高度集中,城市边缘区域的土地开发利用强度增大,这导致交通出行需求剧增,并涌现出大量新的长距离出行需求。城市交通系统的辐射范围和服务水平需要进一步扩大和改善。在城市化进程加速的同时,杭州市机动化水平逐年提高。截至2019年底,全市机动车拥有量达到297.58万辆,每千人机动车拥有量约为374辆。其中,轿车拥有量达161万辆,占54.10%,每百户居民家庭约拥有65辆轿车,远远超过每百户居民家庭拥有10辆汽车的标准,杭州市已进入汽车社会,跨入私家车普及时代。然而,与之相对应的是杭州市的快速路网建设相对滞后,道路网密度偏低,道路网络不完善,"出行难"问题日益凸显。2019年,主城区通勤高峰拥堵指数为1.63,同比增长3.11%,居民需要花费道路畅通状态下1.6倍以上的时间才能到达目的地,且拥堵时间有逐年上升的趋势(百度地图,2020)。当时城区道路的车辆密度呈持续上升趋势,城区交通每天有6个小时处于拥堵或严重拥堵状态,交通拥堵对城市运行效率产生制约,并成为影响市民生活品质的一个显著问题。

然而,城市交通设施的建设需要大量资金。我国地铁的综合造价约为5.5亿元/千米,城市快速路的造价为3亿元/千米,计入拆迁费和土地费后造价可达7亿元/千米(钱七虎,2004)。同时,城市交通基础设施建设时间长,建成之后的运营维护成本也很高,资金短缺问题日益凸显。例如,全长65.07千米,总投资为305亿元的杭州地铁1号线建设就耗时11年之久;经过"十二五"期间的建设,总长为106.6千米的轨道交通二期工程仅完成9%。此外,城市快速路网体系尚未形成,在"十二五"期间,杭州市主城区快速路实施率为72%,下沙副城和江南副城的实施率分别为49%和48%,临平副城仅为3%。由此可见,杭州市交通基础设施的建设相对平缓,已建成规模和服务水平存在一定提升空间。

除了能够缓解交通拥堵,提高通行效率,交通基础设施还能产生可观的外部效益。便捷的交通设施能够提高周边地块的可达性,降低居民的交通成本,从而提升土地和住宅价值。Diamond(1980)考察了公共交通设施与地价之间的关系,发现距离轨道交通站点越近,住宅用地的价格越高。Ding(2004)针对北京市1993—2000年土地使用权出让情况的实证分析发现,城市道路网络的扩张降低了交通运输成本,导致土地租金曲线的斜率在1997—2000年相比前一时期下降了15%,即北京市道路交通设施对居住、办公和商业用地的价格具有显著的影响。但是,交通设施的建设和运营产生的噪声和空气污染等负向影响也可能会降低周边物业价值。城市的迅速扩张和职住分离现象的出现使得居民的私家车出行和公共交通出行总量均大幅增加,交通噪声和汽车尾气污染如影随形。

综上所述,本书旨在准确识别交通设施的外部效应,估计各类交通基础设施对住宅价格的影响方向和大小;结合研究数据,还将在多维度分析的框架下,进一步对交通资本化效应的空间异质性和社会异质性进行深入的探索。本书研究结果揭示了来自不同社会阶层的购房者对交通基础设施的偏好及其在空间上的分布规律,有助于我们全面理解交通基础设施与住宅价格的关系。

4.2 相关研究回顾

4.2.1 交通资本化的平均效应研究

大部分研究认为,交通基础设施改善了周边区域的可达性,提高居民的出行效率,对购房者具有吸引力(Cao,2013)。居民对优质交通公共品的偏好进一步促进了该区域房地产市场的发展,可达性提升对住宅价格产生的正向影响占主导地位,大于环境污染等造成的负向影响,导致了正向的净交通资本化效应(Coppola et al.,2011)。

近年来,关于城市交通与房地产市场关系的研究在各个国家和地区广泛展开。在英国伦敦,维多利亚地铁线路为周边房地产价值带来1%~5%的溢价效应(Du et al.,2006)。Hess等(2007)发现纽约轻轨能为站点周边1/4英里范围内的住宅带来1 300~3 000美元的增值效应。Pagliara等(2011)发现意大利那不勒斯交通设施的改善使居民的办公、商业和休闲娱乐活动更加便利，通过控制比较住宅价格历年来的变化情况，发现轨道交通建成之后，站点周边的住宅价格明显上涨。在波兰波特兰，有轨电车的开通显著改善了周边地区的可达性，为居民提供了便捷的公共交通出行方式，周边住房租赁价格显著上升（Gadzinski et al.，2016）。在国内，Li 等（2019）针对上海的研究表明，轨道交通、公交、公共自行车等交通公共品的供给状况是影响购房者最终决策的重要因素。大部分研究主要关注轨道交通设施对住宅价格的影响。例如，何宁等（1998）采用交通成本模型探究了上海市地铁设施与住宅价格之间的关系，发现地铁开通后，站点周边住宅价格的涨幅远远大于市区住宅价格的平均涨幅，表明地铁设施对住宅价格具有正向的资本化效应；王德起等（2012）发现，交通设施供给的数量和质量对房地产价值均具有显著的影响，住宅周边公交站点越多、距轨道交通站点越近，住宅的价格或租金的上涨幅度越大；Li 等（2019）针对北京市的研究表明，周边 800 米范围内有地铁设施的住宅价格明显高于没有地铁设施的住宅，当有多条地铁线路时，周边居民出行具有更多的换乘选择，这进一步推升了住宅价格，同时，距离地铁站站点设施越近，发车间隔时间越短，住宅价格的溢价效应越大；谷一桢等（2008；2010）针对北京市轨道交通设施的研究也均发现了其对住宅价格的正向资本化效应。

　　然而，交通基础设施的负向外部性也不可忽视，如交通噪声、空气污染、高犯罪率等，它使周边住宅的宜居度降低，对购房者的支付意愿产生消极的影响，特别是在距离交通设施很近的区域，负向外部性的影响可能会超过正向外部性的影响。Dubé 等（2013）回顾了 19 项研究中涉及的 24 项交通基础设施投资项目，并在美国旧金山、华盛顿、纽约和波特兰等七个案例城市发现了负向的资本化效应，如每靠近轨道交通站点 1 英尺，旧金山、纽约和波特兰的住宅价格分别下降 15.78 美元、23 美元和 0.76 美元。交通噪声和空气污染是负向资本化效应的主要来源（Arsenio et al.，2006；Tillema et al.，2012；Szczepanska et al.，2015）。Nelson（1982）总结了北美地区的研究，发现交通噪声每增加 1 分贝，住宅价格将下降 0.16%～0.63%，住宅价格降低 8%～10%。此外，交通设施的建设过程中也会产生振动、噪声、扬尘等负向外部性，进而对住宅价格产生负向影响。Wagner 等（2017）发现在轻轨设施的建设期内，站点周边 1 500 米范围内的住宅价格降低 8%。

　　实际上，并不是所有交通基础设施都对住宅价格具有显著资本化效应，部分学者在实证研究中发现了不显著或可忽略不计的交通资本化效应。如 Landis 等（1994）针对美国加州多个城市的研究表明，轨道交通设施对圣荷西、圣地亚哥、萨克拉门托的住宅价格没有显著的影响。Mikelbank（2005）认为，交通基础设施投资是否会对房地产价值产生显著的影响取决于交通项目所处的区位、住宅和区域的可达性以及项目的建成时间，如美国俄亥俄州高速公路设施的建设对部分土地的价值没有显著的影响。Atkinson-Palombo(2010)针对美国凤凰城的研究显示，轻轨站点对独栋住宅价格的影响不显著，对公寓价格的影响则是消极的；Nelson (1992)针对亚特兰大的研究表明，轨道交通线路对周边住宅价格的影响很小，影响方向也不确定；在以色列，Portnov 等(2009)发现轨道交通站点距离的变化对住房价格没有显著的影响；Liou 等(2016)发现台北轨道交通设施对住宅价格及其增长的影响均不显著。

4.2.2 交通资本化效应的异质性研究

上述研究多从全局角度入手，难以全面描述交通基础设施与房地产市场之间的关系。在空间维度上，空间自相关性和空间异质性是住宅价格数据的典型特征，忽略了住宅价格数据的空间效应可能会导致获得有偏的结果。为了提高模型估计的准确性，Dubin(1988)在针对美国巴尔的摩房地产市场的研究中首次考虑了样本数据的空间自相关性质，采用极大似然法估计误差项的协方差矩阵，以获取无偏的估计。Can(1990)采用邻接法对俄亥俄州 577 个独栋住宅样本构建空间权重矩阵，并对空间依赖性进行莫兰检验和拉格朗日乘子检验。随后，Se Can 等(1997)在特征价格模型中纳入因变量的空间滞后值来考察空间自相关效应。Pace 等(1997)发现相较于最小二乘法分析，空间自相关分析能够显著降低残差值，提高估计结果的有效性和稳健性。Löchl 等(2010)在确定数据存在空间自相关后采用空间滞后模型来研究可达性是否资本化到周边的住宅价格中，发现控制了空间依赖的影响后，模型具有更好的解释能力。

另外，交通基础设施对住宅价格的影响在不同空间位置差异明显，部分经验研究揭示了交通资本化效应的空间异质性。Du 等(2006)采用地理加权模型分析可达性对房地产价值的影响及其空间异质性特征，基于全局回归的结果显示，地铁站点对周边 500 米范围内的住宅产生 10 408 欧元的平均溢价作用，而基于局部回归的结果则显示地铁仅对研究区域东北部的住宅具有显著的溢价效应，对南部和西南部的住宅价格影响不显著，对中部住宅价格反而具有负向资本化效应。Duarte 等(2009)的研究表明，交通噪声对住宅价格影响的大小和方向随着样本点地理位置的变化而变化，噪声每增加 1 分贝，住宅价格的变化范围为 $-0.81\% \sim 0.54\%$。在国内，Wu 等(2019)发现地铁对深圳大部分住宅价格具有正向的资本化效应，影响最大值可达 0.903%，从地理空间上来看，地铁站点的资本化效应由城市西部向东部逐渐减小。上述研究表明，城市交通设施对房地产价值的影响在不同空间位置存在明显差异，但以往基于全局角度的分析模型忽略了空间异质性，无法反映真实的空间关系。

　　在社会维度上，社会经济和人口统计因素也是造成交通基础设施资本化效应异质性的重要来源，不同收入水平和喜好的居民对住房特征的支付意愿和能力不同。Bowes 等（2001）发现亚特兰大轻轨站点周边由于人群密集，犯罪率上升，站点对周边 0.25 英里范围内高收入社区的住宅价格产生了负向影响。Pan（2013）的研究也证实了轨道交通对站点附近的住宅价格的影响因社区收入水平而异。一般来说，高收入购房者的支付能力强，通常购买高价位住宅来获取优质的住宅特征和邻里环境；而低收入购房者受经济条件的限制，通常购买低价位住宅。为了揭示不同价位住宅购买者对住房特征支付意愿的异质性，部分学者采用分位数模型进行估计，通过描绘住房特征的隐含价格在不同分位点上的变化趋势，从而全面地反映住宅特征与住宅价格之间的关系（Lin et al.，2014；Mueller et al.，2014；Zhang，2016）。

　　Bohman 等（2016）采用分位数模型深入探究了瑞典轨道交通和高速公路与房地产价值之间的关系，结果显示两类交通基础设施对不同价位住宅价格产生了显著的正向资本化效应，资本化率分别为 0.002%～0.011% 和 0.664%～3.641%，且最大值均出现在 0.1 分位点上，表明轨道交通站点和高速公路的可达性对低价位住宅购买者最为重要。然而，Wang 等（2015）针对公交基础设施的研究表明，英国加的夫房地产市场中的高价位住宅（0.8 和 0.9 分位点）比低价位住宅（0.1 和 0.2 分位点）受益更多；在住宅周边 1 500 米范围内每增加 1 个公交车站，价格分位数高于 0.8 的住宅的价格上升 0.22%；而对价格分位数较低的住宅，交通设施改善所带来的资本化效应则降至 0.11%。Wen 等（2018）针对杭州的研究也发现，地铁站点距离变量的回归系数由 −0.023（0.15 分位点）降至 −0.086（0.95 分位点），即其对高价位住宅的影响大于低价位住宅。上述研究表明，城市住宅特征对不同价位住宅影响的大小和方向差异明显，现有研究忽略了住宅特征资本化效应的社会异质性，可能得到有偏的估计。

　　通过文献回顾，笔者发现现有研究存在以下三点局限。①城市房地产价值受到多种类型交通基础设施的共同影响，如轨道交通、快速路、快速公交、常规公交和公共自行车设施等，并且某一类交通设施的资本化效应可能受到其他类型交通设施的影响，如购房者对轨道交通的偏好可能受到住宅周边已有公交站点或者快速路出入口的影响，支付意愿也相应发生变化。但是，已有研究大多只关注单一类型交通基础设施的资本化效应，如轨道交通或快速路，其研究结论也因研究区域、数据和方法的不同而有所差异。②住宅价格数据是一种典型的空间数据，空间依赖性和空间异质性广泛存在于交通资本化效应中。但已有研究对样本数据的空间效应关注不够，可能会影响估计结果的准确性。③由于贫富分化，不同收入水平的居民对住宅特征的偏好存在差异，具体表现为对同一住宅特征的支付意愿不同。尽管部分学者对这一现象展开了研究，但仍处于起步阶段。

因此，本章将全面考虑各类交通基础设施对住宅价格的影响，并探究交通资本化效应在空间维度和社会维度的异质性，以期全面揭示城市交通系统与房地产市场之间的关系，进而引导城市空间结构优化和有序扩张。

4.3 研究设计

4.3.1 研究假设

假设一：不同类型交通基础设施对住宅价格的资本化效应存在异质性，具体表现为资本化效应的显著性、方向以及大小不同。

城市交通系统是由多种类型的交通基础设施构成的有机整体，各种交通方式之间的合理分工和有效协调是城市交通顺畅的保障。通过相关研究回顾，笔者发现各种类型的交通基础设施都可能对周边土地和住宅价值产生影响。但不同类型交通设施因提供的服务类型、频率以及覆盖范围等不同，影响效果存在差异。Mohammad 等（2013）发现，通勤铁路对房地产价值的影响比轻轨更大，常规公交服务和公共自行车基础设施由于缺乏固定性，对房地产价值的影响不显著，甚至是消极影响。此外，Voith（1993）指出，道路可达性的资本化效应可能会受到其他交通因素的影响。Debrezion 等（2007）发现，在实证研究中纳入城市道路或高速公路的可达性变量会显著降低轨道交通设施对房地产价值的影响。Bowes 等（2001）提出，不同类型交通基础设施的组合可能会进一步提高住宅价格。因此，我们在实证分析中应全面考虑不同类型交通基础设施对住宅价格的影响，以提高估计结果的准确性。

假设二：在空间维度上，城市交通资本化效应随住宅位置的变化而变化，且不同类型交通基础设施的空间异质性特征不同。

根据空间计量经济学，空间异质性是住宅数据的固有属性之一。早期有学者发现，交通基础设施由于服务范围有限，对房地产价值的影响仅限于一定的空间范围内，当超过这个范围时，影响不再显著（McDonald et al., 1995）。随后，部分学者通过划分一系列距离缓冲带，来估计交通基础设施对不同距离范围内住宅的资本化效应，捕捉其与距离的非线性关系（Deng et al., 2010；Xu et al., 2016）。此外，在城市内部的不同区域，交通资本化效应也存在差异（Hughes et al.，1992；Blanco et al.，2011；Franck et al.，2015）。近年来，随着对空间异质性认识的深入，部分学者采用 GWR 模型探索交通资本化效应在空间上的分布规律（Dziauddin et al.，2015；Wu et al.，2019）。Mulley（2014）的研究发现，GWR 局部模型的结果比全局回归模型能够提供更多的信息。全局模型显示就业中心可达性对住宅价格产生了 0.6% 的平均溢价作用，而局部模型发现就业中心可达性对样本点的溢价作用范围为 0.1%～2.9%；购物中心可达性的平均溢价作用为 0.7%，局部模型则显示其溢价作用最大可达 4.9%；市中心可达性变量在全局模型中的回归系数并不显著，但是在局部模型中显示其对部分样本点有正向或负向的显著影响。GWR 模型作为揭示空间异质性的有效工具，本书将运用其探索各类交通基础设施交通资本化效应在空间上的分布规律。

假设三：在社会维度上，城市交通资本化效应在住宅价格的条件分布上存在差异，且不同类型交通基础设施的社会异质性特征不同。

随着不同价位住宅购买者收入水平和偏好的分化，住宅特征对住宅价格影响的社会分异不容忽视。Zietz 等（2008）的研究证明了住宅特征对住宅价格影响的社会异质性是确实存在的，即住宅特征的影响大小在住宅价格的条件分布上并不是恒定的，而是随着分位点的变化而波动，如高价位住宅购买者愿意为配有游泳池的住宅支付更高的溢价，而低价位住宅购买者则更愿意为地铁站点可达性支付溢价。部分学者采用分位数模型探究交通基础设施对土地和住宅价值的影响，并发现了交通设施资本化效应在不同分位点上具有显著的异质性（Wang et al.，2015；Mathur，2020）。Wen 等（2018）以杭州为例，发现地铁站点可达性对住宅价格的溢价作用随着住宅价格水平的上升而增加，从 2.3%（0.15 分位点）增加至 8.6%（0.95 分位点）。因此，本章研究假设交通基础设施对住宅价格的影响随住宅价格水平的变化而变化，并且不同类型交通基础设施的资本化效应在住宅价格的条件分布上的分布规律不同。

4.3.2　数据获取、变量的选择与量化

（1）数据获取

本章研究以杭州市主城区的住宅小区为基本分析单位，研究所需数据主要通过房地产中介网站、实地调研、电子地图和政府相关部门网站这四大途径获得。由于新建商品住宅价格受政策调控影响较大，有一定的失真，二手房价格受政策影响较小，能有效反映房地产市场的供需关系。住宅小区是中国城市生活的基本单位，除了面积、楼层、朝向等部分建筑特征存在差异，同一小区内的住宅拥有类

似的邻里特征和区位特征集合。因此，单位面积住宅带给居民的效用体验相近，购房者对于每平方米住宅的支付意愿基本相同，即同一小区内的住宅，每平方米的成交均价基本接近。国内学者广泛采用小区层面的住宅均价开展实证研究，并获得了稳健的结果，证明了使用住宅小区均价作为因变量的科学性和合理性（Sun et al.，2015；Liang et al.，2018；Yang et al.，2020）。因此，本章研究采用小区层面的均价作为因变量。

具体来说，杭州市主城区范围内住宅在 2017 年的交易价格数据及建造年份、面积、楼层等建筑特征信息来自透明售房网，在处理数据的过程中，笔者保留了高层和多层住宅的样本，剔除了别墅、排屋等高价房样本，以及信息缺失和录入偏误的样本。随后，根据同一小区内所有的住宅交易记录，分别计算出所有住宅的成交价格之和与面积之和，并利用交易总价格除以交易总面积，得到该小区的均价。通过上述处理方法，最后获得 408 个住宅小区的均价，这些住宅小区样本分布在主城区内，具体分布情况见如图 4-1 所示。

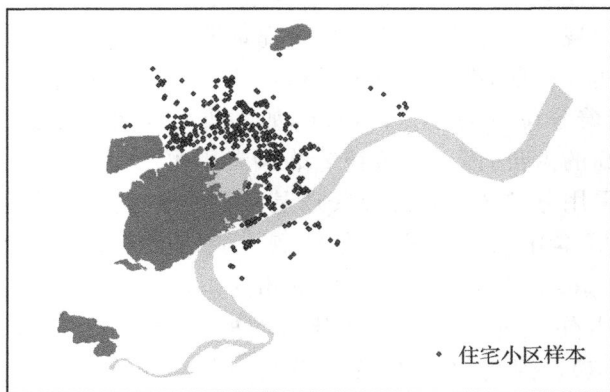

图 4-1　住宅小区样本分布情况

邻里特征反映了住宅小区内部和周边各方面的情况，是影响住宅价格的重要特征，为了获取细致且全面的信息，笔者对杭州市主城区范围内的住宅小区进行了深入的实地调研。在进行大规模的实地调研之前，笔者通过回顾以往研究，将影响住宅价格的特征分类别罗列，提炼了近 60 个常用的特征变量（如建筑类型、绿化情况和与市中心距离等）；随后，为了能够科学地构建适用于我国房地产市场的特征变量体系，分别与相关政府部门、房地产开发商、房地产中介、房地产咨询公司、建筑设计单位和科研院校这六类单位中的专业人士进行了深入的访谈，采用非结构性访谈和半结构性访谈方法，与访谈对象针对杭州市房地产市场中住宅特征的构成及其对住宅价格的影响、住宅特征的选择、量化方式、实地调研可行性等问题进行了全面探讨；最后，根据文献研究和访谈结果确定最终的调研方案。具体来说，实地调研的方式包括实地观察、问卷调查和访谈调查，调研内容涉及小区环境、自然环境、物业管理、运动设施、交通情况、周边氛围、治安环境等方面，具体调研表如表 4-1 所示。

表 4-1　住宅小区调研表

小区环境	绿化情况：□极差　□差　□一般　□好　□极好 卫生状况：□极差　□差　□一般　□好　□极好 空气质量：□极差　□差　□一般　□好　□极好 安静程度：□极差　□差　□一般　□好　□极好 小区内部环境总体质量：□极差　□差　□一般　□好　□极好
自然环境	小区外部环境：□极差　□差　□一般　□好　□极好 小区外 1 000 米范围内有： □邻近公园（名称＿＿＿＿＿＿＿＿＿＿＿＿＿＿＿＿＿） □邻近绿地（名称＿＿＿＿＿＿＿＿＿＿＿＿＿＿＿＿＿） □邻近河流（名称＿＿＿＿＿＿＿＿＿＿＿＿＿＿＿＿＿） □邻近湖泊（名称＿＿＿＿＿＿＿＿＿＿＿＿＿＿＿＿＿） □邻近山景（名称＿＿＿＿＿＿＿＿＿＿＿＿＿＿＿＿＿）
物业管理	物业管理服务质量：□极差　□差　□一般　□好　□极好
运动设施	小区内有：□老年活动室　□游泳池　□健身设备　□篮球场　□网球场 运动设施的总体质量：□极差　□差　□一般　□好　□极好
交通情况	小区周围 500 米内公交线路有＿＿＿＿＿＿条，分别为＿＿＿＿＿＿＿＿＿＿＿＿＿＿＿＿＿＿＿＿路 到市区繁华中心的便利程度：□极差　□差　□一般　□好　□极好 邻近地铁：□是，名称＿＿＿＿＿＿＿＿＿＿＿＿＿＿，距离＿＿＿＿米；□否
周边氛围	小区内或附近 1 000 米内有：□超市　□菜场　□银行　□邮局　□体育场馆 □医院（名称＿＿＿＿＿＿＿＿＿＿＿＿＿＿＿＿＿） □幼儿园（名称＿＿＿＿＿＿＿＿＿＿＿＿＿＿＿＿＿） □小学（名称＿＿＿＿＿＿＿＿＿＿＿＿＿＿＿＿＿） □初中（名称＿＿＿＿＿＿＿＿＿＿＿＿＿＿＿＿＿） □高中（名称＿＿＿＿＿＿＿＿＿＿＿＿＿＿＿＿＿） □大专院校（名称＿＿＿＿＿＿＿＿＿＿＿＿＿＿＿＿＿）
治安环境	小区周边区域治安情况：□极差　□差　□一般　□好　□极好

　　区位特征以及大部分交通特征则是利用杭州市地理信息系统提供的地图 POI 数据库和电子地图（杭州市天地图），并采用地理信息系统（ArcGIS 软件）的邻域分析工具计算获得。西湖距离表征了住宅的区位属性，笔者在地理信息系统中采用近邻分析方法计算住宅小区到西湖岸边的最短直线距离，交通特征中的轨道交通站点距离、快速路距离变量也采用该方法计算获得；常规公交站点数量、快速公交站点数量、公共自行车点数量、水上巴士站点变量则通过缓冲区分析方法计算获得。

　　此外，本章涉及的部分数据来源于相关交通部门，这部分数据收集困难，无法通过互联网平台等方式获得城市层面完整的信息。例如，人口密度、岗位密度、公共交通出行费用变量数据来源于杭州市交通规划设计院在全市范围内展开的公共交通出行调查，道路密度和道路通行速度的数据则来源于杭州市交通运输局公布的统计资料。

（2）变量的选择

　　住宅作为一种典型的异质性商品，其价格由一系列特征的集合所决定，一般分为建筑特征、邻里特征和区位特征。由于本章研究重点关注交通特征，故令其单独形成一类特征，共选取 9 个交通特征变量，涵盖了城市各类公共交通设施和机动车交通设施，具体包括轨道交通、快速公交、常规公交、水上巴士、公共自行车、快速路以及其他城市道路设施。此外，本章研究还选取了 2 个建筑特征变量、1 个区位特征变量和 13 个邻里特征变量作为控制变量进入模型（表 4-2）。

表 4-2　模型特征变量表

变量类别	变量名称
交通特征	轨道交通站点距离、常规公交站点数量、快速公交站点数量、水上巴士站点、公共自行车点数量和公共交通出行费用；快速路距离、道路密度和道路通行速度
建筑特征	房龄、小区面积
区位特征	西湖距离
邻里特征	教育配套、生活配套、自然环境、小区环境、物业管理、人口密度、岗位密度、区域虚拟变量

　　交通特征。城市综合交通系统由多种类型的交通基础设施构成，可分为公共交通基础设施和道路交通基础设施。本章所采用的交通特征变量也按照这一思路选取，涵盖了城市内部几乎所有重要的交通基础设施。公共交通基础设施包括轨道交通、常规公交、快速公交、水上巴士和公共自行车设施，分别通过轨道交通站点距离、常规公交站点数量、快速公交站点数量、水上巴士站点和公共自行车点

数量来衡量，同时还考虑了居民的公共交通出行费用；道路交通设施包括快速路和常规道路，通过快速路距离、道路密度和道路通行速度来衡量。交通基础设施因能提升住宅小区周边区域可达性，提高通行效率，节省居民出行时间和成本，而成为影响居民购房决策的重要因素。但交通基础设施的负向外部性也是不可避免的，如交通噪声、机动车尾气污染、景观破坏，以及人流量增大带来的治安威胁等，这些可能对住宅价格产生负向影响。

建筑特征。本章选用房龄和小区面积作为建筑特征变量。房龄反映了住宅小区的新旧程度，房龄较大的住宅小区可能配套设施老旧、社区服务设施不健全，难以满足居民日常生活需要，从而对住宅价格产生明显的影响。小区面积可能与配套设施的完善程度有关，面积越大，小区内部的生活配套设施和服务设施（如健身设施、休闲设施、环境设施和托育设施等）越完善，居住的舒适性越高，进而影响住宅价格。

区位特征。区位特征反映了住宅小区在城市空间中的地理位置及其出行可达性，以往研究通常采用城市 CBD 距离作为区位特征变量。杭州市已逐渐发展成多中心城市结构，传统的武林广场 CBD、新兴的钱江新城 CBD 以及景观 CBD——西湖是经验研究中经常考虑的区位特征变量。由于本章研究数据样本远离钱江新城 CBD，其影响较为微弱，暂不考虑这一变量的影响。西湖一直是杭州的景观中心，湖面面积约 6.39 平方千米，对周边住宅价格有很大的溢价作用。从地理位置上来看，西湖位于杭州市中心，与武林广场 CBD 的平均距离约为 3 000 米，最近距离仅为 1 300 米左右，若将这两个变量同时引入模型，可能会产生共线性效应，初步试验结果也证实了这一假设。经过一系列尝试，笔者发现将西湖距离这个变量引入模型的结果比引入 CBD 距离更加稳健。因此，本章采用西湖距离作为区位特征变量。

邻里特征。邻里特征是指住宅周边的各种环境因素和配套基础服务设施，反映了住宅小区生活的便捷程度和舒适程度。根据城市居民的日常生活需求，本章选取教育配套、生活配套、自然环境、小区环境和物业管理为邻里特征变量。首先，教育配套往往是大多数居民家庭购房时的首要考虑因素，购房者通常希望子女能够享受到优质的教育资源以提高未来竞争力；其次，完善的生活配套能够提高居民生活的便利程度，如邻近超市、农贸市场、医院和银行等能使居民在低出行成本条件下满足日常生活所需；再次，良好的小区环境和自然环境对满足居民日益增长的居住环境需求，对提升居住舒适度和公众健康均具有重要意义，是影响居民购房决策的重要因素；最后，高效的物业管理水平有助于提高居民生活质量和居住幸福感，也成为重要考虑的因素之一。人口密度和岗位密度反映了住宅小区周边区域的社会经济水平，也作为邻里特征变量引入模型。此外，6 个区域虚拟变量（西湖区、拱墅区、上城区、下城区、滨江区、江干区）反映了住宅小区所属的行政区域。

（3）变量的量化

①交通特征的量化

本章研究所选取的交通特征变量几乎涵盖了杭州市所有类型的交通方式，根据不同类型交通基础设施对住宅价格的影响机理和分布特点，采用最近距离法、虚拟变量法和累积机会法来量化各类交通基础设施的可达性。具体量化细节如下。

轨道交通基础设施。本章研究数据时间截面为 2017 年，截至 2017 年底，杭州市已开通运营 3 条轨道交通线路（1 号线、2 号线、4 号线一期），运营里程共 93.15 千米，共设车站 58 座。一般来说，住宅与轨道交通站点的距离反映了居民通过轨道交通出行的便利程度。根据以往研究，轨道交通可达性的衡量方式主要分为设置连续变量或离散变量两类，连续变量指通过空间距离、出行时间或费用来测度住宅与轨道交通站点的邻近程度；离散变量则是指通过设置距离虚拟变量，将研究区域分割为 2 个或 2 个以上的子区域来表示住宅小区与轨道交通站点的相对位置。本章研究采用最近距离法，通过住宅小区与轨道交通站点之间的直线距离来表征轨道交通基础设施的可达性。

常规公交基础设施。在积极推进"公交优先"的城市发展策略的背景下，杭州市常规公交服务水平明显提升。不同于轨道交通，常规公交站点和线路设置密集，某一特定住宅小区周边可能存在多个公交站点和多条公交线路。住宅小区与最近公交站点之间的距离只能反映有限的信息，难以体现不同住宅小区之间常规公交可达性的差异。以往研究多采用累积机会法来衡量常规公交可达性，统计住宅小区周边固定半径内公交站点的数量（Wang et al.，2015）。因此，本章研究采用住宅小区周边 1 000 米范围内公交站点的数量来衡量常规公交设施的可达性。

快速公交基础设施。杭州市已经形成了 6 条主线，辅以多条支线、区间线和高峰线的快速公交线网，快速公交拥有专用路权和专用停靠站，具有容量大、准时、快速的优势。本章研究采用累积机会法测度住宅小区的快速公交可达性，通过统计住宅小区周边 1 000 米范围内快速公交站点的数量来实现。

水上巴士基础设施。水上巴士是运行于运河和市区河道上的水上公共交通系统，是杭州市的特色交通工具。运营中的线路有水上巴士 1 号线、2 号线、3 号线和 7 号线，站点多分布在西湖区、拱墅区和下城区。由于水上巴士线路少，站点布局分散，本章基于虚拟变量法的思想，采用住宅小区周边 1 000 米半径范围内是否存在水上巴士站点来量化住宅小区水上巴士的可达性。

公共自行车基础设施。杭州市作为国内首个推出公共自行车交通服务系统的城市，公共自行车设施的建设一直走在前列。自 2008 年杭州市首个公共自行车服务点调试成功以来，公共自行车设施在全市范围内广泛布局，截至 2017 年底，已有近 4 000 个服务点。因此，本章采用累积机会法，通过统计住宅小区周边

500 米半径范围内公共自行车服务点的数量来衡量公共自行车的可达性。

公共交通出行费用。居民在进行购房决策时,公共交通出行费用也是重要的考虑因素。通过竞租理论可知,交通成本的增加往往需要住房成本的下降来弥补,因此,公共交通成本的增加可能会在一定程度上影响购房者的支付意愿。该变量可通过实地调查各住宅小区居民每日通勤的公共交通成本的方式直接获得。

快速路基础设施。快速路是城市道路交通系统的主干骨,截至 2017 年底,杭州市"四纵五横"快速路网基本成形,承担了城市道路全网约 20%～30% 的交通流量,其平均车速至少是地面主次干道的 165%。由于快速路全封闭式的道路形式,距离快速路出入口越近,居民通过快速路出行越便利;而部分与快速路走廊距离较近,但是远离出入口的住宅小区则享受不到可达性的改善,反而会受到交通负外部性的影响(Seo et al.,2014)。因此,最近距离法被应用于快速路可达性的衡量时,以住宅小区与快速路出入口之间的直线距离为依据。

城市道路基础设施。本章研究选取道路密度变量和道路通行速度变量来分别反映住宅小区周边道路基础设施的供给情况和道路基础设施的服务水平。道路密度越大,表明住宅小区周边道路交通设施供给越充足,居民出行选择越多;通行速度越快,表明道路交通运行越通畅,出行舒适度越高。然而,频繁的道路交通活动产生了不容忽视的噪声、尾气污染等负向外部影响,使得道路交通基础设施对住宅价格的影响不易估计。道路密度数据通过 ArcGIS 软件计算获得,量化方式为累积机会法;道路通行速度数据则来自杭州市交通运输局,通过直接测量获得。

②其他特征变量的量化

本章采用了多种方法量化其他变量,包括直接测量法、利克特量表法和综合性指标法。如通过透明售房网获得住宅房龄和小区面积数据,通过 ArcGIS 软件计算住宅小区至西湖的距离,以及通过政府相关部门资料获得人口密度和岗位密度数据都属于直接测量法。采用利克特量表法对特征变量进行评价分级并赋值,分为五个等级:好(5 分)、较好(4 分)、一般(3 分)、较差(2 分)和差(1 分)。小区环境通过小区内部绿化情况、卫生状况、空气质量和安静程度进行评价,得分越高,表明小区内部环境的总体质量越高;小区自然环境通过小区周边 1 000 米范围内是否有公园、绿地、河流、湖泊或山景进行评价并赋值;类似地,物业管理通过管理水平的高低进行评价。采用综合性指标进行量化的特征变量有教育配套和生活配套,如教育配套指小区周边 1 000 米范围内有无幼儿园、小学、初中或高中,每项 1 分,共计 4 分,它反映了住宅样本周边教育资源的完备程度。这种量化方式可以减少特征变量的数目,防止出现严重的共线性问题。对所有特征变量的含义和期望符号如表 4-3 所示,对数据的描述性统计如表 4-4 所示。

表 4-3　住宅小区特征变量的含义及预期符号

变量类型	变量名称	变量含义	预期符号
交通特征	轨道交通站点距离	小区中心到最近地铁站点的直线距离,单位:千米	－
	常规公交站点数量	小区周边 1 000 米内常规公交站点数量,单位:个	＋/－
	快速公交站点数量	小区周边 1 000 米内快速公交站点数量,单位:个	＋
	水上巴士站点	小区周边 1 000 米内有无水上公交站点	＋
	公共自行车点数量	小区周边 500 米内公共自行车岗亭数量,单位:个	＋/－
	公共交通出行费用	小区内居民家庭平均每天的通勤费用,单位:元	－
	快速路距离	小区中心到最近快速路出入口的直线距离,单位:千米	－
	道路密度	小区周边道路网密度,单位:米/平方千米	＋/－
	道路通行速度	小区周边 1 000 米内道路路段车速的平均值,单位:千米/时	＋/－
建筑特征	房龄	住宅小区的建筑年龄,单位:年	－
	小区面积	住宅小区的总面积,单位:平方千米	＋
区位特征	西湖距离	小区中心到西湖的最近直线距离,单位:千米	－
邻里特征	教育配套	小区周边 1 000 米内有无幼儿园、小学、初中、高中,每项 1 分,共计 4 分	＋
	生活配套	小区周边 1 000 米内是否有医院、银行、农贸市场、超市和邮局,每项 1 分,各项总计 5 分	＋
	自然环境	小区周边的自然环境综合评分,分为 5 个等级:好(5 分)、较好(4 分)、一般(3 分)、较差(2 分)、差(1 分)	＋
	小区环境	小区内部环境综合评分,分为 5 个等级:好(5 分)、较好(4 分)、一般(3 分)、较差(2 分)、差(1 分)	＋
	物业管理	小区物业管理水平评分,分为 5 个等级:好(5 分)、较好(4 分)、一般(3 分)、较差(2 分)、差(1 分)	＋
	人口密度	小区所在板块内单位面积所拥有的人口数量,单位:人/千米²	－
	岗位密度	小区所在板块内单位面积所拥有的岗位数量,单位:个/千米²	＋
	滨江区	小区是否位于滨江区,是为 1,否则为 0	＋/－
	拱墅区	小区是否位于拱墅区,是为 1,否则为 0	＋/－
	下城区	小区是否位于下城区,是为 1,否则为 0	＋/－
	上城区	小区是否位于上城区,是为 1,否则为 0	＋/－
	江干区	小区是否位于江干区,是为 1,否则为 0	＋/－
	西湖区(对照)	小区是否位于西湖区,是为 1,否则为 0	＋/－

表 4-4　描述性统计

变量名称	样本量	均值	极小值	极大值	标准差
住宅小区均价	407	28 862.699	14 195.403	63 858.213	8 037.292
轨道交通站点距离	407	1.756	0.047	8.684	1.649
常规公交站点数量	407	26.032	1	48	9.336
快速公交站点数量	407	4.310	2	10	2.132
水上巴士站点	407	0.238	0	1	0.427
公共自行车点数量	407	4.693	2	22	2.602
公共交通出行费用	407	2.331	0.429	13.308	1.097
快速路距离	407	1.666	0.036	6.781	1.101
道路密度	407	0.009	0.004	0.016	0.002
道路通行速度	407	29.256	20.300	63.953	6.103
房龄	407	17.818	7	38	6.623
小区面积	407	0.042	0.003	0.333	0.041
西湖距离	407	4.093	0.530	13.100	2.149
教育配套	407	3.396	1	4	1.172
生活配套	407	3.553	1	5	1.079
自然环境	407	3.170	1	5	0.784
小区环境	407	3.233	1	5	0.948
物业管理	407	2.577	1	5	1.255
人口密度	407	26 679.859	951.368	92 846.442	16 629.525
岗位密度	407	10 846.355	86.472	52 602.050	9 954.276
滨江区	407	0.069	0	1	0.253
拱墅区	407	0.189	0	1	0.392
下城区	407	0.211	0	1	0.409
上城区	407	0.145	0	1	0.352
江干区	407	0.098	0	1	0.298

4.3.3　模型设定

本章研究首先采用传统特征价格模型从全局角度估计交通基础设施的平均资本化效应，考虑到住宅价格空间自相关性的存在，采用空间滞后模型和空间误差模型对传统特征价格模型进行优化。随后，为了揭示交通资本化效应在空间维度和社会维度上的异质性特征，构建了地理加权模型和分位数模型。

(1)特征价格模型

本章研究将小区住宅价格(均价)作为因变量,选取 4 个特证共计 25 个变量作为自变量,包括交通特征(轨道交通站点距离、常规公交站点数量、快速公交站点数量、水上巴士站点、公共自行车点数量、公共交通出行费用、快速路距离、道路密度、道路通行速度)、建筑特征(房龄、小区面积)、区位特征(西湖距离、西湖区、拱墅区、上城区、下城区、滨江区、江干区)以及邻里特征(教育配套、生活配套、自然环境、小区环境、物业管理、人口密度、岗位密度),构建特征价格模型,以估计各特征的变量的隐含价格,重点关注交通特征的变量对住宅价格的影响。

特征价格模型的函数形式主要有四种:线性、对数、对数线性和半对数。本章研究首先利用 SPSS19.0 软件对四种函数形式的特征价格模型分别进行回归分析,根据模型的拟合优度、显著性、D-W 检验以及 F 统计量等结果挑选最优模型,从而确定后续的实证研究应采用何种函数形式,统计结果如表 4-5 所示。首先,四个模型的调整 R^2 依次为 0.637、0.573、0.597 和 0.608,且在 1% 的显著性水平上,表明住宅特征变量对住宅价格的解释程度分别为 63.7%、57.3%、59.7% 和 60.8%;其中,对数模型具有最强的解释力度。D-W 统计量是衡量残差相关性的重要指标,四个模型的 D-W 统计量的值在 1.640~1.716,可以认为残差之间不相关,满足独立性假设;其中,对数模型的 D-W 统计量最接近 2,表明其残差独立性最显著。方差分析值 F 均通过了 1% 的显著性水平检验,满足方差齐性假设,表明进入模型的住宅特征变量与住宅价格之间的关系是显著的。其中,对数模型的 F 值最大,表明对数方程的显著性最高,拟合程度最好。

表 4-5   特征价格模型检验结果汇总

模型类型	对数模型	线性模型	对数线性模型	半对数模型
调整 R^2	0.637***	0.573***	0.597***	0.608***
D-W 统计量	1.716	1.640	1.659	1.666
F	30.718***	23.670***	26.098***	27.228***

注:*** 表示在 1% 的显著性水平上显著;** 表示在 5% 的显著性水平上显著;* 表示在 10% 的显著性水平上显著。

综上,对数模型具有最佳的拟合优度和显著性。Ingvardson 等(2018)、Higgins 等(2016)回顾了上百项实证研究,发现大部分研究采用了对数形式的特征价格模型进行回归分析,这证明了这一函数形式的可靠性。此外,在针对杭州的实证研究中,Wen 等(2020)、Tian 等(2020)以及 Wen 等(2018)等多项研究也均采用该函数形式。因此,本章研究采用对数形式的特征价格模型,因变量(小区住宅价格)和自变量中的连续型变量采用对数形式(轨道交通站点距离、常规公交站点数量、西湖距离、人口密度、岗位密度等),虚拟变量(水上巴士站点、行政区域变量等)以及打分和等级变量(自然环境、教育配套等)则取线性形式。特征价格模型的设定如下：

$$\ln P = \alpha_0 + \alpha_i \ln S_i + \beta_j \ln L_j + \gamma_k \ln N_k + \delta_m \ln T_m + \varepsilon \tag{4-1}$$

式中,P 为住宅价格；S_i 为建筑特征变量；L_j 为区位特征变量；N_k 为邻里特征变量；T_m 为交通特征变量；α_0、α_i、β_j、γ_k、δ_m 为待估计系数；ε 为误差项。

(2)空间计量模型

随着研究的深入,有学者注意到某一特定住宅的价格受到邻近住宅价格的影响,即相邻住宅的价格之间存在空间依赖性,并且该依赖性随着距离的增加而减小(Osland,2010)。空间依赖性的存在表明住宅价格数据之间并不独立,而是与样本之间的空间相对位置有关,这违背了传统特征价格模型的数据具有独立性的假设。因此,本章研究利用空间计量技术处理具有空间依赖性的数据,对住宅价格之间的相互作用进行定量分析。与传统特征价格模型相比,空间计量模型可以有效控制住宅价格的空间效应,处理遗漏变量问题,从而获得更为稳健的结果。从建模角度来看,空间依赖性产生的空间单元的交互效应可分为三类:因变量之间的内生交互效应,在房地产市场中表现为在完全市场竞争下,某一特定住宅的价格受到邻近住宅价格的直接影响；自变量之间的外生交互效应,如相邻住宅小区享有类似的邻里特征和公共服务设施；误差项之间的交互效应,由于潜在的遗漏变量之间存在空间自相关,或者是其他无法观测的空间模式的冲击,导致空间溢出。

①空间自相关分析

构建空间计量模型首先应进行空间自相关性检验来识别样本数据是否具有空间依赖性,本章研究采用 OpenGeoda 软件构建反距离权重矩阵,随后利用空间自相关分析工具生成全局莫兰 I 数,对杭州市主城区的住宅小区的住宅价格的空间关系进行识别,结果显示莫兰 I 数的值为 0.485,并通过了 1% 的显著性水平检验,表明研究区域内的住宅小区的住宅价格之间的空间依赖性不容忽略,传统特征价格模型已不能满足本章研究的需要,有必要应用空间计量技术进行建模分析。

②模型设定

本章研究采用 SLM 和 SEM 对杭州市房地产市场进行回归分析,SLM 解释了相邻住宅小区的住宅价格的相互作用,SEM 则解释了残差项之间存在空间自相关,控制了样本数据的空间自相关性和遗漏变量的影响,提高了估计结果的准确性。

SLM 表达式:

$$\ln P = \alpha_0 + \rho W \ln P + \alpha_i \ln S_i + \beta_j \ln L_j + \gamma_k \ln N_k + \delta_m T_m + \varepsilon \qquad (4\text{-}2)$$

SEM 表达式:

$$\ln P = \alpha_0 + \alpha_i \ln S_i + \beta_j \ln L_j + \gamma_k \ln N_k + \delta_m T_m + \varepsilon \qquad (4\text{-}3)$$

$$\varepsilon = \lambda W \varepsilon + \mu \qquad (4\text{-}4)$$

式中,W 为空间权重;ρ 为空间相关系数,取值在$[-1,1]$,表示相邻区域之间的影响程度;λ 为待估系数;$W \ln P$ 为空间滞后项;$W\varepsilon$ 为空间误差项,其他同式(4-1)。

(3)地理加权模型

由于空间异质性的存在,住宅特征与住宅价格之间的关系无法用简单的全局回归模型反映。GWR 作为局部空间统计技术,可以直观地显示样本点的回归系数和显著性情况在空间上的变化情况,在进行空间异质性分析时具有优越性。本章研究通过构建地理加权模型探索交通设施资本化效应在空间维度上的异质性规律,利用高斯核函数法设定空间权重,并采用 AICc 寻找最优带宽。模型设定如下:

$$\ln P_i = \beta_0(u_i, v_i) + \sum_{j=1}^{m} \beta_j(u_i, v_i) \ln Z_{ij} + \sum_{k=1}^{n} \beta_k(u_i, v_i) Z_{ik} + \varepsilon_i \qquad (4\text{-}5)$$

式中,P_i 为位置 i 处的住宅小区价格;(u_i, v_i) 为该住宅小区的坐标;$\beta_0(u_i, v_i)$ 为该住宅小区价格函数的截距;Z_{ij} 为该住宅小区连续特征变量的值;Z_{ik} 为该住宅小区非连续特征变量的值;$\beta_j(u_i, v_i)$ 为该住宅小区第 j 个连续变量的待估系数;$\beta_k(u_i, v_i)$ 分别为该住宅小区第 k 个非连续变量的待估系数;ε_i 为该住宅小区价格函数的误差项。

地理加权模型为每个样本点构建一套模型参数,从而得到各特征变量对每个样本的隐含价格。随后利用 ArcGIS 软件中的可视化工具,将回归结果直观地表示在地图上,有助于分析回归结果的空间分布规律。

(4)分位数回归模型

由于收入水平和社会阶层的分化,不同价位住宅购买者对住宅特征的偏好有明显的差异。为了揭示交通基础设施资本化效应在社会维度上的异质性,本章研究采用分位数回归技术优化传统的特征价格模型,探索不同价位住宅购买者对各类交通基础设施的支付意愿。

作为典型的空间数据,相邻住宅小区的住宅价格往往因享有类似的区位和邻里特征而具有空间自相关性。为了控制空间自相关性的影响,提高估计结果的稳健性和有效性,Kim 等(2004)和 Chernozhukov 等(2006)分别提出了两阶段分位数回归（two-stage spatial quantile regression，2SQR）法和工具变量分位数回归（instrumental variable quantile reggression，IVQR）法。2SQR 基于两阶段最小二乘法（two-stage least square，2SLS）的思路，通过两次线性回归来解决内生解释变量对结果的影响，其本质上是一种工具变量法。第一阶段将内生解释变量与模型中的其他变量进行 OLS 回归，计算出内生解释变量的估计值；第二阶段将拟合的解释变量估计值代入原模型中进行第二次 OLS 回归，从而消除内生性的影响，得到准确的估计结果。由上文可知，在空间计量模型中，空间滞后项（WY）是一个内生变量，为了避免内生性对结果造成的有偏估计，有学者尝试采用空间滞后外生变量（WX）和协变量（X）作为空间滞后项的工具变量（Liao et al.，2012）。IVQR则基于广义矩阵估计法，能较好地处理弱工具变量与有限样本量问题。在估计空间滞后模型时，2SQR 只需要对感兴趣的分位点进行两次连续的分位数回归，具有高计算效率的优点；而 IVQR 则需要在每个感兴趣的分位点允许空间自相关程度的子范围内定义一系列的细网格值，并对每个网格值分别进行分位数回归，这大大增加了计算量，降低了计算效率（Su et al.，2007）。

因此，本章研究首先构建常规分位数回归（quantile regression，QR）模型，检验交通基础设施资本化效应是否存在显著的社会异质性。模型形式如下：

$$\ln P = \alpha_0(\tau) + \alpha_i(\tau)\ln S_i + \beta_j(\tau)\ln L_j + \gamma_k(\tau)N_k + \delta_m(\tau)T_m + \varepsilon \tag{4-6}$$

式中，τ 为分位数，$0 < \tau < 1$；$\alpha_0(\tau)$、$\alpha_i(\tau)$、$\beta_j(\tau)$、$\gamma_k(\tau)$、$\delta_m(\tau)$、$\gamma_j(\tau)$ 为待估计参数；ε 为误差项；其他同式（4-1）。

随后，考虑到解释变量的内生性问题和住宅价格的空间自相关性，采用 2SQR 对 QR 进行优化。首先，构建 2SLS 模型作为基准模型，在 OLS 模型中引入空间滞后项（$W\ln P$）以避免空间自相关性导致的有偏估计，采用工具变量法对 $W\ln P$ 进行修正以解决 $W\ln P$ 的内生性问题，并将得到的空间滞后项的预测值（$\widehat{W\ln P}$）代入第二阶段的回归中，进而得到各系数的估计值。模型形式如下：

$$\ln P = \alpha_0 + \rho\, \widehat{W\ln P} + \alpha_i\ln S_i + \beta_j\ln L_j + \gamma_k N_k + \delta_m T_m + \varepsilon \tag{4-7}$$

$$w_{ij} = \frac{1}{d_{ij}} \tag{4-8}$$

式中，ρ 为待估的空间自回归系数；W 为反距离空间权重；$\widehat{W\ln P}$ 为空间滞后项的预测值；d_{ij} 为空间单元 i 与空间单元 j 之间的距离。

随后，引入 QR 技术，构建 2SQR 模型。与构建 2SLS 模型的思路类似，首先在 QR 模型中引入空间滞后项（$W\ln P$）以避免空间自相关性导致的有偏估计，并对 $W\ln P$ 进行修正得到空间滞后项的预测值（$\widehat{W\ln P}$）；随后将 $\widehat{W\ln P}$ 代入第二阶段的

QR 中,进而得到各分位点上系数的估计值。模型形式如下:

$$\ln P = \alpha_0(\tau) + \rho(\tau) W \ln P + \alpha_i(\tau) \ln S_i + \beta_j(\tau) \ln L_j + \gamma_k(\tau) N_k + \delta_m(\tau) T_m + \varepsilon \quad (4\text{-}9)$$

式中,$\rho(\tau)$ 为待估空间自回归系数;W 为反距离空间权重;$\widehat{W \ln P}$ 为空间滞后项的预测值;d_{ij} 为空间单元 i 与空间单元 j 之间的距离,其他同式(4-1)。

4.4 结果和讨论

4.4.1 交通资本化的平均效应分析

对数形式特征价格模型回归结果如表 4-6 所示,特征价格模型拟合效果理想,能解释住宅价格 63.7% 的变异。所有自变量的方差膨胀因子(variance inflation factor, VIF)均远远小于 10,表明自变量之间不存在严重的共线性问题。并且绝大部分变量的回归系数高度显著,通过了 10% 的显著性水平检验。如区位特征西湖距离对住宅价格具有显著的正向影响,住宅小区与西湖之间的距离每减小 1%,住宅价格上升 0.24%。建筑特征中的房龄反映住宅的新旧程度,房龄越大表明住宅建成年份越久,对住宅价格具有负向影响。小区面积越大,内部休闲娱乐设施可能越完善,如小区公园、运动健身设施等,对住宅价格产生了显著的正向影响。大部分邻里特征变量系数的符号也符合预期,如教育设施、小区环境和物业管理对住宅价格具有显著的正向影响,人口密度和岗位密度反映了小区周边的社会经济状况,人口密度越高,居民的居住环境越拥挤,对住宅价格产生负向影响;岗位密度越高,居民到达工作地点越便利,节约了交通成本,对住宅价格有显著的正向影响。

本章研究关注交通基础设施对住宅价格的影响,下文将着重讨论交通基础设施变量的回归结果。在基准模型中,绝大部分交通特征变量的回归系数通过了 10% 的显著性水平检验,表明交通基础设施对住宅价格具有显著的影响。然而,随着交通基础设施类型的变化,价格影响的大小、方向以及显著性水平有所差异,证明了假设一。

公共交通基础设施中,轨道交通站点距离的回归系数为 -0.073,并且在 1% 的水平上显著。在对数模型中,连续型变量的回归系数即为价格弹性系数,表明住宅每远离站点 1% 的距离,价格下降 0.073%,换算为标准住宅的边际价格约为 27.482 元/米²。即在其他变量不变的情况下,住宅与最近站点的距离每增加 1 000 米,住宅价格下降 1 565.028 元/米²。轨道交通站点显著提高了周边住宅小区的可达性,因此购房者愿意为靠近轨道交通站点的住宅支付更高的溢价。

表 4-6　对数形式特征价格模型回归结果

类型	名称	回归系数	标准误	t	p	VIF
交通变量	ln(轨道交通站点距离)	−0.073***	0.014	−5.397	0.000	2.759
	ln(常规公交站点数量)	−0.089***	0.027	−3.202	0.001	2.501
	ln(快速公交站点数量)	0.031*	0.019	1.721	0.086	1.677
	水上巴士站点	0.038*	0.023	1.679	0.094	1.595
	ln(公共自行车点数量)	−0.051***	0.020	−2.647	0.008	1.530
	ln(公共交通出行费用)	−0.038*	0.022	−1.776	0.077	1.280
	ln(快速路距离)	−0.050***	0.011	−4.481	0.000	1.561
	ln(道路密度)	−0.020	0.063	−0.276	0.782	2.445
	ln(道路通行速度)	−0.095*	0.055	−1.709	0.088	1.665
控制变量	ln(房龄)	−0.098***	0.031	−3.204	0.001	2.309
	ln(小区面积)	0.033***	0.012	2.665	0.008	1.719
	ln(西湖距离)	−0.240***	0.022	−10.979	0.000	2.402
	教育配套	0.065***	0.009	7.161	0.000	1.863
	生活设施	0.003	0.008	0.344	0.731	1.288
	自然环境	0.019	0.013	1.470	0.142	1.617
	小区环境	0.045***	0.013	3.477	0.001	2.420
	物业管理	0.027***	0.010	2.726	0.007	2.543
	ln(人口密度)	−0.036***	0.012	−3.016	0.003	1.784
	ln(岗位密度)	0.016*	0.009	1.690	0.092	1.472
	滨江区	−0.037	0.043	−0.785	0.433	2.014
	拱墅区	−0.132***	0.037	−3.621	0.000	3.465
	下城区	−0.248***	0.033	−7.532	0.000	3.016
	上城区	−0.128***	0.043	−2.969	0.003	3.891
	江干区	−0.142***	0.047	−3.039	0.003	3.258
	（常量）	11.333***	0.422	26.935	0.000	—
调整 R^2		0.637***				
D-W 统计量		1.716				
F		30.718***				

注：*** 表示在 1% 的显著性水平上显著；** 表示在 5% 的显著性水平上显著；* 表示在 10% 的显著性水平上显著。

　　常规公交站点数量的回归系数为 −0.089，表明站点数量每增加 1%，住宅价格下降 0.089%（约 33.505 元/米²），即住宅小区周边 1 000 米内每增加 1 个站点，住宅价格下降 127.708 元/米²。可见常规公交站点对购房者来说并不是一个有吸引力的特征，这可能是因为公交站点密集，周边交通拥堵，噪音和机动车尾气污染严重，对住宅价格产生了负向的影响。

快速公交站点数量的价格弹性系数为 0.031，在 10％的水平上显著，表明住宅周边 1 000 米内每增加 1 个站点，住宅价格上升 206.302 元/米²。快速公交由于有专用站点和路权，运行速度受道路交通状况的影响较小，具有快速、准时的优点，受到城市居民的青睐，进而对住宅价格产生正向的影响。

公共自行车点数量的价格弹性系数为 -0.051，且在 1％的水平上显著，表明住宅周边 500 米范围内的公共自行车点数量每增加 1％，住宅价格下降 0.051％（约 19.120 元/米²），即每增加 1 个公共自行车点，购房者的支付意愿下降 311.702 元/米²。根据石晓凤等（2011）对杭州公共自行车系统的调查可知，在早期发展阶段，公共自行车系统还有待优化，受当时规划条件限制，大部分公共自行车点只能叠加设置在原有的人行通道上，一定程度上占用了行人的活动空间，对周边交通秩序产生影响；此外，当时还存在车辆破损率较高、服务点布局不够合理以及租还流程不够便捷等问题（吴凯峰，2013），公共自行车设施对住宅价格产生了负向的资本化效应。

公共交通出行费用的价格弹性系数为 -0.038，在 10％的水平上显著，表明住宅居民的公共交通成本每增加 1％，住宅价格下降 14.306 元/米²，即交通成本每增加 1 元，购房者对住宅的支付意愿将下降 311.702 元/米²。该结果与郑思齐等（2007）对住房成本与交通成本互动关系的研究结论保持一致，即购房者的购房决策依赖于住房成本和交通成本的权衡，交通成本的增加往往需要住房成本的下降来弥补。

水上巴士站点的回归系数为 0.038，通过了 10％的显著性水平检验，表明是否邻近水上巴士站点显著影响住宅价格。由于该变量是非连续的虚拟变量，其回归系数为价格半弹性系数，即自变量每变化 1 个单位，住宅价格将变化 3.8％，邻近水上巴士站点的住宅小区比其他住宅小区价格高 1 430.564 元/米²。水上巴士站点首先为附近住宅小区居民提供了更多的出行选择，其次，开通水上巴士线路的河道及周边往往拥有优质的景观，优化了附近住宅小区的居住环境，为居民提供景观享受。因此，其对住宅价格产生了显著的资本化效应。

在道路交通设施中，快速路距离的价格弹性系数为 -0.050，在 1％的水平上显著，表明住宅价格每远离快速路 1％，价格下降 0.05％（约 18.823 元/米²）。在其他变量保持不变的情况下，住宅小区与快速路的距离每增加 1 000 米，住宅价格降低 1

129.845 元/米²。快速路能够提高机动车通行速度，减少拥堵时间，使居民快速、安全地到达目的地。因此，购房者愿意为快速路口周边的住宅支付更高的溢价。

道路密度的价格弹性系数没有通过 10% 的显著性水平检验，可认为其对住宅价格没有显著的影响。道路通行速度的价格弹性系数为 −0.095，在 10% 的水平上显著，表明住宅周边道路通行速度每增加 1%，住宅价格下降 0.095%（约 35.764 元/米²）。换言之，道路通行速度每增加 1 千米/时，购房者的支付意愿将降低 122.245 元/米²。该结果可能与人们的直觉相悖，然而，Wen 等（2020）针对杭州市道路交通外部性与住宅价格之间关系的研究可为我们提供相应的启示。该研究指出，机动车的行驶速度越高，产生的噪声越大，使周边居民深陷交通噪声的苦恼，因此其对住宅价格产生负向资本化效应。

综合以上结果，可总结出以下三点主要发现。

①不同类型交通基础设施对住宅价格资本化效应的方向不同，表现为正向资本化效应、负向资本化效应以及不显著的资本化效应。轨道交通、快速公交、水上巴士以及快速路设施对住宅价格产生正向的资本化效应。轨道交通、快速公交和快速路都具有专用轨道/路权和站点/出入口，避免了与其他类型交通工具混行，提升了通行速度；并且都属于大容量、长距离的交通出行方式，提高了运输效率。水上巴士作为杭州市的特色交通出行方式，在为城市居民提供更多出行方式的同时，还为周边住宅带来了景观享受。相反，常规公交、公共自行车、公共交通出行费用以及道路通行速度对住宅价格可能产生负向资本化效应。常规公交站点设置密集，通行受道路交通状况影响较大，运行效率较低，并且伴随交通噪音和尾气污染等负向外部影响；公共自行车站点占据了人行通道，可能会影响周边交通秩序，且租还便利度还有待提高；公共交通出行费用的上升则缩减了居民对住房成本的预算；而机动车通行速度增加产生的交通噪声会对周边居民的生理和心理健康产生消极影响。此外，并不是所有交通基础设施都显著影响住宅价格，本章研究中，城市居民对道路密度变化没有明显支付意愿改变，其对住宅价格的资本化效应不显著。

其次，不同类型交通基础设施对住宅价格资本化效应的大小不同。从隐含价格的角度来看，各类交通基础设施供应量变化 1%，住宅价格变化范围为 −0.095%～3.8%（约为 −35.764～1 430.564 元/米²）。通过进一步计算，发现轨道交通、快速路以及水上巴士对住宅价格的资本化效应较大，特征变量值每变化 1 个单位，住宅价格的变化分别为 1 565.028 元/米²、1 129.845 元/米² 以及 1 430.564 元/米²。次之是公共交通通行费用和公共自行车，特征变量值每变化 1 个单位，住宅价格分别变化 613.723 元/米^2 和 409.113 元/米^2。常规公交、快速公交和道路通行速度的资本化效应较小，分别为 128.708 元/米^2、270.775 元/米^2 以及 122.245 元/米^2。

最后，不同类型交通基础设施对住宅价格资本化效应的显著情况不同。轨道交通、常规公交、公共自行车和快速路特征变量的回归系数在 1% 的水平上显著，而快速公交、水上巴士、公共交通出行费用以及道路通行速度特征变量的回归系数虽然通过了显著性检验，但只在 10% 的水平上显著。此外，道路密度变量的回归系数不显著。由于该基础特征价格模型只能估计特征变量对住宅价格的平均影响及其显著性情况，其内部蕴含的深层含义和复杂规律还需要进一步探索。

4.4.2　交通资本化的空间自相关效应分析

由于样本数据的莫兰 I 数为 0.485，并在 1% 水平上显著，表明住宅价格之间存在显著的空间自相关现象。因此，本章研究采用空间计量模型对传统特征价格模型进行优化。根据 Anselin 等(1991)提出的 LM 检验，发现 LM 滞后检验(LM lag)的值为 27.072，LM 误差检验(LM error)的值为 41.299，且都通过了 1% 的显著性水平检验，初步判断空间误差模型更适合样本数据。而对 LM 稳健性(robust)检验的结果显示 robust LM lag 的值在统计意义上不显著，robust LM error 的值则通过了 1% 显著性水平的检验，该结果进一步证明了空间误差模型对样本数据的适用性。

模型的检验结果表明，SLM 和 SEM 的拟合度分别为 0.683 和 0.700，与基准模型相比，控制了空间效应的模型对住宅价格的解释能力提高了 7.2% 至 9.9%。SLM 和 SEM 的 LogL 分别比基准模型高 11.797 和 18.240，AIC 则分别比基准模型低 21.595 和 36、481，施瓦茨准则(Schwarz criterion, SC)指标则分别低 17.586 和 36.480。检验结果进一步表明了空间计量模型对基准模型具有优化作用，且 SEM 的表现更佳。因此，本章研究将采用 SEM 的结果进行后续分析，回归结果如表 4-7 所示。

首先，不同类型交通基础设施对住宅价格资本化效应的方向不同，表现为正向、负向以及不显著的资本化效应。轨道交通、快速公交、水上巴士以及快速路对住宅价格具有显著的正向资本化效应，具体表现为住宅小区每靠近轨道交通站点或快速路出入口 1 000 米，价格分别上涨 1 457.845 元/米^2 或 858.682 元/米^2；小区周边 1 000 米范围内每增加 1 个快速公交站点，价格上升 253.305 元/米^2；邻近水上巴士站点为住宅小区带来 1 694.089 元/米^2 的溢价。相反，常规

表 4-7　空间计量模型回归结果

变量名称	空间滞后模型		空间误差模型	
	回归系数	p	回归系数	p
ln（轨道交通站点距离）	−0.061***	0.000	−0.068***	0.000
ln（常规公交站点数量）	−0.076***	0.003	−0.079***	0.005
ln（快速公交站点数量）	0.024*	0.243	0.029*	0.095
水上巴士站点	0.041**	0.057	0.045**	0.044
ln（公共自行车点数量）	−0.043***	0.019	−0.052***	0.005
ln（公共交通出行费用）	−0.040**	0.054	−0.044**	0.033
ln（快速路距离）	−0.041***	0.000	−0.038***	0.002
ln（道路密度）	0.007	0.909	−0.008	0.902
ln（道路通行速度）	−0.064*	0.222	−0.122*	0.079
ln（房龄）	−0.094***	0.001	−0.094***	0.001
ln（小区面积）	0.026**	0.024	0.023**	0.047
ln（西湖距离）	−0.196***	0.000	−0.223***	0.000
教育配套	0.059***	0.000	0.071***	0.000
生活设施	0.003	0.720	−0.001	0.858
自然环境	0.013	0.265	0.019	0.107
小区环境	0.048***	0.000	0.049***	0.000
物业管理	0.028***	0.002	0.028***	0.002
ln（人口密度）	−0.031***	0.007	−0.031***	0.005
ln（岗位密度）	0.011	0.176	0.010	0.246
滨江区	−0.039	0.340	−0.007	0.899
拱墅区	−0.092***	0.010	−0.132***	0.001
下城区	−0.201***	0.000	−0.219***	0.000
上城区	−0.106***	0.009	−0.091*	0.067
江干区	−0.109**	0.014	−0.119**	0.023
（常量）	8.698***	0.000	11.355***	0.000
ρ	0.245***	0.000	—	
λ	—		0.385***	0.000
R^2	0.683***		0.700***	
LogL	202.186		208.629	
AIC	−352.372		−367.258	
SC	−248.143		−267.037	

注：***表示在 1%的显著性水平上显著；**表示在 5%的显著性水平上显著；*表示在 10%的显著性水平上显著。

公交、公共自行车、公共交通出行费用以及道路通行速度对住宅价格产生负向资本化效应，小区周边每增加 1 个公交站点或公共自行车站点，住宅价格分别下降 114.247 元/米² 和 417.135 元/米²；公共交通出行费用每增加 1 元，住宅价格将下降 710.615 元/米²；道路通行速度每增加 1 千米/时，将对住宅价格产生 156.989 元/米² 的折价作用。此外，道路密度对住宅价格影响不显著，可忽略不计。

其次，不同类型交通基础设施对住宅价格影响的大小不同，忽略住宅价格的空间自相关性可能会造成对交通资本化效应的高估或低估。回归结果表明交通特征变量每变化 1 个单位，住宅价格将变化 114.246 元/米² 至 1 694.089 元/米²。其中轨道交通、水上巴士对住宅价格的资本化效应较大，均超过了 1 000 元/米²。快速路和公共交通出行费用其次，常规公交、快速公交、公共自行车和道路通行速度的资本化效应较小，均小于 500 元/米²。通过对比基准模型的回归结果，发现轨道交通站点距离、公交站点数量、快速公交站点数量、快速路系数的绝对值略有减小，说明忽略住宅价格的空间自相关性造成了对这些交通设施资本化效应的高估。而水上巴士、公共自行车点数量、公共交通出行费用以及道路通行速度系数的绝对值则略有增加，说明基准模型低估了这些交通设施的资本化效应。

最后，不同类型交通基础设施对住宅价格资本化效应的显著性不同，考虑住宅价格的空间自相关性能提高交通设施资本化效应的显著性水平。轨道交通、常规公交、公共自行车和快速路特征变量空间滞后模型和空间误差模型的回归系数在 1% 的水平上显著，而水上巴士和公共交通出行费用空间滞后模型和空间误差模型回归系数的显著性水平则由基准模型中的 10% 提升到了 5%，表明控制住宅价格的空间自相关效应对回归系数的显著性具有明显的提升作用。此外，快速公交和道路通行速度的回归系数则维持 10% 的显著性水平，道路密度的回归系数依旧不显著。

综上，本章研究中的样本住宅价格具有显著的空间自相关性，空间计量模型由于控制了数据的空间效应，能够提高估计结果的准确性和稳健性。在空间误差模型的回归结果中，特征变量回归系数的显著性提高，并且揭示了传统特征价格模型对交通设施资本化效应的估计是有偏的，存在低估或高估现象。由此可见，空间计量模型对于空间数据的估计具有明显的优势。

4.4.3　交通资本化效应的空间异质性分析

本章研究借助 GWR4 软件对样本数据进行 GWR 分析，结果显示 GWR 模型的拟合优度为 0.673，相较于 OLS 模型有了明显的提高，表明 GWR 模型对住宅价格具有更好的解释能力。GWR 模型通过对每一个样本单独进行拟合，得到一套适用于该样本的模型参数，从而获得更详细的回归结果。表 4-8 展示了 GWR 模型的回归结果，列出了各特征变量回归系数的最小值、下四分位点、中位数、上四分位点以及最大值。可见，不同样本特征变量的回归系数并不相等，而是随着空间位置的变化在一定的范围内波动。这一结果表明交通基础设施资本化效应具有空间异质性，证明了假设二。如轨道交通站点距离变量的回归系数范围为 −0.116～0.031，表明轨道交通设施的资本化效应随着小区地理位置的变化呈现明显的差异，距离每变化 1‰，资本化效应最大为 43.670 元/米²，最小为 11.670 元/米²。然而，表格中的回归结果只展示了不同住宅小区样本特征变量回归系数的范围、四分位点以及中位数等信息，无法将回归系数的大小与显著性情况与住宅样本一一对应。为了直观地展示交通特征资本化效应在城市地理空间上的分布规律，本章研究利用 ArcGIS 软件将回归结果可视化到地图上。

表 4-8　GWR 模型回归结果

变量名称	最小值	下四分位点	中位数	上四分位点	最大值
ln(轨道交通站点距离)	−0.116	−0.073	−0.065	−0.052	−0.031
ln(常规公交站点数量)	−0.163	−0.112	−0.090	−0.070	0.226
ln(快速公交站点数量)	0.017	0.034	0.040	0.044	0.125
水上巴士站点	−0.019	0.017	0.023	0.037	0.098
ln(公共自行车点数量)	−0.124	−0.057	−0.048	−0.041	−0.011
ln(公共交通出行费用)	−0.063	−0.038	−0.029	−0.016	0.014
ln(快速路距离)	−0.077	−0.064	−0.054	−0.043	0.010
ln(道路密度)	−0.225	−0.038	−0.020	0.005	0.108
ln(道路通行速度)	−0.200	−0.077	0.003	0.069	0.104
ln(房龄)	−0.168	−0.113	−0.098	−0.071	0.014
ln(小区面积)	0.020	0.027	0.031	0.039	0.056
ln(西湖距离)	−0.299	−0.288	−0.267	−0.223	−0.126
教育配套	0.039	0.061	0.065	0.069	0.095
生活设施	−0.020	0.000	0.006	0.009	0.027
自然环境	0.001	0.009	0.018	0.025	0.040
小区环境	−0.003	0.046	0.054	0.058	0.061
物业管理	0.014	0.026	0.027	0.030	0.051
ln(人口密度)	−0.066	−0.035	−0.032	−0.027	−0.013

变量名称	最小值	下四分位点	中位数	上四分位点	最大值
ln(岗位密度)	−0.020	0.012	0.015	0.018	0.026
滨江区	−0.187	−0.102	−0.091	−0.078	0.078
拱墅区	−0.209	−0.164	−0.157	−0.141	−0.048
下城区	−0.308	−0.286	−0.277	−0.253	−0.188
上城区	−0.240	−0.185	−0.178	−0.154	−0.028
江干区	−0.248	−0.181	−0.165	−0.125	0.025
（常量）	8.799	10.663	11.090	11.285	11.968

图 4-2 至图 4-10 分别展示了轨道交通、常规公交、快速公交等九个交通特征变量回归系数的大小和显著性情况在研究区域内的分布情况。左侧图显示的是回归系数的大小，笔者利用 ArcGIS 的可视化工具，将系数值划分为五个区间，并赋予每个区间相应的图形，图例由上到下对应回归系数值由小到大。右侧图显示的是回归系数的显著性情况，将 p 值划分为四个区间，即 0.00～0.01、0.01～0.05、0.05～0.10 和 0.10～1.00，分别表示特征变量在 1%（圆形）、5%（三角形）、10%（矩形）的水平上显著以及不显著（五角星形）。

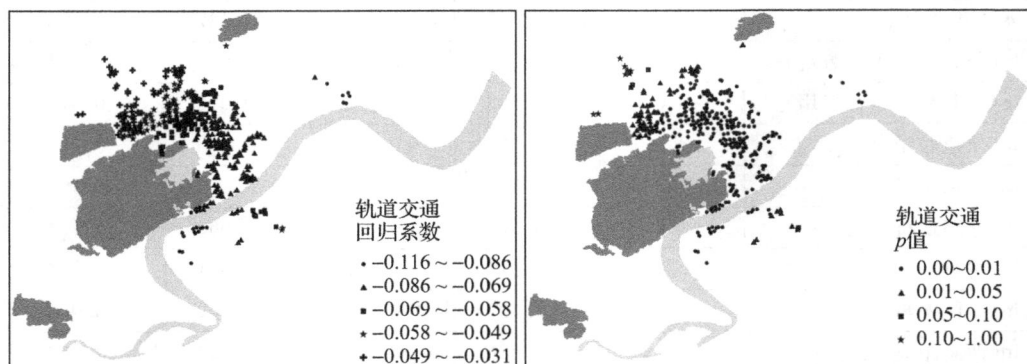

图 4-2　地铁站点距离回归系数的大小和显著性情况

轨道交通设施资本化效应的空间分布规律。如图 4-3 右侧图所示，轨道交通站点距离回归系数几乎在所有样本点上显著，且大部分在 1%的水平上显著，只在城市西北区域个别样本点上不显著，表明轨道交通设施对城市区域内绝大多数位置的住宅都具有显著的资本化效应。左侧图显示系数值在城市北部区域最大，沿南偏东方向逐渐递减。由于回归系数为负值，系数越小，对住宅价格影响的程度越高。因此，轨道交通设施对城市南部区域（特别是钱塘江南侧）的住宅价格具有较大的资本化效应，随着住宅的位置向西、北方向移动，资本化效应逐渐减小。可能原因是钱塘江南侧的滨江区远离城市 CBD，居民进入城市中心区域需要跨越钱塘江，而跨江桥梁的稀缺增加了居民的交通出行难度，延长了出行时间，轨道交通设施的存在大大提升了该区域的可达性，减少了居民出行的经济成本和时间成本，因此该区域居民对轨道交通站点的支付意愿最强；城市北部和中部区域经过多年建设，交通设施配套相对完善，且距离城市中心较近，地铁资本化效应较小。

常规公交设施资本化效应的分布规律。如图 4-3 右侧图所示，常规公交的回归系数在城市中部区域住宅上通过了显著性水平检验，在东部区域的部分住宅上则不显著，且显著性水平由西向东逐渐减弱。在左侧图上，回归系数的大小呈现由西向东逐渐增大的趋势。由于系数为负值，系数越小，表示公交设施对住宅价格的负向资本化效应越大。城市西部区域由于靠近西湖、西溪湿地等著名自然景点，环境条件优越，该区域住宅购买者可能对优质的居住环境的偏好较高，而常规公交的负向外部性对环境的消极影响降低了购房者的支付意愿。值得注意的是，大部分住宅小区的回归系数为负值，与前文得到的全局平均影响方向一致，但是部分住宅小区的回归系数变为正值。如城市东部区域 6 个住宅小区的回归系数值为 0.013～0.026，且通过了 10％ 的显著性水平检验，表明常规公交设施对这些小区具有显著的正向资本化效应，当公交站点每增加 1 个，价格将上升 0.013％（18.800 元/米²）至 0.026％（37.600 元/米²）。

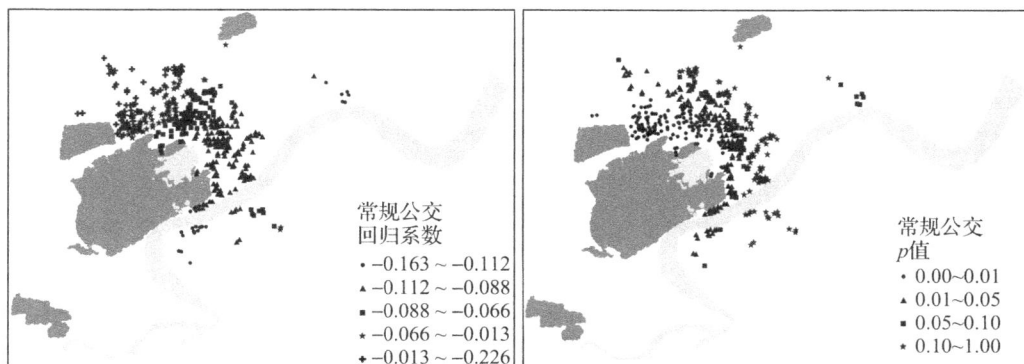

图 4-3　公交站点数量回归系数的大小和显著性情况

快速公交设施资本化效应的分布规律。如图 4-4 右侧图所示，快速公交站点数量回归系数在城市中部和南部区域的大部分住宅上显著，在城市西北部和东部区域的住宅上不显著。在左侧图上，回归系数在南部区域的住宅小区上最大，城市中部区域次之，随后又向南北两边逐渐减小。通过调研杭州市快速公交路线的分布情况，发现快速公交的主要交通走廊呈东西向分布，穿过了西湖区、拱墅区、下城区和江干区，辅以数条南北向线路。由于中部区域系数显著的样本住宅小区主要分布在交通走廊附近，快速公交设施对周边住宅小区产生了较大的正向资本化效应。随着与交通走廊距离的增加，超出了快速公交的服务范围，资本化效应不再显著。在城市南部区域，快速公交提升了钱塘江南岸住宅小区的可达性，因此，该区域的购房者愿意支付更高的住宅溢价。

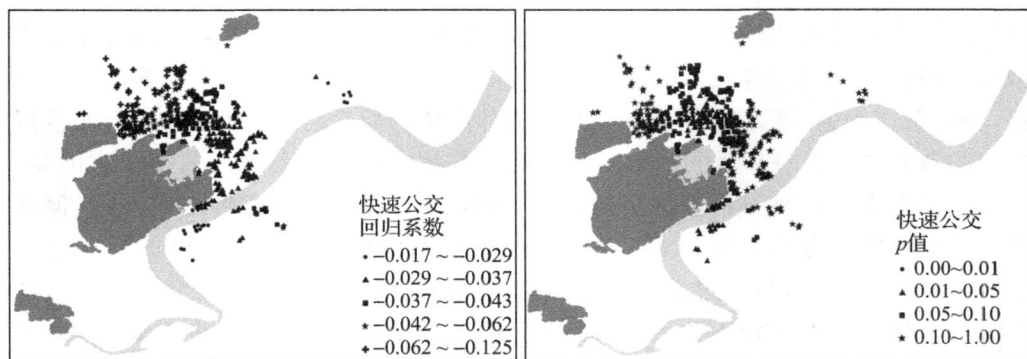

图 4-4 快速公交站点数量回归系数的大小和显著性情况

水上巴士设施资本化效应的分布规律。如图 4-5 右侧图所示，水上巴士站点只对城市西北区域的住宅具有显著的资本化效应。这可能与水上巴士站点的分布情况有关，水上巴士以河流作为载体，目前正在运行的四条水上公交线路主要依京杭大运河、余杭塘河以及东河而设，这些河流均处在杭州水系发达的西北区域，因此水上巴士的资本化效应在该区域显著。在左侧图上，西北区域住宅的回归系数最大，分布在 0.030～0.096，即邻近水上巴士站点的住宅价格比其他住宅价格高 1 129.3～3 614.057 元/米²。由此可见，水上巴士设施对周边住宅产生了可观的资本化效应。

公共自行车设施资本化效应的分布规律。如图 4-6 右侧图所示，公共自行车设施对大部分住宅产生了显著的资本化效应，对城市东部区域小部分住宅价格的资本化效应不显著。在左侧图上，公共自行车设施的回归系数在城市东北部区域

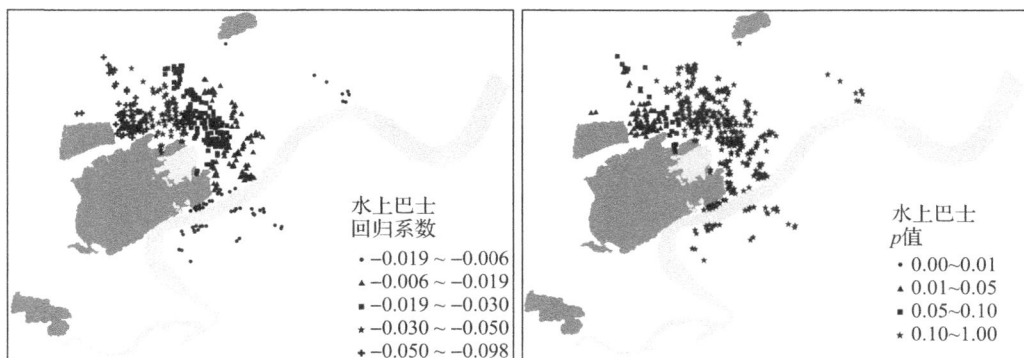

图 4-5　水上巴士站点回归系数的大小和显著性情况

较大，并向南部区域逐渐减小。由于回归系数均为负值，系数越小，公共自行车设施的负向资本化效应越大。考虑到东部区域住宅的回归系数不显著，其他住宅的回归系数范围为 $-0.093\sim0.011$，即每增加 1 个公共自行车点，住宅价格将下降 $88.240\sim746.030$ 元/米^2。结合地图，可发现公共自行车设施对城市南部区域住宅价格负向资本化效应最大，由于钱塘江的阻隔，南岸的住宅小区对轨道交通、快速公交等快速便捷的交通基础设施需求较高，但是公共自行车在提高跨江交通便捷性方面收效甚微，还面临着维护成本高、可能影响正常道路交通运行等问题，因而对该区域住宅价格产生明显的负向影响。在城市中部，由于交通设施配套较完善，公共自行车点的负向资本化效应较微弱，最小仅为 88.240 元/米^2，可忽略不计。

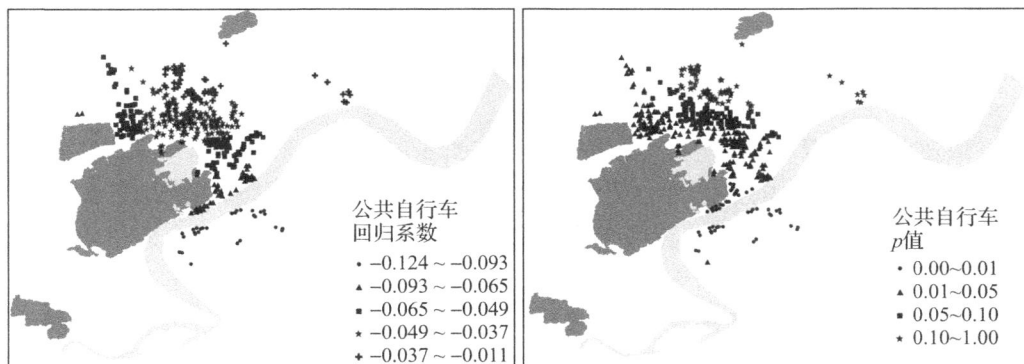

图 4-6　公共自行车点数量回归系数的大小和显著性情况

如图 4-7 和 4-8 所示，公共交通出行费用和道路密度的回归系数在整个研究范围内几乎不显著。说明不同区域的住宅购买者的支付意愿受公共交通费用和道路密度变化的影响不明显，这两类交通变量的资本化效应不存在空间异质性。

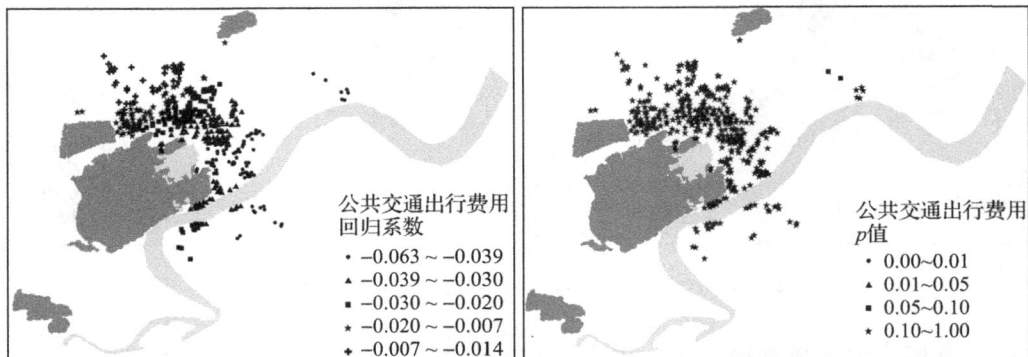

图 4-7　公共交通出行费用回归系数的大小和显著性情况

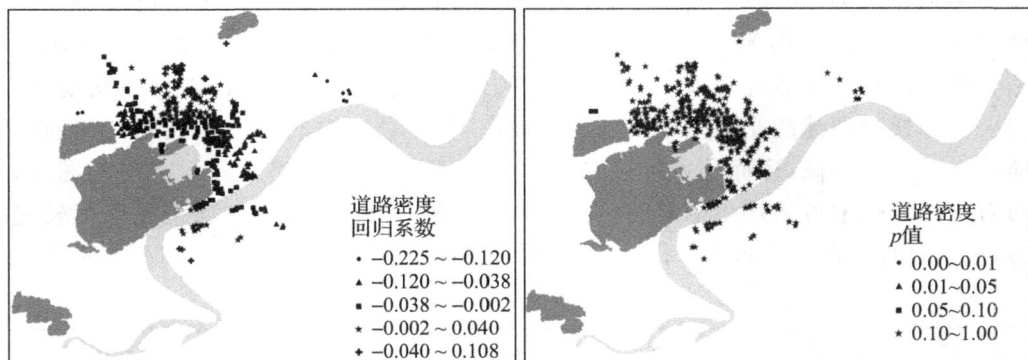

图 4-8　道路密度回归系数的大小和显著性情况

快速路设施资本化效应的分布规律。如图 4-9 右侧图所示，绝大部分住宅的回归系数通过了 1% 的显著性水平检验，而城市南部和东部少数住宅的回归系数没有通过显著性水平检验。这可能是由于这些区域快速路分布和出入口设施较稀疏，对可达性的提升效果有限，因此购房者对快速路的支付意愿不显著。在左侧图上，城市西北部区域住宅小区的回归系数最小，并逐渐向东、南增大。由图可知，个别住宅小区的回归系数为正值但是不显著，进一步校对回归结果后，发现通过显著性水平检验的回归系数的取值范围为 $-0.077 \sim 0.028$，即住宅小区每靠近快速路 1 000 米，住宅价格将上涨 485.087$\sim$1 333.990 元/米²。该结果表明快速路设施对住宅价格具有正向的资本化效应，对城市西北区域的住宅的增值作用最大，随后向东南方向逐渐减小。

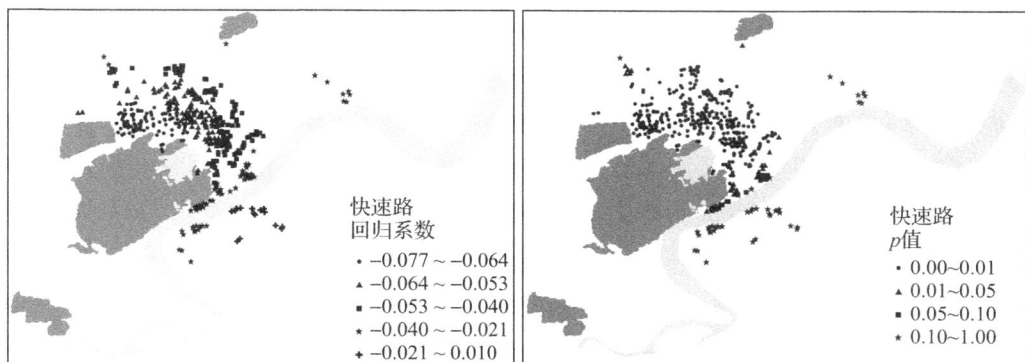

图 4-9　快速路距离回归系数的大小和显著性情况

　　道路通行速度资本化效应的分布规律。如图 4-10 右侧图所示，道路通行速度的回归系数只在少数几个住宅小区上显著，这些小区主要分布在城市北部区域。结合左侧图，发现这些住宅小区的回归系数值在 $-0.200 \sim 0.099$，即道路通行速度每增加 1 千米/时，住宅价格将下降 $127.393 \sim 257.359$ 元/米²。这一结果说明城市北部少数住宅购买者可能更偏好安静、空气质量良好的居住环境而对道路通行速度增加带来的负向外部性较为敏感。值得注意的是，左侧图显示大部分住宅的回归系数是正值，虽然这些系数没有通过显著性水平检验，但体现了道路通行速度对不同空间位置上住宅价格的影响可能存在两种完全不同的方向。

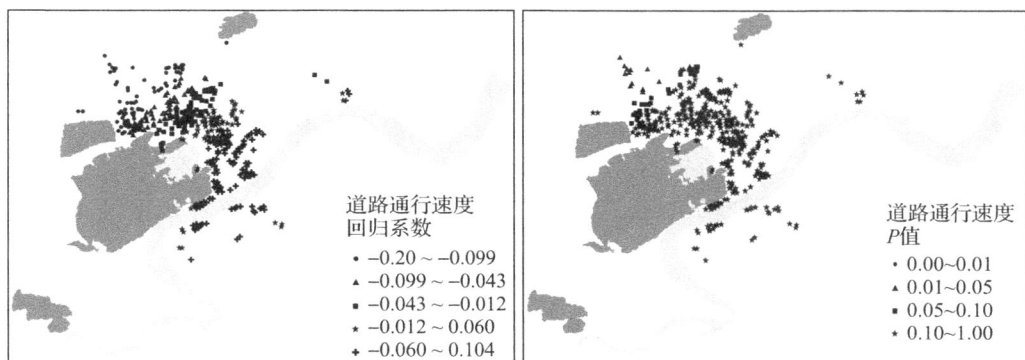

图 4-10　道路通行速度回归系数的大小和显著性情况

综上，除了公共交通出行费用和道路密度，GWR模型发现其他类型交通设施的资本化效应均存在显著的空间异质性，揭示了城市不同区域住宅购买者对交通基础设施的支付意愿存在差异。其中，轨道交通设施和快速路设施资本化效应的异质性最明显，几乎对所有住宅样本产生了显著的资本化效应，每靠近地铁站点或快速路出入口1 000米，住宅价格上升624.591～1 906.648元/米² 和485.087～1 333.990元/平方米。公共自行车设施的回归系数在整个研究区域的显著性也较好，但对大部分住宅小区样本资本化效应较小。水上巴士设施的资本化效应较为可观，对住宅价格的溢价作用最高可达3 614.057元/米²。由此可见，GWR模型的结果可揭示不同区域住宅购买者对各类交通基础设施的偏好及需求，有助于政府制定合理的交通规划，优化交通基础设施的空间配置。

4.4.4　交通资本化效应的社会异质性分析

为了检验交通资本化效应在社会维度上是否具有异质性，本章研究首先对基准模型进行常规分位数回归，设置0.1,0.2,…,0.8,0.9共九个分位点，回归结果如表4-9所示。各分位点上的伪R^2 为0.425～0.469，表明分位数回归在不同分位点上都具有较好的解释力。结果显示交通基础设施回归系数的显著性及其大小在各分位点上有明显的差异，如公交站点数量的回归系数只在0.7、0.8和0.9这三个分位点上显著，在0.1—0.6分位点上均没有通过10%的显著性水平检验，表明公交站点数量对高价位住宅产生了显著的资本化效应，对中、低价位住宅价格则没有显著的影响。此外，回归系数的大小在不同分位点上也有所差异，分别为－0.083、－0.088和－0.102，表明公交站点变量对住宅价格的资本化效应随着分位点的上升而增大。类似规律在轨道交通、快速公交、水上巴士、快速路等交通设施中也普遍存在，证明了交通资本化效应社会异质性的存在，为假设三提供了经验支持。

随后，全面考虑住宅数据的空间自相关性和解释变量的内生性问题，构建2SLS和2SQR模型进行回归分析，以期获得更加准确和稳健的估计结果。2SLS和2SQR的回归结果如表4-10所示。各分位点上的伪R^2 为0.426～0.481，在1%的水平上显著，表明分位数回归在不同分位点上都具有较好的解释力，且2SQR在绝大部分分位点上的解释能力均比QR有所提升。类似地，2SLS模型的拟合优度为0.659，明显高于OLS模型。因此，在对样本数据进行回归分析时，有必要控制数据的空间效应和解释变量的内生性问题以获得无偏的估计。下文将根据2SLS和2SQR的回归结果，分别对各类交通基础设施的资本化效应及其社会异质性进行分析讨论。

表 4-9　OLS 模型和 QR 模型回归结果

	OLS	0.1	0.2	0.3	0.4	0.5	0.6	0.7	0.8	0.9
ln(轨道交通站点距离)	-0.073***	-0.048**	-0.067***	-0.065***	-0.072***	-0.067***	-0.072***	-0.078***	-0.075***	-0.072**
ln(常规公交站点数量)	-0.089***	-0.016	-0.019	-0.034	-0.079	-0.074	-0.063	-0.083*	-0.088**	-0.102*
ln(快速公交站点数量)	0.031*	0.027	0.026	0.031	0.030	0.019	0.038	0.041	0.009	0.013
水上巴士站点	0.038*	0.018	-0.007	0.006	0.019	0.020	0.010	0.032	0.051	0.109***
ln(公共自行车点数量)	-0.051***	-0.068**	-0.061**	-0.052**	-0.044	-0.040	-0.045*	-0.047	-0.056**	-0.025
ln(公共交通出行费用)	-0.038*	-0.009	-0.019	-0.010	-0.024	-0.015	-0.033	-0.039	-0.003	-0.009
ln(快速路距离)	-0.050***	-0.049***	-0.049***	-0.052***	-0.046***	-0.052***	-0.049***	-0.041***	-0.056***	-0.063***
ln(道路密度)	-0.020	0.075	0.016	-0.054	-0.042	-0.025	-0.057	-0.048	-0.090	-0.203
ln(道路通行速度)	-0.095*	-0.171	-0.119	-0.100	-0.109	-0.032	-0.061	-0.048	-0.060	0.074
ln(房龄)	-0.098***	-0.093*	-0.143***	-0.133***	-0.094***	-0.088***	-0.099***	-0.099***	-0.098***	-0.102*
ln(小区面积)	0.033***	0.037*	0.026	0.033*	0.019	0.036*	0.038*	0.051***	0.043**	0.032
ln(西湖距离)	-0.240***	-0.268***	-0.278***	-0.260***	-0.236***	-0.231***	-0.224***	-0.206***	-0.247***	-0.272***
教育配套	0.065***	0.044**	0.046***	0.049***	0.060***	0.060***	0.063***	0.068***	0.060***	0.079***
生活设施	0.003	0.011	0.015	0.022*	0.012	0.010	-0.001	-0.001	-0.001	0.004
自然环境	0.019	0.035	0.032	0.022	0.016	0.028*	0.025*	0.023	0.022	0.004
小区环境	0.045**	0.058*	0.051**	0.058***	0.060***	0.050***	0.042***	0.038***	0.034*	0.021
物业管理	0.027*	0.018	0.009	0.015	0.016	0.022*	0.030*	0.034*	0.049***	0.054***
ln(人口密度)	-0.036***	-0.053***	-0.050***	-0.038***	-0.039***	-0.026	-0.024	-0.022	-0.020	-0.030
ln(岗位密度)	0.016*	-0.002	0.015	0.019***	0.016*	0.019*	0.021**	0.019	0.014	0.029
滨江区	-0.037	-0.012	0.034	0.025	0.014	-0.045	-0.036	-0.042	-0.118	-0.139
拱墅区	-0.132***	-0.153***	-0.133***	-0.110***	-0.094***	-0.139***	-0.121***	-0.110***	-0.138***	-0.057
下城区	-0.248***	-0.195***	-0.234***	-0.231***	-0.233***	-0.268***	-0.229***	-0.241***	-0.289***	-0.301***
上城区	-0.128***	-0.159***	-0.154***	-0.095	-0.099	-0.147***	-0.101	-0.074	-0.111	-0.119
江干区	-0.142***	-0.080	-0.112*	-0.116***	-0.095	-0.169***	-0.145***	-0.158***	-0.173***	-0.177***
(常量)	11.333***	11.977***	11.568***	11.004***	11.105***	10.860***	10.805***	10.915***	10.921***	9.968***
R^2	0.637***	0.425***	0.429***	0.430***	0.435***	0.444***	0.449***	0.448***	0.456***	0.469***

注：*** 表示在 1% 的显著性水平上显著；** 表示在 5% 的显著性水平上显著；* 表示在 10% 的显著性水平上显著。

表 4-10　2SLS 模型和 2SQR 模型回归结果

	2SLS	0.1	0.2	0.3	0.4	0.5	0.6	0.7	0.8	0.9
ln(轨道交通站点距离)	-0.077***	-0.056**	-0.071***	-0.065***	-0.074***	-0.069***	-0.072***	-0.073***	-0.081***	-0.102***
ln(常规公交站点数量)	-0.102**	-0.021	-0.053	-0.066	-0.088**	-0.085**	-0.085**	-0.095**	-0.104**	-0.114*
ln(快速公交站点数量)	0.021	0.031	0.021	0.031	0.028	0.023	0.035	0.052*	0.057*	0.037
水上巴士站点	0.042*	0.011	-0.003	0.003	0.021	0.024	0.015	0.035	0.038	0.068**
ln(公共自行车点数量)	-0.059**	-0.072**	-0.049*	-0.056*	-0.040	-0.037	-0.023	-0.032	-0.024	-0.050
ln(公共交通出行费用)	-0.030*	-0.011	-0.029	-0.010	-0.017	-0.018	-0.033	-0.029	-0.018	-0.032
ln(快速路距离)	-0.053***	-0.054**	-0.045**	-0.048**	-0.045**	-0.048***	-0.051**	-0.045**	-0.071***	-0.042*
ln(道路密度)	-0.026	0.038	-0.002	-0.023	-0.063	-0.072	-0.065	-0.009	-0.014	-0.199
ln(道路通行速度)	-0.082**	-0.177	-0.135	-0.135	-0.131	-0.080	-0.064	-0.037	0.015	0.073
ln(房龄)	-0.100***	-0.085	-0.136***	-0.124***	-0.095**	-0.087**	-0.094**	-0.130***	-0.110**	-0.029
ln(小区面积)	0.034***	0.036*	0.034**	0.035**	0.022	0.026	0.034**	0.037***	0.047**	0.060**
ln(西湖距离)	-0.255***	-0.265***	-0.278***	-0.265***	-0.240***	-0.212***	-0.209***	-0.214***	-0.216***	-0.201***
教育配套	0.063***	0.044*	0.045***	0.049***	0.057***	0.061***	0.063***	0.059***	0.059***	0.094***
生活设施	0.004	0.017	0.023	0.018	0.012	0.012	0.000	0.001	0.002	-0.004
自然环境	0.016	0.036*	0.031*	0.017	0.018	0.027*	0.029*	0.025	0.031	0.003
小区管理	0.046**	0.062**	0.051**	0.059***	0.058***	0.051***	0.043**	0.041**	0.033	0.021
物业管理	0.026**	0.014	0.006	0.018	0.017	0.025**	0.028**	0.028*	0.047**	0.056***
ln(人口密度)	-0.032*	-0.044**	-0.036**	-0.038**	-0.037**	-0.018	-0.035**	-0.036**	-0.026	-0.025
ln(岗位密度)	0.011	-0.004	0.014	0.018	0.017	0.023**	0.026**	0.029**	0.026**	0.015
滨江区	-0.038	0.024	0.067	0.019	0.016	-0.022	-0.080	-0.082	-0.127*	-0.056
拱墅区	-0.151***	-0.150**	-0.131**	-0.120**	-0.089	-0.125**	-0.113**	-0.136**	-0.145**	0.005
下城区	-0.263***	-0.203***	-0.233***	-0.217***	-0.230***	-0.250***	-0.237***	-0.271***	-0.289***	-0.261***
上城区	-0.151**	-0.169**	-0.154**	-0.094	-0.097	-0.118*	-0.129**	-0.130*	-0.101	-0.076
江干区	-0.136**	-0.081	-0.098	-0.087	-0.089	-0.153***	-0.163***	-0.206***	-0.243***	-0.155***
(常量)	11.359***	11.682***	11.462***	11.342***	11.113***	10.677***	10.891***	11.290***	11.019***	10.045***
R^2	0.659***	0.426***	0.428***	0.431***	0.436***	0.449***	0.457***	0.455***	0.464***	0.481***

注:*** 表示在 1% 的显著性水平上显著;** 表示在 5% 的显著性水平上显著;* 表示在 10% 的显著性水平上显著。

在 2SLS 模型中，轨道交通站点距离的条件均值回归系数为 -0.077，表明住宅每靠近地铁站点 1% 的距离，住宅价格将平均上涨 0.077%。2SQR 的结果则显示，住宅站点距离的回归系数范围为 $-0.102 \sim 0.056$，且在所有分位点上显著，表明地铁对所有价位住宅都具有显著的正向资本化效应，即住宅与轨道交通站点的距离每减小 1%，价格将上涨 0.056% $\sim$ 0.102%（约为 21.082 $\sim$ 38.399 元/米^2）。不难发现的是，随着分位点的上升，回归系数的绝对值呈现上升的趋势。如在 0.1 分位点，轨道交通站点距离的回归系数的绝对值为 0.056，而到了 0.9 分位点，则增长至 0.102，涨幅接近 1 倍，但 2SLS 高估了地铁对于低价位住宅的影响，也低估了对于高价位住宅的影响。这一结果表明轨道交通设施对不同社会阶层的购房者都具有显著的吸引力，不同价位住宅购买者均愿意为了靠近站点的住宅支付不同程度的溢价，并且支付意愿随着住宅价格的增加而呈现上升的趋势。

公交站点数量在 2SLS 中的回归系数为 -0.102，表明小区周边公交站点数量每增加 1%，住宅价格将平均下降 0.102%。而在 2SQR 中，其回归系数为 -0.114—0.021，但只在 0.4—0.9 分位点上显著，在 0.1—0.3 分位点上不显著，表明公交设施对低价位住宅没有显著的影响。此外，随着分位点的上升，回归系数的逐渐减小，从 0.4 分位点上的 -0.088 降至 0.9 分位点的 -0.114，结果表明小区周边的常规公交站点每增加 1 个，0.4 分位点的住宅价格将下降 127.262 元/米^2，0.9 分位点的住宅价格将下降 164.862 元/米^2。可能原因是公交站点越多，公共汽车产生的交通噪声和尾气污染越严重，高价位住宅购买者往往对优质居住环境的需求较高，愿意为了远离交通噪声和空气污染等公交负向外部性而支付更高的住宅溢价。因此，高价位住宅购买者对公交站点设置稀少的住宅支付意愿更强，当公交站点增加时，他们支付意愿下降最为显著。

快速公交站点数量的回归系数只在 0.7 和 0.8 分位点上显著，分别为 0.052 和 0.057。说明快速公交设施对中高价位住宅购买者的支付意愿具有显著的影响，对其他价位住宅购买者的影响不显著。当快速公交站点每增加 1 个，0.7 和 0.8 分位点住宅购买者分别愿意支付 454.302 元/米^2 和 497.876 元/米^2，表明快速公交作为一种方便快捷、大容量的交通出行方式受到了中高价位住宅购买者的青睐。但 2SLS 只能得出快速公交在平均意义上对住宅价格并没有显著的影响，采用 2SLS 估计可能会忽略有价值的信息。

水上巴士站点的回归系数只在 0.9 分位点上显著为正，系数大小为 0.068。说明高价位住宅购买者对邻近水上巴士站点的住宅具有显著的偏好，支付意愿达 2 559.957 元/米^2。可能原因是河岸两侧通常植被丰富、公园数量较多，水上巴士设施除了为周边住宅居民提供特色出行方式，还提供了景观享受和休闲放松的场所。高价位住宅购买者通常对住宅周边邻里环境的要求较高，邻近水上巴士设施的住宅通常意味着享有优质的自然景观，因此，高价位住宅购买者愿意为这些住宅支付较高的溢价。而其他价位住宅购买者一方面受到预算限制，在购房决策过程中更愿意选择轨道交通、快速路等能够显著提高可达性、降低交通成本的设施，对水上巴士设施的偏好并不强；另一方面，水上巴士运行线路较少，具有一定的稀缺性，因而较少考虑水上巴士设施。

公共自行车点数量的回归系数在中、高分位点上不再显著，只在 0.1—0.3 分位点上显著，分别为 -0.072，-0.049 和 -0.056，说明公共自行车设施对低价位住宅具有显著的负向影响，对于中、高价位住宅的影响则不显著。根据实地调研和出行方式选择模型分析，高收入人群选择私家车出行的概率均高于公共交通出行，而中低收入人群则更倾向于选择轨道交通、常规公交等公共交通方式出行，公共自行车点在低价位住宅小区周边的分布更为密集（李燕，2017）。因此，公共自行车设施只对低分位点上的住宅价格产生显著的资本化效应，但由于公共自行车设施不可避免的负向外部性，每增加 1 个自行车点，低价位住宅购买者的支付意愿下降 393.070～577.572 元/米^2。

快速路距离在各分位点上的回归系数范围为 -0.071～0.042，且均通过了 10% 的显著性水平检验，表明快速路设施对各价位住宅均有显著的正向资本化效应。从回归系数的显著性情况来看，绝大部分回归系数在 1% 的水平上显著，说明快速路资本化效应的显著性较强。从回归系数的大小来看，0.8 分位点上系数的绝对值最大，为 -0.071，说明小区每靠近快速路 1% 的距离，住宅价格将上涨 0.071%（20.493 元/米^2）。其他分位点上的系数则在 -0.050 上下波动，即快速路的隐含价格在 14.431 元/米^2 左右波动。由此可见，在机动车出行比例较高的杭州市，不同价位住宅购买者对快速路的支付意愿都比较强烈。

公共交通出行费用在 2SLS 模型中的回归系数为 -0.038，并在 10% 的水平上显著。但是 2SQR 的回归结果则表明公共交通出行费用对各价位住宅价格的影响均不显著。道路通行速度的结果也具有类似表现，即 2SLS 模型中的回归系数通过了显著性水平检验，但是在各分位点上，道路通行速度对不同价位住宅购买者的支付意愿影响不显著。道路密度的回归结果与上文保持一致，2SLS 和 2SQR 的回归系数均不显著，即对住宅价格没有显著的影响。

综上，交通基础设施对住宅价格的资本化效应在不同分位点上差异明显，即存在显著的社会异质性，证明了假设三。其中，资本化效应表现最为显著的是轨道交通和快速路，这两类交通设施分别作为城市公共交通系统和道路交通系统的主骨架，在居民出行过程中扮演重要的角色。因此各价位住宅购买者都愿意为了靠近轨道交通站点或快速路出入口而支付相应的住宅溢价。常规公交、快速公交和水上巴士的资本化效应均对中高或高价位住宅价格具有显著的影响，对低或中低价格住宅价格的影响则不显著。分位数模型证明了交通特征变量资本化效应在不同分位点上存在异质性，揭示了条件均值回归未能发现的重要规律。

4.5　本章小结

本章对城市各类交通基础设施对住宅价格的资本化效应进行了总体分析，主要有以下几点结论。

①不同类型交通基础设施资本化效应的显著性、方向以及大小方面存在异质性。首先，交通特征变量回归系数的显著情况有所差异，如轨道交通变量的回归系数在 1% 的水平上显著，快速公交的回归系数则在 10% 的水平上显著，而道路密度的回归系数在所有模型中均不显著。空间计量模型由于控制了住宅价格的空间自相关效应，能提高回归系数的显著性水平，如水上巴士回归系数的显著性水平由基准模型中的 10% 提升到了 5%。其次，不同类型交通基础设施对住宅价格资本化效应的方向不同，如轨道交通、快速公交、水上巴士以及快速路对住宅价格具有显著的正向资本化效应；相反，常规公交、公共自行车、公共交通出行费用以及道路通行速度对住宅价格产生负向资本化效应；而道路密度对住宅价格没有显著的资本化效应。最后，不同类型交通基础设施对住宅价格资本化效应的大小不同，总体来说，交通特征变量每变化 1 个单位，住宅价格的变化范围为 $-710.615 \sim 1\,694.089$ 元/米^2。地铁和快速路设施资本化效应的大小和显著性水平是所有交通特征变量中最突出的，两者的回归系数均在 1% 的水平上显著，且对住宅价格的影响均超过了 $1\,000$ 元/米^2。

②在空间维度上，交通资本化效应随住宅小区空间位置的变化而变化，且不同类型交通基础设施的空间分异规律各异。根据 GWR 模型的回归结果，发现交通特征变量回归系数的大小和显著性情况在不同空间位置上存在明显的差异，表明城市不同区域的购房者对交通设施是否有显著的支付意愿以及支付意愿的大小存在异质性。如快速公交只对城市中部和南部区域的大部分住宅价格具有显著的影响，对西北部和东部区域住宅价格的影响不显著，并且购房者对快速公交

设施的支付意愿在城市中部区域呈现由中间向南北两边逐渐减小的规律；水上巴士设施只对城市西北区域的住宅小区具有显著的资本化效应，可见不同类型交通基础设施的异质性规律差异明显。值得注意的是，轨道交通和快速路设施资本化效应的异质性表现最为明显，两者都几乎对研究范围内所有住宅样本产生了显著的影响，且多在 1% 的水平上显著。同时，资本化效应的大小也较为可观。可见，轨道交通和快速路对来自城市不同区域的购房者均具有很大的吸引力。

③在社会维度上，交通资本化效应在住宅价格的条件分布上存在异质性，且不同类型交通基础设施的社会分异规律各异。根据两阶段空间分位数模型的回归结果，不同价位住宅购买者对交通设施的支付意愿有明显的差异，如中、高价位住宅购买者愿意为邻近快速公交和水上巴士设施的住宅支付额外的溢价，而低价位住宅购买者对于这两类交通基础设施则没有明显的支付意愿。资本化效应表现最为显著的依然是轨道交通和快速路，不同价位住宅购买者均愿意为了邻近轨道交通站点或快速路出入口居住而支付相应的溢价，可见这两类交通设施分别作为城市公共交通系统和道路交通系统的主干骨，对于居民的购房决策具有重要影响。

综上，在本章研究的分析框架下，城市各类交通基础设施对住宅价格的资本化效应被准确、全面地识别出来。值得注意的是，在本章研究中，轨道交通和快速路设施对住宅价格的资本化效应尤为明显，且空间异质性和社会异质性高度显著。作为城市交通系统中的重大基础设施，轨道交通和快速路的资本化效应值得进一步被探究，下文将分别对这两类交通设施开展更具针对性的研究。

第5章　城市重大交通基础设施的资本化效应：
对杭州地铁1号线的实证

上一章基于杭州市各类交通基础设施的研究表明,轨道交通对住宅价格的资本化效应表现尤为明显,但是基于城市范围内的总体分析无法针对性地揭示地铁设施对住宅价格的影响及其异质性特征。近年来,随着轨道交通在世界范围内的广泛建设,国内外学者针对其对房地产价值的资本化效应展开了广泛的研究。然而,现有研究大多是基于横截面数据,采用特征价格模型进行全局回归分析,无法揭示轨道交通资本化效应在空间维度和社会维度上的异质性特征。因此,本章将以杭州地铁1号线为研究对象,结合杭州市2011—2015年的住宅交易数据,运用特征价格模型和分位数回归模型,深入探究轨道交通设施对住宅价格的资本化效应及其影响范围,并进一步从空间维度和社会维度探索资本化效应在不同空间位置和住宅价格的条件分布上的分布规律,随后结合杭州地铁1号线的建设历程,探究线路开通运营这一重大事件的影响。

5.1　引　言

轨道交通具有准点舒适、安全可靠、节能环保和容量大等特点,对缓解交通压力、减少温室气体排放具有显著作用。各地政府进行了大规模的轨道交通建设,至2022年末,已有55个城市开通城市轨道交通运营线路308条,运营线路总长度10 287.45千米。轨道交通系统一方面提高了沿线房地产所在区域的可达性,降低了交通成本,进而对该区域的房地产价格产生了溢价效应;另一方面,轨道交通本身的建设面临着建设和运营成本高、资金短缺等问题(Dubé et al.,2013)。为了解决这种不平衡问题,我们有必要通过某种形式将轨道交通的外部效益部分地转化为内部效益,以实现可持续发展,而科学地定量评估轨道交通资本化效应是实现该目标的前提和基础。

国内外学者对轨道交通与住宅价格的关系已经做了大量研究，发现轨道交通确实对住宅价格产生了显著的影响（Efthymiou et al., 2013；Kim et al., 2014；Sun et al., 2015）。由于不同研究中轨道交通设施类型、房地产类型和研究区域社会经济特征存在一定的差别，轨道交通设施对房地产价值的影响差异较大。

一般来说，在轨道交通中，通勤铁路设施对住宅价格的影响较大，其次是其他地铁、轻轨等设施（Cervero et al., 2002）；对于不同类型的房地产，轨道交通对邻近站点的商业地产的影响程度大于住宅地产，但对住宅地产的影响范围则大于商业地产（Clower et al., 2002）；收入水平和社会（种族）分化也是影响轨道交通资本化效应的重要因素（Bowes et al., 2001）。然而，现有研究仍存在以下三点研究缺陷。

①已有研究对轨道交通资本化效应的空间分异关注不够。轨道交通对房地产价值的影响可分为正、负两个方向：可达性提升产生的正向影响和由交通噪声、空气污染、犯罪率上升等导致的负向影响。两者分别以不同的速率随着距离的增加而衰减，致使轨道交通设施对住宅价格的净资本化效应随距离增加呈现非线性变化规律（Seo et al., 2014）。已有研究大多认为轨道交通对研究区域内所有住宅价格的影响是一致的，这显然与真实情况相悖。因此，对轨道交通资本化效应在空间上的分布规律有待进一步探究。

②基于 OLS 估计的特征价格模型被国内外学者广泛应用于房地产领域的研究，但该模型只能估计轨道交通设施对住宅价格的平均资本化效应。实际上，不同价位住宅的购买者对轨道交通的偏好和需求可能不同，导致轨道交通设施对高、中、低不同价位住宅的资本化效应存在差异，但很少有研究对这一现象进行探索。近年来，一些学者采用分位数模型在房地产领域进行了初步的尝试，旨在揭示住宅特征对住宅价格影响的社会异质性（Mathur, 2019；Mathur, 2020）。与 OLS 回归相比，分位数回归应用条件更加宽松，挖掘的信息量更加丰富，为交通资本化效应的社会异质性研究提供了新的工具。

③已有研究大多基于截面数据测算轨道交通对住宅价格的影响，对该影响随时间变化规律的追踪研究较少。部分研究表明轨道交通设施资本化效应在项目宣告、开工建设和通车运营等事件前后具有明显的差异（Pagliara et al., 2011；Loomis et al., 2012），但由于数据获取难度较大，重大事件对轨道交通资本化效应影响的研究较缺乏。在国内，叶霞飞等（2002）、聂冲等（2010）分别针对上海和深圳比较了线路开通前后轨道交通设施对住宅价格产生的资本化效应的变化。顾杰等（2008）基于时间序列数据发现了杭州地铁设施在规划立项前对住宅价格就已经产生了显著的溢价效应，且规划立项后溢价效应更为明显。

为了弥补上述研究缺陷，本章研究首先从全局视角出发，探究轨道交通设施对住宅价格是否具有显著的资本化效应。接着对研究视角进行细化，从空间视角出发，探究轨道交通设施对位于站点不同距离范围内住宅价格的资本化效应是否具有明显的差异；从社会视角出发，探究不同价位住宅购买者对轨道交通设施的支付意愿是否有明显的分异；并关注资本化效应在轨道交通线路开通前后是否存在明显的差异。

5.2 相关研究回顾

随着世界各国轨道交通的快速发展，轨道交通对房地产市场的影响引起了学者们的广泛关注。Bowes 等（2001）认为，轨道交通对房地产价格的影响可从正反两个方面考虑。一方面，轨道交通能够为人们的出行提供更多的选择，减少交通成本，缓解交通拥堵；轨道交通的高可达性还能促进站点周边土地的优化利用，推动沿线的经济和社会发展。另一方面，轨道交通造成的噪声和环境污染，以及可能引发的区域性犯罪率上升，可能会对房地产价值产生负向的影响。由此可见，轨道交通对房地产价格的影响是复杂的。

总体上，大多数研究发现轨道交通对房地产价格产生了显著的正向影响。Debrezion 等（2007）基于 57 项研究进行的元分析表明，在平均意义上，每靠近轨道交通站点 250 米，住宅物业的价格上涨 2.4%，商业物业的价格则上涨 0.1%。例如，早在 20 世纪 80 年代，Bajic（1983）发现在加拿大多伦多，轨道交通附近的住房价格比其他区域高约 2 237 美元。Billings（2011）针对美国卡罗特市 2000 年房地产市场的研究发现，轨道交通对距离站点 1 600 米半径范围内的别墅和公寓的售价影响分别为 4.0% 和 11.3%。Bae 等（2007）对韩国首尔轨道交通 5 号线和Haider 等（2000）对多伦多的研究同样证实了轨道交通对房地产价格具有显著正向影响。So 等（1997）对香港的研究表明，在中等收入群体的居住区域，与轨道交通站点的距离是决定周边住宅价格最重要的因素之一。但也有少数研究得出了不同结论，Gatzlaff 等（1993）和 Cervero 等（1993）发现轨道交通对房地产价值的影响微弱，而 Landis 等（1995）则发现轨道交通对站点附近的住宅价格有消极影响。

随着研究的深入，学者们逐渐意识到轨道交通对住宅价格的影响具有一定的空间范围，并且影响大小也可能呈现空间差异。Cervero 等（2002）指出，轨道交通对站点周边住宅的影响半径为步行所能达的距离，即 500～800 米。Ko 等（2013）发现美国明尼苏达州明尼阿波里斯市的轻轨系统对商业地产有增值作用，影响半径为 0.9 英里。还有一些学者根据经验，直接设定轨道交通站点周围一定范围作为影响区域，如 0.5 英里（Knaap et al.，2001）、1 英里（Lewis-Workman et al.，1997）等。在国内，王琳（2009）以上海地铁 8 号线为例，研究发现站点的影响半径为 1 000～1 500 米。刘康等（2015）实证发现南京地铁 1、2 号线的影响半径为 1 500 米。Zhang 等（2014）发现北京地铁和轻轨的影响半径分别为 1 600 米和 800 米，每邻近站点 100 米，每平方米的溢价分别为 248.31 元和 110.71 元。Dai 等（2016）以北京市在 2000—2014 年开通的 10 条轨道交通线路为研究对象，对轨道交通沿线站点影响区域和非站点影响区域附近的房地产市场进行分析，结果表明轨道交通站点区域的影响半径更大，为 1 200～1 400 米，非站点区域的影响半径为 1 000 米。

　　由于轨道交通设施供给和购房者需求的差异，其资本化效应可能在空间和社会维度上存在一定的异质性。空间异质性的常用检验方法有局部回归法和子市场分析法，局部回归法通常采用 GWR 模型来实现，如 Wu 等（2018）采用 GWR 模型对深圳房地产市场的研究表明，地铁站点对大部分住宅价格具有显著的正向资本化效应，并由城市西部向东部逐渐减小。子市场分析法通过在模型中引入空间固定效应虚拟变量（如邮政编码区、人口普查区和距离缓冲区）以测量资本化效应在不同空间范围内的异质性。部分学者设置了一系列的距离虚拟变量，将研究区域分割为不同的距离带，如 Weinberger（2001）以 400 米为分割标准，将研究范围划分为四个区域，回归结果显示轻轨对站点周边物业租赁价格的影响在 400 米范围内最为明显，每平方英尺的租金上涨 13%；随着距离的增加，溢价作用逐渐减小，400～800 米和 800～1 200 米范围内的租金上涨幅度分别降为 7% 和 1%；对 1 200 米范围外的物业则没有影响。由此可见，轨道交通对房地产价值的资本化效应在影响范围内并不是恒定的，而是随距离的变化而变化。通常来说，距离轨道交通站点较近的住宅对购房者更具有吸引力，随着距离的增加，吸引力逐渐下降。

　　在社会维度上，有研究注意到轨道交通对站点附近住宅价格的资本化效应随社区收入水平而异。Hess 等（2007）发现轻轨站点对纽约高收入社区住宅价格有正向影响，对低收入社区住宅价格则产生负向影响，而 Nelson（1992）的研究则表明轨道交通站点对亚特兰大低收入社区住宅价格有正向影响，对高收入社区有负面影响。然而，鲜少有学者针对这一现象展开深入的研究。分位数回归技术的应用为这一问题提供了有效的解决方法。Wang 等（2016）针对上海市的研究发现地铁对公寓租金产生了显著的正向资本化效应，但资本化率在租金的条件分布上呈非线性波动。具体来说，与地铁站点的距离每减小 1%，0.25 分位点上的公寓租金将上升 0.061%，而 0.5 和 0.75 分位点上的公寓租金则分别上升 0.054% 和 0.055%。

此外，一些针对轨道交通项目的长期追踪研究显示，线路的开工建设、通车运营等重大事件会对交通资本化效应产生影响。McMillen 等（2004）针对美国芝加哥橘线的研究表明，轨道交通项目的宣告对周边住宅具有 4.2％ 的溢价效应；开工建设后，溢价效应增加至宣告期的两倍；在开通运营的前后三年，溢价效应进一步强化，增加至 19.4％；而在运营三年后，住宅增值速度放缓。Agostini 等（2008）、Golub 等（2012）和 Yen 等（2018）的研究也都证明了轨道交通项目的开工建设对房地产价值具有显著的资本化效应。在国内，由于轨道交通发展较晚以及房地产数据难以获取等客观原因，针对我国城市的追踪研究较少。叶霞飞等（2002）发现上海市轨道交通对沿线住宅价格在建设期和运营期都有重要的影响，线路的开通运营进一步增强了资本化效应。聂冲等（2010）则发现地铁建设期间对周边住宅价格产生负向资本化效应，而线路开通后，资本化效应变为正向。

上述研究展现了轨道交通对房地产价值的复杂影响，也揭示了已有研究的局限性，具体如下。①现有研究通常采用基于 OLS 的传统特征价格模型估计轨道交通对房地产价值的平均资本化效应，对其影响范围和影响大小的变化则缺乏深入的研究。②对轨道交通资本化效应的空间异质性关注不足，可能会影响估计结果的准确性。③在社会维度上，忽视了不同价位住宅购买者对轨道交通设施的偏好和支付意愿的差异。④鲜少有研究关注轨道交通资本化效应在项目重大事件前后的变化规律，对资本化效应及其异质性的动态演变研究不足。因此，我们有必要对轨道交通对住宅价格的影响进行多维度的探索，全面揭示轨道交通设施的资本化效应。

5.3　研究设计

5.3.1　研究假设

假设一：总体上，轨道交通设施对住宅价格具有显著的正向资本化效应。

城市轨道交通对房地产价值的影响机理可分为以下四个方面：改善周边物业可达性，改变周边土地利用性质，提高周边土地开发强度，以及产生交通噪声、空气污染等负向外部性。前三项对房地产价值产生正向影响，第四项则对房地产价值产生负向影响，这些影响叠加形成轨道交通对房地产价值影响的净效应。通过回顾已有文献，绝大部分研究显示轨道交通对房地产价值的正向影响大于负向影响，对周边房地产价值产生正向的净资本化效应（Mohammad et al., 2017）。因此，本章研究假设轨道交通设施对住宅价格具有显著的正向资本化效应。

假设二：在空间维度上，城市轨道交通对住宅价格的资本化效应随着距离的增加而呈现非线性关系。

实际上，轨道交通对住宅价格的正向和负向影响并不会一直持续下去，而是随着距离的增加逐渐衰减。可达性提高、土地利用优化等对房地产价值产生的正向影响通常较大且衰减速度较慢，而交通噪声等产生的负向影响较小但衰减速度较快（De Vany，1976）。综合两方面影响，轨道交通的净资本化效应与距离呈非线性关系，曲线形状则取决于正、负向影响的大小。如 Seo 等（2014）发现轻轨站点设施对住宅价格的资本化效应随着距离的增加而先增大后减小，呈倒 U 形分布；Kim（1995）和 Weinberger（2001）则发现轨道交通资本化效应随着距离的增加而逐渐减小。相较于轻轨设施，建造于地下的地铁在运行过程会产生交通噪声和空气污染等负向外部作用可忽略不计，可达性提高对住宅价格产生的正向作用占主导地位。因此，本章研究假设轨道交通设施对住宅价格的资本化效应随着距离的增加而逐渐减小。

假设三：在社会维度上，轨道交通资本化效应在住宅价格的条件分布上存在差异。

购房者对轨道交通的支付意愿可能会因收入水平不同而不同。一般来说，高价位住宅被高收入居民购得，而低收入居民由于预算限制等通常会购买低价位住宅。杭州市曾一度交通拥堵问题严重，在轨道交通开通前，交通拥堵程度仅次于北京，位列全国 38 个重要城市中的第 2 位，交通拥堵严重影响了市民的出行、工作和生活（高德地图，2014）。轨道交通设施能够显著缓解交通拥堵，降低交通成本，对购房者具有较大的吸引力。因此，高价位住宅购买者可能愿意为邻近轨道交通站点的住宅支付较高的溢价，而低价位住宅购买者受收入水平的限制，只能在有限的预算里争取较为优质的住宅属性组合，对轨道交通的支付意愿不及高价位住宅购买者。

假设四：轨道交通对住宅价格的资本化效应在建设期就已存在，线路的开通运营进一步加强了轨道交通的资本化效应及其异质性。

轨道交通设施能够提升周边区域可达性，降低交通成本，进而对房地产价值产生正向的影响。然而，这种影响并不需要等到轨道交通正式投入运营之后才显现。作为资本密集型的城市重大基础设施项目，轨道交通在开通运营前需要经历漫长的规划期、公告期和建设期，例如杭州市早在 1986 年便已启动轨道交通规划的筹备工作，并于 2005 年 6 月获得国务院的批准。市民早在轨道交通开通运营前就已得知线路和站点设置，在评估住宅价格时，购房者将未来交通改善的预期纳入考虑范围，并体现在支付意愿中（Yiu et al.，2005）。在此过程中，项目公告、开工建设、通车运营等事件对购房者的支付意愿产生了冲击，交通资本化效应随时间呈现动态变化的规律。因此，轨道交通在开通运营之前可能就对住宅价格产生了显著的资本化效应，并在开通运营之后得到进一步的加强。

5.3.2　数据获取与量化

杭州市作为浙江省的省会城市，经济总量和经济增速长期位居全国前列。自 1998 年住房制度改革以来，杭州市的房地产市场交易活动非常活跃，积累了大量交易数据，为本章研究数据的获取提供了便利。杭州市首条轨道交通线路——杭州地铁 1 号线于 2007 年 3 月 28 日开工建设，一期工程于 2012 年 11 月 24 日建成通车。经过数年的运营，杭州地铁 1 号线的公共服务设施配套日益完善，各项运营指标达到稳定水平。杭州市的城市建设和房地产市场在我国城市中具有典型性，杭州地铁 1 号线为研究轨道交通对住宅价格的资本化效应提供了合适的案例。

杭州地铁 1 号线南起萧山湘湖，向北经滨江新中心过钱塘江，穿过主城区到达九堡东，向东、向北分成下沙段和临平段，形成了一条契合城市形态布局的 Y 状半环形骨干线路，全长 53 千米，设有车站 34 座，是杭州市首条轨道交通线路。从线路设置看，它位于最主要的客流走廊之上，是杭州市整个轨道线网中的骨干线。由于该线路穿过杭州市多个区，故选取构成杭州市主城区的六个行政区（西湖区、滨江区、下城区、上城区、拱墅区、江干区）为研究区域。通过杭州市透明售房网，获取 2011—2015 年研究区域内住宅小区的交易均价。根据线路开通的时间，本章研究设定 2011—2012 年为建设期，2013—2015 年为运营期。同时，补充了邻里和区位特征变量，形成完整的数据集。通过初步处理，获得 2 318 个有效样本，样本分布如图 5-1 所示，对数据的描述性统计结果如表 5-1 所示。

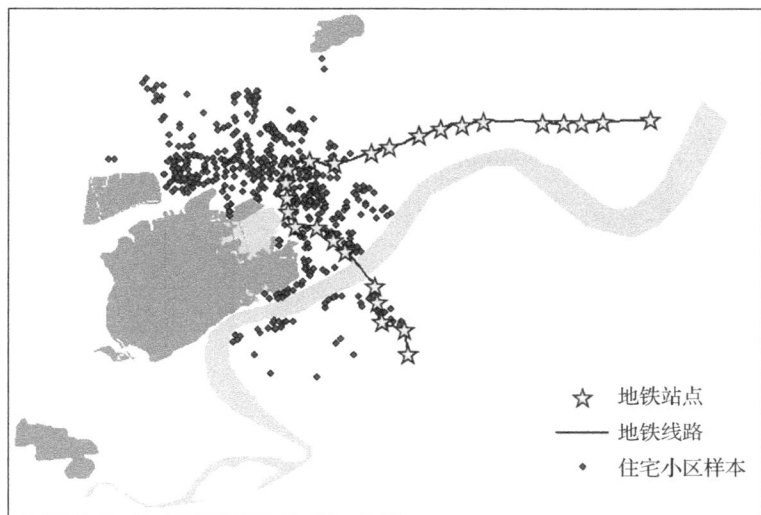

图 5-1　杭州地铁 1 号线和住宅小区样本分布

表 5-1　描述性统计结果

变量名称	均值	极小值	极大值	标准差
2011—2015 年($N=2\,318$)				
小区住宅价格	21 516.030	9 251.887	56 930.280	5 448.815
轨道交通站点距离	2.965	0.105	10.339	2.368
快速公交站点数量	4.269	2	10	2.123
快速路距离	1.657	0.036	6.781	1.086
常规公交站点数量	26.533	2	49	9.613
水上巴士站点	0.217	0	1	0.412
公共自行车点数量	12.491	2	31	5.450
西湖距离	4.315	0.210	13.100	2.293
房龄	13.393	1	37	6.876
自然环境	3.166	1	5	0.804
小区环境	3.283	1	5	0.961
生活设施	4.182	0	5	1.165
教育配套	3.080	1	4	0.781
物业管理	2.652	1	5	1.261
2011—2012 年($N=915$)				
小区住宅价格	21 977.190	9 396.622	56 586.750	5 500.288
轨道交通站点距离	2.981	0.105	10.339	2.376
快速公交站点数量	4.277	2	10	2.126
快速路距离	1.659	0.036	6.781	1.087
常规公交站点数量	26.522	2	49	9.635
水上巴士站点	0.217	0	1	0.413
公共自行车点数量	12.459	2	31	5.416
西湖距离	4.324	0.450	13.100	2.300
房龄	11.908	1	34	6.791
自然环境	3.165	1	5	0.801
小区环境	3.281	1	5	0.966
生活设施	4.177	0	5	1.170
教育配套	3.073	1	4	0.787
物业管理	2.643	1	5	1.266

变量名称	均值	极小值	极大值	标准差
2013—2015 年（$N=1\ 403$）				
小区住宅价格	21 215.28	9 251.89	56 930.28	5 395.74
轨道交通站点距离	2.95	0.10	10.34	2.36
快速公交站点数量	4.26	2	10	2.12
快速路距离	1.66	0.04	6.78	1.09
常规公交站点数量	26.54	2	49	9.60
水上巴士站点	0.22	0	1	0.41
公共自行车点数量	12.51	2	31	5.47
西湖距离	4.31	0.21	13.10	2.29
房龄	14.36	3	37	6.76
自然环境	3.17	1	5	0.81
小区环境	3.29	1	5	0.96
生活设施	4.18	0	5	1.16
教育配套	3.08	1	4	0.78
物业管理	2.66	1	5	1.26

本章研究选取了四类特征变量进入模型，包括交通特征变量、区位特征变量、建筑特征变量和邻里特征变量。其中，轨道交通可达性变量是研究关注的重点。首先，测量住宅到最近地铁站的距离并估计轨道交通对住宅价格的平均影响；在此基础上，以 500 米为分组标准，设置 4 个距离虚拟变量（D_1—D_4），将住宅样本按照距离划分为多个子样本，进一步探究轨道交通资本化效应与距离的非线性关系。此外，为了准确估计轨道交通设施对住宅价格的资本化效应，本章研究在模型中引入多个交通特征变量作为控制变量，全面反映样本住宅周边交通设施配置情况，如快速公交站点数量、常规公交站点数量、水上巴士站点、公共自行车站点数量以及快速路距离。同时，本章研究选取西湖距离作为区位特征变量，房龄作为建筑特征变量以及自然环境、小区环境、教育配套、生活设施以及物业管理作为邻里特征变量作为控制变量。由于研究样本在时间上跨越五个年度（2011—2015年），为控制市场趋势对住宅价格的总体影响，采用 5 个时间虚拟变量（Y_{2011}—Y_{2015}）。对每个变量的描述和期望符号如表 5-2 所示。

表 5-2 住宅小区特征变量的含义和预期符号

类型	名称	变量含义	预期符号
交通变量	轨道交通站点距离	小区中心到最近轨道交通站点的直线距离,单位:千米	—
控制变量	D_1	小区与地铁站点的距离是否在 0~500 米范围内,是为 1,否则为 0	+
	D_2	小区与地铁站点的距离是否在 500~1 000 米范围内,是为 1,否则为 0	+
	D_3	小区与地铁站点的距离是否在 1 000~1 500 米范围内,是为 1,否则为 0	+
	D_4	小区与地铁站点的距离是否在 1 500~2 000 米范围内,是为 1,否则为 0	+
	常规公交站点数量	小区周边 1 000 米内的常规公交站点数量,单位:个	+/—
	快速公交站点数量	小区周边 1 000 米内的快速公交站点数量,单位:个	+
	水上巴士站点	小区周边 1 000 米内有无水上巴士站点	+
	公共自行车点数量	小区周边 500 米内的公共自行车岗亭数量,单位:个	+/—
	快速路距离	小区中心到最近快速路出入口的直线距离,单位:千米	—
控制变量	西湖距离	小区中心到西湖的最近直线距离,单位:千米	
	房龄	住宅小区的建筑年龄,单位:年	
	教育配套	小区周边 1 000 米内有无幼儿园、小学、初中、高中,每项 1 分,共计 4 分	+
	生活设施	小区中心 1 000 米内有无医院、银行、农贸市场、超市和邮局,每项 1 分,各项总计 5 分	+
	自然环境	小区周边的自然环境综合评分,分为五个等级:好(5 分)、较好(4 分)、一般(3 分)、较差(2 分)、差(1 分)	+
	小区环境	小区内部环境综合评分,分为五个等级:好(5 分)、较好(4 分)、一般(3 分)、较差(2 分)、差(1 分)	+
	物业管理	小区物业管理水平评分,分为五个等级:好(5 分)、较好(4 分)、一般(3 分)、较差(2 分)、差(1 分)	+
	滨江区	小区是否位于滨江区,是为 1,否则为 0	+/—
	拱墅区	小区是否位于拱墅区,是为 1,否则为 0	+/—
	下城区	小区是否位于下城区,是为 1,否则为 0	+/—
	上城区	小区是否位于上城区,是为 1,否则为 0	+/—
	江干区	小区是否位于江干区,是为 1,否则为 0	+/—
	西湖区	小区是否位于西湖区,是为 1,否则为 0	+/—
	Y_{2011}—Y_{2015}	Y_{2011},住房交易年份是否属于 2011 年,是为 1,否则为 0。依次类推	未知

5.3.3　模型设定

本章研究先后构建了传统特征价格模型和分位数模型,探究轨道交通对住宅价格的资本化效应及其在空间维度和社会维度上的异质性,并关注资本化效应及其异质性在线路开通运营前后是否存在显著的差异。

（1）特征价格模型

基准模型为传统的特征价格模型,因变量和自变量中的距离变量和房龄变量采用对数形式,虚拟变量和等级变量则取线性形式。为了探究重大事件对轨道交通资本化效应的影响,本章研究根据样本数据的三个时间段:2011—2015 年、2011—2012 年、2013—2015 年,分别构建特征价格模型,估计交通资本化效应并比较其在线路开通前后的差异。

首先,对轨道交通站点距离进行直接建模,以评价轨道交通可达性对住宅价格的平均资本化效应。模型 1—3 可以表达如下:

$$\ln P = \alpha_0 + \alpha_i \ln S_i + \beta_j \ln L_j + \gamma_k \ln N_k + \delta_m \ln D + \theta_t Y_t + \varepsilon \tag{5-1}$$

式中,P 为住宅价格;S_i 为建筑特征变量;L_j 为区位特征变量;N_k 为邻里特征变量;D 为住宅到最近轨道交通站点的距离;Y_t 为代表年份的时间虚拟变量;α_0、α_i、β_j、γ_k、δ_m、θ_t 为待估计系数;ε 为误差项。

然后,模型 4—6 根据住宅小区到轨道交通站点的距离,以 500 米为标准,将住宅小区划分为四个距离区段,分别用 D_1—D_4 表示,并以地铁站点 2 000 米范围以外的住宅小区作为参照,分析轨道交通设施资本化效应在不同距离范围的空间异质性特征。将距离虚拟变量 D_1—D_4 引入模型,代替模型 1—3 中的距离变量 D,分别对三个时间段建模,以探究空间异质性随时间的演变规律,模型 4—6 的表达式如下:

$$\ln P = \alpha_0 + \alpha_i \ln S_i + \beta_j \ln L_j + \gamma_k \ln N_k + \rho_n D_n + \theta_t Y_t + \varepsilon \tag{5-2}$$

式中,D_n 为距离区间的虚拟变量,ρ_n 为待估计系数,其余变量与模型 1 中一致。

（2）分位数回归模型

为了考察轨道交通资本化效应在社会维度上的异质性,采用分位数回归技术对基本模型进行优化。分位数回归可以反映特征变量在整个价格分布中隐含价格的动态变化趋势,全面地反映轨道交通对不同价位住宅的资本化效应。与基本模型类似,本章研究也将分别根据样本数据的三个时间段:2011—2015 年、2011—2012 年、2013—2015 年,构建分位数回归模型以揭示其资本化效应在社会维度上的异质性特征,并进一步比较分析其在线路开通运营前后的表现。模型 7—9 的

具体形式如下:

$$\ln P = \alpha_0(\tau) + \alpha_i(\tau)\ln S_i + \beta_j(\tau)\ln L_j + \gamma_k(\tau)N_k + \delta_m(\tau)\ln D + \theta_t Y_t + \varepsilon \qquad (5\text{-}3)$$

式中,τ 为分位数,$0 < \tau < 1$;$\alpha_0(\tau)$、$\alpha_i(\tau)$、$\beta_j(\tau)$、$\gamma_k(\tau)$、$\delta_m(\tau)$、$\gamma_j(\tau)$ 为待估计参数,ε 为误差项。

为了捕捉轨道交通资本化效应与距离的非线性关系,模型 10—12 引入距离虚拟变量 D_n 代替模型 7—9 中的距离变量 D,表达式如下:

$$\ln P = \alpha_0(\tau) + \alpha_i(\tau)\ln S_i + \beta_j(\tau)\ln L_j + \gamma_k(\tau)N_k + \rho_n(\tau)D_n + \theta_t(\tau)Y_t + \varepsilon \qquad (5\text{-}4)$$

值得注意的是,针对假设四的分组检验中,轨道交通对住宅价格的资本化效应在建设期和运营期内是否存在显著差异是基本判断依据,当组间差异显著时,可通过比较 $\ln D$ 或者 D_n 回归系数的大小来揭示轨道交通资本化效应在线路开通运营前后的异质性,若组间差异不显著,则轨道交通特征变量的回归系数没有可比性。本章采用基于费舍尔组合检验的自抽样法(bootstrap)来检验组间差异的显著性。此检验方法的原假设(H_0)为:组间的系数估计值不存在显著差异,检验的统计量是采用自抽样法计算得到的经验 p 值。

5.4 结果与讨论

5.4.1 轨道交通资本化的平均效应分析

模型 1 利用住宅与最近轨道交通站点的距离来衡量可达性,采用 OLS 方法对模型进行估计,结果如表 5-3 所示。经调整的 R^2 为 0.661,表明该模型能够解释住宅价格 66.1% 的变异,解释力度良好。F 检验统计量的值通过了 1% 的显著性水平检验,表明模型中住房特征变量与住宅价格的对数之间的线性关系是成立的,拒绝模型没有解释力的零假设。D-W 统计量的值为 1.698,可以认为残差之间不相关,满足独立性假设。所有自变量的 VIF 值均小于 10,可认为自变量之间共线性并不严重。总体上,模型基本满足正态性、方差齐性和独立性假设,模型拟合效果较理想。

回归结果显示,绝大部分变量的回归系数通过了 10% 显著性水平的检验,且符号符合理论预期。轨道交通站点距离的回归系数在 1% 的水平上显著,大小为 -0.054,意味着住宅与地铁站点的距离每减小 1%,住宅价格将上涨 0.054%(11.619 元/米^2)。换言之,住宅每靠近站点 1 000 米,价格将上升 391.860 元/米^2,表明轨道交通对住宅价格具有显著的正向资本化效应。其他交通特征变量回归

表 5-3 模型 1 回归结果

变量名称	回归系数	标准误	t	p	VIF
ln(轨道交通站点距离)	-0.054^{***}	0.005	-10.861	0.000	2.806
ln(快速公交站点数量)	0.017^{*}	0.010	1.811	0.070	2.214
ln(快速路距离)	-0.014^{***}	0.004	-3.513	0.000	1.571
ln(常规公交站点数量)	-0.017^{**}	0.007	-2.421	0.016	1.632
水上巴士站点	0.016^{**}	0.007	2.294	0.022	1.493
ln(公共自行车点数量)	-0.011	0.008	-1.310	0.190	1.479
ln(西湖距离)	-0.270^{***}	0.008	-34.465	0.000	2.357
ln(房龄)	-0.047^{***}	0.008	-6.285	0.000	2.465
自然环境	0.019^{***}	0.005	4.259	0.000	1.605
小区环境	0.021^{***}	0.005	4.229	0.000	2.686
教育配套	0.024^{***}	0.007	3.310	0.001	1.554
生活设施	0.019^{***}	0.003	6.355	0.000	1.920
物业管理	0.030^{***}	0.004	8.189	0.000	2.649
滨江区	-0.170^{***}	0.016	-10.777	0.000	2.492
西湖区	0.130^{***}	0.016	7.968	0.000	6.595
拱墅区	0.005	0.014	0.344	0.731	3.571
下城区	-0.013	0.014	-0.878	0.380	3.772
上城区	-0.056^{***}	0.014	-4.092	0.000	2.833
Y_{2012}	-0.069^{***}	0.009	-7.544	0.000	1.645
Y_{2013}	-0.016^{*}	0.009	-1.750	0.080	1.697
Y_{2014}	-0.082^{***}	0.009	-8.624	0.000	1.755
Y_{2015}	-0.091^{***}	0.010	-9.451	0.000	1.828
(常量)	10.159^{***}	0.045	227.290	0.000	
调整 R^2			0.661^{***}		
D-W 统计量			1.698		
F			189.311^{***}		

注:***表示在 1% 的显著性水平上显著;**表示在 5% 的显著性水平上显著;*表示在 10% 的显著性水平上显著。

系数的方向也符合预期,如快速公交和快速路对住宅价格产生正向的影响,住宅周边 1 000 米范围内每增加 1 个快速公交站点,住宅价格将上涨 85.677 元/米²,每靠近快速路出入口 1 000 米,也会产生 181.789 元/米² 的溢价。而常规公交由于线路和站点密集,容易造成交通拥堵、空气污染等负向外部性,从而对住宅价格产生负向影响,住宅小区周边 1 000 米范围内每增加 1 个公交站点,住宅价格将下降

13.786 元/米²。公共自行车点数量对住宅价格则没有显著的影响。西湖距离、房龄、小区环境、自然环境、教育配套等变量对住宅价格也有显著影响,这与对杭州房地产市场的既往研究结论保持一致(Wen et al.,2014b;Wen et al.,2017)。

模型 1 的结果表明轨道交通设施确实对住宅价格产生了显著的正向资本化效应,为假设一提供了实证证据。然而,该结果只能反映轨道交通设施对住宅价格的平均资本化效应,忽视了其在不同空间位置上的差异,因此下文将采用子市场分析方法,根据住宅与轨道交通站点的距离,将样本划分为不同的子样本以探究轨道交通资本化效应的空间异质性。

5.4.2 轨道交通资本化效应的空间异质性分析

模型 4 以距离虚拟变量 D_1—D_4 表示住宅小区与轨道交通站点之间的距离缓冲带,代替模型 1 中的直线距离变量,以 2 000 米范围外的住宅样本为对照组,来探究轨道交通资本化效应与距离之间的非线性关系。回归结果如表 5-4 所示,模型的经调整 R^2 为 0.649,在 1% 的水平上显著,表明模型具有较好的解释力。绝大部分变量的回归系数通过了 10% 显著性水平的检验,且符号符合预期。

D_1—D_4 的回归系数分别是 0.077、0.052、0.027、0.023,表明在其他变量不变的情况下,距轨道交通站点不同距离的住宅价格比为 $e^{0.077}$: $e^{0.052}$: $e^{0.027}$: $e^{0.023}$ = 1.080 : 1.054 : 1.028 : 1.023。容易发现,轨道交通对住宅价格的资本化效应在不同的距离区间内存在明显的异质性,对 0~500 米范围内住宅的溢价作用最大,溢价率为 8.0%;随着距离的增加,地铁站点产生的溢价效应逐渐减小,对 500~1 000 米和 1 000~1 500 米范围内住宅的溢价率分别降为 5.4% 和 2.8%;当距离继续增加到 1 500~2 000 米,溢价率减小至 2.3%。由此可见,随着住宅与最近轨道交通站点之间距离的增加,轨道交通设施的资本化效应逐渐减小,但减小的速率并不是恒定的,而是先快后慢。可能原因是轨道交通站点周边 1 500 米范围内住宅的购买者对距离变化较为敏感,而到了 1 500 米范围以外,轨道交通站点带来的可达性的提升较为有限,因此,购房者对距离变化的敏感程度有所减弱。

模型 4 的结果说明,轨道交通设施对住宅价格资本化效应的大小并不是随距离均匀变化的,而是与距离呈非线性关系,即在不同距离缓冲区拥有不同的斜率,证明了假设二。根据住宅子市场理论,轨道交通资本化效应除了会随着空间位置的改变而变化,还可能会因购房者收入水平和偏好的差异而分异。因此,下文将采用分位数回归技术,探究不同价位住宅购买者对轨道交通设施支付意愿的差异。

表 5-4　模型 4 回归结果

变量名称	回归系数	标准误	t	p	VIF
D_1	0.077***	0.014	5.708	0.000	1.681
D_2	0.052***	0.011	4.685	0.000	2.284
D_3	0.027*	0.012	1.888	0.059	1.718
D_4	0.023**	0.013	2.181	0.029	1.391
ln(快速公交站点数量)	0.023**	0.010	2.360	0.018	2.302
ln(快速路距离)	−0.015***	0.004	−3.597	0.000	1.643
ln(常规公交站点数量)	−0.020***	0.007	−2.858	0.004	1.642
水上巴士站点	0.009	0.007	1.182	0.237	1.504
ln(公共自行车点数量)	−0.009	0.009	−1.010	0.312	1.494
ln(西湖距离)	−0.288***	0.008	−35.237	0.000	2.487
ln(房龄)	−0.050***	0.008	−6.561	0.000	2.462
自然环境	0.016***	0.005	3.537	0.000	1.599
小区环境	0.020***	0.005	3.940	0.000	2.701
教育配套	0.023***	0.007	3.040	0.002	1.558
生活设施	0.019***	0.003	6.008	0.000	1.940
物业管理	0.030***	0.004	8.007	0.000	2.661
滨江区	−0.198***	0.016	−12.358	0.000	2.481
西湖区	0.069***	0.017	4.189	0.000	6.519
拱墅区	−0.034**	0.015	−2.353	0.019	3.627
下城区	−0.034**	0.015	−2.358	0.018	3.804
上城区	−0.080***	0.014	−5.665	0.000	2.873
Y_{2012}	−0.069***	0.009	−7.330	0.000	1.645
Y_{2013}	−0.015	0.009	−1.602	0.109	1.697
Y_{2014}	−0.080***	0.010	−8.312	0.000	1.755
Y_{2015}	−0.090***	0.010	−9.116	0.000	1.828
(常量)	10.158***	0.046	219.767	0.000	
调整 R^2	0.649***				
D-W 统计量	1.684				
F	159.756***				

注:***表示在 1% 的显著性水平上显著;**表示在 5% 的显著性水平上显著;*表示在 10% 的显著性水平上显著。

5.4.3 轨道交通资本化效应的社会异质性分析

在传统的特征价格模型中，OLS 回归能够得到特征变量对住宅价格的平均影响，其隐含的前提是，特定住宅特征对高、中、低价住宅的影响是一致的。但是，这一假定在现实中可能并不成立。为了克服这一局限性，模型 7 利用分位数回归方法深入探究杭州地铁 1 号线设施对不同价位住宅影响的异质性特征，模型 10 则进一步探究了轨道交通资本化效应的分位数效应随距离变化的规律。由于篇幅限制，下文只展示了轨道交通站点距离变量和距离虚拟变量的分位数回归结果，完整回归结果分别列于附表 2 和附表 3。

表 5-5 展示了模型 7 分位数回归的拟合优度情况，各分位点上伪 R^2 的波动范围为 0.418 至 0.473，具有较好的解释能力。轨道交通站点距离变量在各分位点上的回归系数（lnD）展示在第 2 列，从模型 7 的回归结果可知，轨道交通设施对不同价位住宅均有显著的正向资本化效应，并且随着住宅价格的上升，轨道交通设施的资本化效应总体上呈现递增趋势。例如对 0.1 分位点上的住宅，每靠近轨道交通站点 1% 的距离，住宅价格将上升 0.030%，而对 0.9 分位点上的住宅，住宅价格的上升幅度则增加至 0.078%。这一结果揭示了轨道交通设施对不同价位住宅价格的资本化效应具有显著的异质性，证明了假设三，若仅采用 OLS 估计，会高估轨道交通站点对低价住宅的影响，而低估其对高价住宅的影响，从而带来有偏的结果。

表 5-5 模型 7 和模型 10 分位数回归的拟合优度和地铁距离变量回归系数

分位点	模型 7		模型 10				
	lnD	伪 R^2	D_1	D_2	D_3	D_4	伪 R^2
0.1	−0.030***	0.448***	−0.017	−0.023	−0.045*	−0.025	0.445***
0.2	−0.045***	0.436***	0.035*	0.007	−0.02	−0.001	0.430***
0.3	−0.045***	0.424***	0.049**	0.02	−0.011	0.02	0.416***
0.4	−0.043***	0.418***	0.044**	0.021	−0.009	0.011	0.411***
0.5	−0.049***	0.420***	0.047***	0.031**	−0.013	0.007	0.411***
0.6	−0.054***	0.427***	0.063***	0.052**	0.009	0.015	0.416***
0.7	−0.056***	0.441***	0.097***	0.061***	0.022	0.023	0.430***
0.8	−0.062***	0.453***	0.093***	0.054**	0.018	0.019	0.444***
0.9	−0.078***	0.473***	0.122***	0.098***	0.046*	0.032	0.461***

注：*** 表示在 1% 的显著性水平上显著；** 表示在 5% 的显著性水平上显著；* 表示在 10% 的显著性水平上显著。

　　模型 10 进一步描述了轨道交通设施对不同价位住宅的资本化效应在不同距离区间内的分布情况。如表 5-5 所示，分位数回归拟合优度的波动范围为 0.411～0.461，表明模型具有理想的解释力度。第 4—7 列展示了四个距离虚拟变量的回归系数，结果显示，D_1—D_4 的回归系数均随着住宅价格的增加呈现递增趋势。例如对距站点 500 米范围内的住宅，0.2 分位点上的回归系数为 0.035，0.9 分位点上的回归系数增至 0.122，即相对轨道交通站点 2 000 米范围外的住宅，500 米范围内的住宅价格由于靠近轨道交通站点而产生了 3.56％（0.2 分位点）～12.98％（0.9 分位点）的溢价作用。此外，轨道交通站点设施对住宅价格的影响范围也随着分位点的增加而扩大。在 0.2—0.4 分位点上，只有 D_1 的回归系数通过了 10％的显著性水平检验，即轨道交通资本化效应只在 500 米范围内显著；在 0.6—0.8 分位点上，轨道交通的影响范围扩大至 1 000 米；当分位点上升为 0.9 时，影响范围扩大至 1 500 米。

　　综上，轨道交通设施对不同分位点住宅价格的资本化效应差异明显，表现出显著的社会异质性，证明了假设三。随着住宅价格的上升，轨道交通站点距离变量回归系数的绝对值逐步增加，说明相较于低价位住宅购买者，中、高价位住宅购买者愿意为了邻近轨道交通站点的住宅而支付更高的溢价。这一规律也普遍存在于轨道交通站点周边不同距离区间内的住宅中，即在各个距离区间内，轨道交通设施的可达性明显资本化到了中、高价位住宅的价格，而对低价位住宅价格的影响基本不显著。此外，轨道交通设施对不同价位住宅的影响范围不同，随着住宅价格的上升，影响范围呈现扩大的趋势。总体来说，轨道交通设施对低价位住宅的影响在所有空间范围内均不显著，影响范围可视为 0；对低价位住宅的影响范围为 500 米，随着住宅价格的上升，影响范围逐渐扩大至 1 500 米。因此，轨道交通设施资本化效应的影响范围也存在社会异质性。

5.4.4　重大事件对轨道交通资本化效应的影响分析

　　为了探究轨道交通对住宅价格的资本化效应在线路开通运营前后的变化情况，结合地铁项目的建设历程和数据结构，本章研究根据开通运营的时间节点将样本划分为建设期（2011—2012 年）和运营期（2013—2015 年）两个子样本，并分别对数据进行建模分析。模型 2—3 考察了开通运营这一事件对轨道交通设施对住宅价格的平均资本化效应是否具有显著的影响，模型 5—6 则考察了不同时期轨道交通资本化效应随距离变化的规律，回归结果分别如表 5-6 和表 5-7 所示。模型 8—9 和模型 11—12 则采用分位数回归技术，进一步探究了在线路开通运营前后，轨道交通资本化效应在社会维度上的分异规律是如何变化的，以及资本化效应在不同住宅价位子市场中随距离变化规律又是怎样的，受篇幅限制，表 5-8 和表 5-9 只展示了关键变量的回归结果，完整回归结果列于附表 3、附表 4、附表 6 和附表 7。

表 5-6　模型 2—3 回归结果

变量名称	建设期（2011—2012 年）		运营期（2013—2015 年）	
	回归系数	p	回归系数	p
ln（轨道交通站点距离）	−0.048***	0.000	−0.058***	0.000
ln（快速公交站点数量）	0.005	0.765	0.020	0.116
ln（快速路距离）	−0.007	0.308	−0.019***	0.001
ln（常规公交站点数量）	−0.015	0.176	−0.018*	0.052
水上巴士站点	0.005	0.678	0.023**	0.015
ln（公共自行车点数量）	−0.015	0.258	−0.016	0.160
ln（西湖距离）	−0.271***	0.000	−0.263***	0.000
ln（房龄）	−0.044***	0.000	−0.053***	0.000
自然环境	0.024***	0.001	0.016***	0.007
小区环境	0.025***	0.001	0.016**	0.013
教育配套	0.038***	0.001	0.019*	0.052
生活设施	0.020***	0.000	0.019***	0.000
物业管理	0.031***	0.000	0.031***	0.000
滨江区	−0.229***	0.000	−0.133***	0.000
西湖区	0.067***	0.010	0.169***	0.000
拱墅区	−0.005	0.836	0.014	0.471
下城区	−0.011	0.613	−0.008	0.689
上城区	−0.062***	0.005	−0.043**	0.019
Y_{2012}	−0.066***	0.000	—	—
Y_{2014}	—	—	−0.067***	0.000
Y_{2015}	—	—	−0.076***	0.000
（常量）	10.190***	0.000	10.133***	0.000
调整 R^2	0.667***	—	0.644***	—
D-W 统计量	1.817		1.891	
F	88.085***		116.229***	
经验 p 值	0.015**			

注：***表示在 1% 的显著性水平上显著；**表示在 5% 的显著性水平上显著；*表示在 10% 的显著性水平上显著；"经验 p 值"用于检验组间"ln 轨道交通站点距离"系数差异的显著性，通过自体抽样（bootstrap）1 000 次得到

表 5-7　模型 5—6 回归结果

变量名称	建设期(2011—2012 年)		运营期(2013—2015 年)	
	回归系数	p	回归系数	p
D_1	0.057***	0.008	0.091***	0.000
D_2	0.032*	0.068	0.064***	0.000
D_3	0.011	0.573	0.051***	0.002
D_4	−0.004	0.855	0.039**	0.015
ln(快速公交站点数量)	0.013	0.405	0.023*	0.079
ln(快速路距离)	−0.007	0.314	−0.020***	0.001
ln(常规公交站点数量)	−0.018*	0.097	−0.021**	0.027
水上巴士站点	−0.005	0.656	0.017*	0.088
ln(公共自行车点数量)	−0.011	0.398	−0.014	0.225
ln(西湖距离)	−0.293***	0.000	−0.278***	0.000
ln(房龄)	−0.047***	0.000	−0.057***	0.000
自然环境	0.021***	0.004	0.013**	0.032
小区环境	0.024***	0.002	0.015**	0.024
教育配套	0.036***	0.002	0.018*	0.071
生活设施	0.020***	0.000	0.019***	0.000
物业管理	0.031***	0.000	0.031***	0.000
滨江区	−0.263***	0.000	−0.158***	0.000
西湖区	−0.004	0.868	0.114***	0.000
拱墅区	−0.051**	0.027	−0.022	0.265
下城区	−0.038*	0.099	−0.027	0.169
上城区	−0.090***	0.000	−0.061***	0.001
Y_{2012}	−0.065***	0.000	—	—
Y_{2014}	—		−0.066***	0.000
Y_{2015}	—		−0.075***	0.000
(常量)	10.210***	0.000	10.119***	0.000
调整 R^2	0.656***		0.631***	
D-W 统计值	1.821		1.857	
F	73.667***		96.964***	

注：***表示在 1%的显著性水平上显著；**表示在 5%的显著性水平上显著；*表示在 10%的显著性水平上显著。

表 5-8　模型 8—9 回归结果

分位点	模型 8(2011—2012 年)		模型 9(2013—2015 年)	
	回归系数	伪 R^2	回归系数	伪 R^2
0.1	−0.029*	0.479***	−0.032**	0.448***
0.2	−0.040***	0.458***	−0.042***	0.436***
0.3	−0.043***	0.437***	−0.048***	0.424***
0.4	−0.034***	0.431***	−0.050***	0.418***
0.5	−0.038***	0.434***	−0.051***	0.420***
0.6	−0.044***	0.439***	−0.059***	0.427***
0.7	−0.051***	0.456***	−0.066***	0.441***
0.8	−0.064***	0.479***	−0.075***	0.453***
0.9	−0.071***	0.504***	−0.077***	0.473***

注:*** 表示在 1% 的显著性水平上显著;** 表示在 5% 的显著性水平上显著;* 表示在 10% 的显著性水平上显著。

表 5-9　模型 11—12 回归结果

模型	分位点	回归系数				伪 R^2
		D_1	D_2	D_3	D_4	
模型 11 (2011—2012 年)	0.1	−0.061	−0.046	−0.067	−0.041	0.480***
	0.2	0.03	−0.009	−0.044	−0.012	0.452***
	0.3	0.013	−0.01	−0.042	−0.008	0.432***
	0.4	0.021	−0.001	−0.031	−0.01	0.427***
	0.5	0.028	0.013	−0.022	−0.018	0.430***
	0.6	0.043	0.024	−0.018	0.001	0.432***
	0.7	0.058**	0.036	−0.021	0.004	0.448***
	0.8	0.075**	0.058**	0.009	−0.022	0.469***
	0.9	0.113***	0.077**	0.06	0.007	0.493***
模型 12 (2013—2015 年)	0.1	−0.002	−0.019	−0.027	−0.053	0.433***
	0.2	0.035	0.015	0	−0.017	0.420***
	0.3	0.056**	0.031	0.042*	0.009	0.410***
	0.4	0.067**	0.048**	0.034*	0.017	0.407***
	0.5	0.070***	0.057***	0.035*	0.022	0.410***
	0.6	0.094***	0.065***	0.038*	0.042*	0.416***
	0.7	0.113***	0.074***	0.036*	0.044**	0.429***
	0.8	0.119***	0.076***	0.032	0.034	0.444***
	0.9	0.134***	0.117***	0.067*	0.053	0.461***

注:*** 表示在 1% 的显著性水平上显著;** 表示在 5% 的显著性水平上显著;* 表示在 10% 的显著性水平上显著。

在模型 2 和模型 3 中，轨道交通站点距离变量的回归系数分别为 −0.048 和 −0.058，在 1％的水平上显著，并且组间差异检验的经验 p 值为 0.015，表明建设期组和运营期组轨道交通资本化效应的差异在 5％的水平上显著，拒绝组间差异为零的原假设，这一结果证明了轨道交通资本化效应的大小在线路开通前后确实发生了显著的变化。具体来说，轨道交通设施对住宅价格的资本化效应早在建设期就已经显现，基于对未来可达性提升的预期，购房者在线路开通运营前就愿意为邻近轨道交通站点的住宅支付相应的溢价。开通运营后，轨道交通站点距离变量回归系数的绝对值由 0.048 上升为 0.058，即住宅每靠近地铁站点 1％的距离，住宅价格的溢价幅度由建设期的 0.048％增加至运营期的 0.058％，表明轨道交通站点对住宅价格的资本化效应在运营期大于建设期，证明了假设四。这一结果与以往研究结论相符合，即轨道交通对住宅价格的资本化效应在建设期就已经存在，线路开通运营后对住宅价格有一个升值冲击，资本化效应得到进一步提升。

模型 5—6 则将距离虚拟变量引入建设期和运营期的回归模型中，探究轨道交通对住宅价格影响的范围及其随距离变化的规律是否会受线路开通运营的影响而产生明显的差异。结果显示，建设期和运营期模型中 D_1—D_4 的回归系数分别为 0.057、0.032、0.011、−0.004 和 0.091、0.064、0.051、0.039，则距轨道交通站点不同距离范围内住宅价格比分别为 1.058：1.033：1.011：0.996 和 1.096：1.066：1.052：1.040。费舍尔组合检验的结果显示 D_1—D_4 回归系数组间差异的经验 p 值分别为 0.034、0.089、0.059、0.075，表明在各距离范围内，建设期组和运营期组的轨道交通资本化效应差异均在 5％或 10％的水平上异于零，两组之间的资本化效应大小具有可比性。由回归结果可知，轨道交通设施对住宅价格的资本化效应的大小在不同时期内均随着距离的增加而降低。然而，在影响程度和影响范围方面则显示出了不同的特点。在线路开通运营前，轨道交通设施对住宅价格的资本化效应最大为 5.8％，影响范围为 1 000 米。而在线路开通运营后，资本化效应最大值增加至 9.6％，且 D_1—D_4 的回归系数均在 1％或 5％的水平上显著，表明轨道交通设施对住宅价格的资本化效应在 2 000 米范围内都是显著的。由此可见，地铁资本化效应的大小和影响范围均随着线路的开通运营而扩大。

利用分位数回归技术，模型 8 和模型 9 的回归结果表明在线路开通运营前后，轨道交通设施对住宅价格的资本化效应均随着分位点的增大而呈现上升的趋势（图 5-2）。此外，通过对比这两个模型的结果可明显看出，在所有分位点上，线路的开通运营均进一步提升了轨道交通设施对住宅价格的资本化效应。如在中位点上，建设期轨道交通站点距离回归系数为 −0.038，运营期为 −0.051，表明在建设期和运营期内，住宅与轨道交通站点之间的距离每减小 1％，住宅价格分别增加

0.038%和0.051%。这一结果说明，轨道交通在运营期内对住宅价格的资本化效应要明显高于其在建设期的资本化效应，即线路的开通能进一步提升住宅价格。

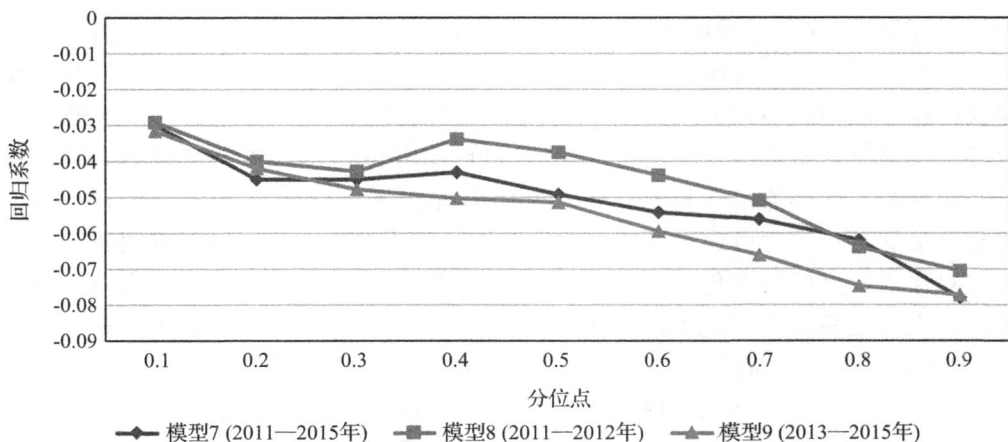

图 5-2　模型 7—9 地铁站点距离变量的分位数回归结果

由模型 11 和模型 12 的回归结果可知，线路开通运营前，轨道交通设施对不同价位住宅价格的影响较微弱，影响范围有限。在 0.1—0.6 分位点上，轨道交通设施对各距离范围内的住宅价格均没有显著的影响；在 0.7 分位点上只对站点 500 米范围内的住宅有显著的资本化效应；当分位点上升至 0.8 和 0.9 时，影响范围略有扩大，为 1 000 米。线路开通运营后，回归结果的显著性明显提高。在模型 12 中，D_1 的系数在 0.3—0.9 分位点上均显著，表明轨道交通设施对距离站点 500 米范围内的中、高价住宅价格均产生了显著的增值效应，并随着分位点的上升而增强；D_2 和 D_3 的回归系数也在大部分中、高分位点上显著；D_4 的回归系数则在 0.6 和 0.7 分位点上通过了显著性水平检验。由此可见，轨道交通设施对不同价位住宅资本化效应的显著性在线路开通运营后有明显的改善。影响范围也显示出不同程度的扩大，如在 0.5 分位点上，影响范围从 0 米扩大至 1 500 米，而在 0.7 分位点上，则从 500 米扩大至 2 000 米。从影响程度来看，线路的开通运营刺激了轨道交通设施的资本化效应，运营期内对住宅价格的增值效应较建设期提高了 18.58%～94.83%。

综合上述结果，轨道交通对住宅价格的资本化效应在线路开通运营之前就已经存在，购房者基于对未来轨道交通可达性改善的预期，在项目建设期就显示出强烈的支付意愿。线路开通后，之前的预期转变为真实的效用满足，居民切实体会到了设施带来的可达性提高、交通成本降低等正向影响，对邻近轨道交通站点住宅的支付意愿进一步加强。同时，轨道交通设施对住宅价格的影响范围也在线路开通运营后扩大了一倍，从建设期的 1 000 米扩大至运营期的 2 000 米。此外，轨道交通设施资本化效应在线路开通前后均呈现出显著的社会异质性，并随着线路的开通进一步被强化，轨道交通对各分位点上住宅价格的资本化率提高了 18.58%～94.83% 不等，影响范围也发生了不同程度的扩大。这些结果为假设四提供了实证证据。

5.5　本章小结

　　本章研究以杭州地铁 1 号线为例，基于 2011—2015 年的住房交易数据，首先从全局角度出发，证实轨道交通设施对住宅价格具有显著的影响，接着分别从空间维度和社会维度切入，全面探讨地铁资本化效应的异质性特征，并进一步分析重大事件对轨道交通资本化效应的影响。主要有以下几点结论。

　　①轨道交通设施对住宅价格具有显著的正向资本化效应。总体上，住宅与最近轨道交通站点的距离每减小 1%，价格将上升 0.054%。换言之，每靠近轨道交通站点 1 000 米，住宅价格将上升 391.860 元/米²。在不同时期内，轨道交通设施对住宅价格均产生了显著的正向影响。在建设期，住宅每靠近轨道交通站点 1 000 米，价格上涨 355.786 元/米²；到了运营期，每接近轨道交通站点 1 000 米，住宅价格将上涨 415.004 元/米²。

　　②空间维度上，轨道交通设施对住宅价格的资本化效应在影响范围内并不是恒定的，而是随着距离的增加呈现非线性变化规律。总体上，轨道交通设施资本化效应随着距离的增加逐步减弱。在距轨道交通站点 500 米范围内，住宅价格的溢价率最大，为 8.0%。随着距离的增加，溢价率明显减小，在 500～1 000 米和 1 000～1 500 米范围内分别为 5.4% 和 2.8%。当距离继续增加到 1 500～2 000 米，住宅价格的溢价率略有下降，为 2.3%。由此可见，轨道交通设施资本化效应随距离增加而减小的速率不同，呈现"先敏感、后平缓，总体下降"的规律。

　　③社会维度上，轨道交通设施对高、中、低不同价位住宅的资本化效应存在异质性。分位数回归模型的结果表明，轨道交通设施的资本化效应随着住宅价格的上升总体上呈现递增的趋势，表明中、高价位住宅购买者对邻近轨道交通站点住宅的支付意愿强于低价位住宅购买者。在各距离区间范围内，轨道交通设施对低价位住宅的资本化效应基本不显著，对中、高价位住宅的价格的资本化效应则随

着分位点的上升而增大。此外,轨道交通设施资本化效应在不同价格分位点上的作用范围也存在差异,一般来说,对中、高价位住宅的影响范围大于低价位住宅。

④从线路开通前后来看,轨道交通设施对住宅价格的资本化效应在建设期就已显现,线路的正式开通提升了资本化效应的大小,平均资本化率从 0.048% 增加至 0.058%。从局部视角出发,线路的开通运营还加剧了资本化效应在空间维度和社会维度上的分异。在空间维度上,轨道交通轨道交通设施对不同距离区间内住宅价格的溢价效应在线路开通后均显著增加,例如在 500~1 000 米范围内,住宅的溢价率增加了 1 倍,影响范围也从 1 000 米扩大至 2 000 米。在社会维度上,线路的开通运营强化了轨道交通资本化效应在不同价位住宅子市场中的社会异质性。在建设期,轨道交通设施只对邻近站点的高价位住宅具有显著溢价效应,对中、低价位住宅或距离站点较远的住宅价格没有影响;到了运营期,轨道交通设施的资本化效应扩散到稍低价位住宅或距离站点较远的住宅价格中,影响程度也在线路开通后有所提高。

本章研究揭示了轨道交通设施对住宅价格的资本化效应及其在空间维度和社会维度的分异规律。通过分别对不同距离区间、不同分位点上以及不同时期的住宅样本建立特征价格模型和分位数模型,估计轨道交通设施资本化效应的空间异质性和社会异质性,并进一步分析线路开通运营对资本化效应及其异质性的影响,有助于更准确、全面地评价轨道交通设施对住宅价格的影响,为规划轨道交通线路和设置站点提供参考。

第6章　城市重大交通基础设施的资本化效应：对德胜快速路的实证

在"城市干道提级,高速公路进城"背景中诞生的快速路兼具城市主干道和高速公路的特点,是城市重大交通基础设施,对完善城市道路网络,促进城市土地开发利用具有重要意义。区别于轨道交通设施,快速路是服务于私人交通和城市中长距离交通的道路系统,特别是市区与郊区之间的快速交通联系,在线路设置上通常避免穿越城市中心区域。由于其封闭性的特点,它对道路两侧的土地具有分隔作用,对土地利用和城市空间结构的影响也明显区别于轨道交通设施。然而,快速路对房地产价值的影响很少有学者关注。因此,本章以杭州市德胜快速路为研究对象,构建传统特征价格模型和分位数回归模型,对快速路的资本化效应及其异质性进行全面探究。

6.1　引　言

随着城市化、机动化的不断加快,快速路已然成为城市交通的骨架。一方面,与轨道交通类似,快速路也属于资金密集型基础设施项目,而高昂的造价和巨大的资金压力限制了快速路网络的进一步完善。例如,中国首条环城快速路——北京市二环路于1992年建成,然而由于资金严重短缺,配套工程的建设进展缓慢,该快速路的功能发挥受到了较大的影响。另一方面,快速路作为城市道路等级中最高一级的道路,对改善周边区域的可达性具有显著作用,由此带来的交通成本的下降与房地产价值的变化密切相关。因此,在城市交通系统建设如火如荼进行的背景下,准确认识快速路对住宅价格的资本化效应愈发重要,这将有助于政府充分利用快速路设施产生的经济效益,持续为城市建设提供有力的资金支持。

在学术界,已有研究大多关注轨道交通等公共交通设施对房地产市场的影响,对承担机动车交通的道路基础设施的研究较少。快速路和轨道交通设施虽然都是城市重大交通基础设施,但在网络形态、对土地利用的影响以及承担的交通构成等方面存在显著差异。首先,快速路的线路布局受到多种因素的制约,为了避免在城市中心区域道路网络引入大量的过境交通,减少对中心区土地分割和城市环境的影响,快速路通常避免穿过城市中心区,而轨道交通为了承担更多的客流量,线路则尽可能地穿越城市中心区。其次,快速路通常承担市区与郊区之间的联络功能,且具有一定的封闭性,对道路两侧土地具有分割作用。因此,城市快速路能扩展城市发展框架,但一般不会诱导城市土地沿道路呈高密度带状发展。此外,与服务于城市内部交通的轨道交通不同,快速路承担了大量的过境交通,两者在城市交通系统中的功能不同。由此推测,快速路对住宅价格的资本化效应可能与轨道交通不同,针对轨道交通设施研究的结论并不适用于快速路。

快速路对住宅价格的影响可分为正、负向两方面。一方面,快速路提高了沿线区域的可达性,完善了城市路网布局,提升了交通服务水平,对周边住宅价格产生正向资本化效应。另一方面,由于其自身超大的尺度和封闭性,分隔了道路两侧区域的联系,破坏了城市景观和空间的完整性,大量机动车通行还带来了噪声污染、尾气污染等负面影响,这对住宅价格产生消极影响。与通过步行或骑行等慢行交通方式进入轨道交通站点不同,居民一般通过私家车等机动方式进入快速路,这导致其可达性的影响范围更广,衰减速率更缓慢;此外,轨道交通的噪声是间歇性的且通常在地下运行,对周边住宅的负向外部效应较小,但快速路的交通噪声和空气污染是持续存在的,且传播范围更广。因此,快速路对房地产价值的影响是一个值得深入研究的问题。

本章研究基于交通资本化效应的多维度分析框架,分别从空间维度和社会维度切入,探究快速路对住宅价格资本化效应的异质性特征。在空间维度上,首先以快速路节点为中心将住宅市场划分为多个环形子市场,探究交通资本化效应在不同距离子市场内的差异。除此之外,本章研究特别关注了交通资本化效应空间异质性的另一种表现,即区域异质性。快速路是沟通市区与郊区的重要通道,而市区与郊区交通禀赋的差异导致了居民对快速路需求和偏好的差异,并最终导致了其支付意愿的区域分异(Schnare et al.,1976)。通常情况下,市区拥有丰富的交通资源,交通条件优越,同时其他公共服务设施如教育和医疗等也相当完备。因此,市区居民在出行时可以选择多种交通工具,对快速路的依赖程度相对较低。而郊区交通条件不完善,交通设施资源禀赋少,其他公共品服务配置不足,居民出行可选择的交通工具有限,这强化了郊区居民对快速路的依赖。因此,市区居民和郊区居民对快速路附近住宅的支付意愿可能存在差异。而在社会维度上,针对社会不同阶层的购房者对快速路支付意愿的异质性研究几乎空白。对这一问题的探讨有助于推进城市交通公共品的均等化，促进社会公平。

因此，本章研究采用特征价格和分位数回归技术，定量分析快速路对住宅价格的影响及其在空间和社会子市场的异质性。以往研究很少关注快速路对住宅价格的资本化效应，尤其是在发展中国家。本章从多维度探究交通资本化效应的异质性表现，有助于准确、全面地描述快速路与住宅价格之间的关系。

6.2　相关研究回顾

对城市道路交通设施资本化效应的研究，早期多关注城市道路交通设施的负向外部性（Gamble，1974；Langley，1976；Nelson，1978），尤其是交通噪声（Kim et al.，2007；Andersson et al.，2010）。部分学者采用人为划定的方式确定交通噪声的影响范围（例如 1 000 英尺），基于横截面数据或时间序列数据的特征价格模型结果显示交通噪声对住宅价格产生负向影响（Nelson，1982）。另有一些学者将交通设施周边区域划分为多个距离区间带，在实证模型中引入距离虚拟变量以捕捉资本化效应与距离之间的非线性关系（Clark，2006；Li et al.，2012）。如 Chernobai 等（2011）针对洛杉矶的实证研究表明，距离高速公路 0.4～0.8 英里的住宅价格的涨幅最大，而 0～0.4 英里、0.8～1.2 英里和更远距离范围内住宅价格的涨幅则较小。Seo 等（2014）发现高速公路对邻近住宅价格的影响程度随着距离的增加而变化，呈倒 U 形规律。

作为具有大运量、高速度的交通运输通道，快速路在地理上连接了城市的市区与郊区。在复杂的现实城市空间中，市区与郊区在住宅供给、交通禀赋和居民的支付能力等方面具有明显的差异，因此，交通资本化效应在城市不同区域表现不同（Ayan et al.，2014）。这一推论来源于竞租理论，由于交通禀赋的差异，交通设施带来的边际交通成本下降效应在远离 CBD 的区域占主导地位，因此，随着与CBD 距离的增加，物业价格增加速率逐渐增大，即价格增幅在郊区较大（谷一桢等，2010）。Paliska 等（2020）的研究显示，高速公路的可达性对郊区房地产市场的影响比市区更大，影响范围也更广；而其负向外部性对市区房地产市场的影响较大，对郊区房地产市场的影响则不明显。由于城市中不同区域的经济水平和交通禀赋存在差别，了解快速路对市区和郊区房地产市场的影响差异将对实现土地利用、区域开发与城市交通之间的协调发展具有重要意义。

大多数研究没能发现的是，快速路对不同价位住宅的影响也可能存在异质性。Larsen(2006)发现居民对交通运输的需求随收入水平的变化而变化,汽油和公共交通在家庭支出中所占的份额随着收入水平的升高而减少。因此,快速路对住宅价格的影响对不同收入水平的居民家庭并不是一致的。Bohman 等(2016)采用分位数回归模型探究了瑞典高速公路对房地产价值的影响,结果显示住宅与高速公路之间的距离每减小 1‰,价格上升 0.664‰~3.641‰,且影响最大值出现在0.1 分位点上,表明高速公路对不同价位住宅均具有显著的正向资本化效应,但对低价位住宅价格的增值幅度最大。为了弥补现有研究的缺陷,本章将从社会维度出发,比较分析快速路设施对高、中、低不同价位住宅的影响,揭示快速路资本化效应的社会异质性。

6.3 研究设计

6.3.1 研究假设

假设一:总体而言,快速路对住宅价格具有显著的正向资本化效应。

快速路通过改变沿线房地产所在区域的区位条件、交通成本及可达性,从而影响住宅价格。Alonso(1964)提出的地租理论也表明,土地区位条件越好,土地地租越高、利用价值越大。这一理论认为土地价值的差异是交通成本或可达性差异的结果,家庭选择城市住房的区位取决于交通成本与住宅成本的权衡。由于快速路改善了住宅所在区域的区位条件,明显降低了交通成本,进而对该区域住房市场供需关系产生了影响,居民愿意以更高的价格选择到该区域居住,从而提升了该区域的住宅价格。由此可见,快速路提升了周边住宅的可达性,降低了居民的交通成本,进而对该区域的住宅价格产生正向的影响。

假设二:在不同距离区间内,快速路对住宅价格的资本化效应随着距离的增加先增大后减小。

交通基础设施对房地产价值的影响可分为可达性提升产生的溢价作用,和交通噪声、空气污染等负向外部性产生的折价作用,两者分别以不同的速率随着距离的增加而衰减,溢价作用较大且下降缓慢,折价作用较小但下降速率较快,将两条曲线相加,得到一条倒 U 形的净效应曲线,De Vary(1976)针对得克萨斯州达拉斯机场的研究证实了这一假设。因此,本章研究假设快速路从正、负两个方向来影响附近住宅价格,且正向影响的大小和范围大于负向影响。在距离快速路最近的区域,负向影响最大,导致该区域内快速路对住宅价格的净效应并非最大。随着距离的增加,负向影响快速减弱，但正向影响减小速度较慢。因此，快速路设施的净资本化效应与距离呈非线性关系，即资本化效应先随着距离先增加，到达最大后，再逐步减弱。

假设三：在不同区域范围内，快速路对市区住宅的资本化效应小于对郊区住宅的。

在空间维度上，快速路对市区住宅和郊区住宅价格的资本化效应也可能存在异质性。由于住宅的空间固定性和交通设施供给的空间不均匀性，快速路对不同区域住宅价格的资本化效应显然是不同的。城市不同区域交通禀赋的差异也可能造成快速路资本化效应的空间异质性（Vickerman，2018）。市区交通配套设施完备，为市区居民提供了多样化的交通工具选择，因此居民对快速路的依赖性相对较低。此外，快速路造成的交通拥挤、环境污染、噪声污染会进一步降低居民购房时的支付意愿。而郊区交通禀赋较差，就业机会较稀缺，其他公共品（服务）配置不足，居民出行可选择的交通工具较少，郊区居民对快速路的依赖性较高，支付意愿较为强烈。因此，快速路对不同区域住宅价格的影响程度具有明显差异，在市区子市场的影响程度要小于郊区子市场的影响程度。

假设四：在社会维度上，快速路资本化效应在住宅价格的条件分布上存在显著差异。

不同价位住宅购买者对快速路设施的支付意愿不同。有研究表明，低收入居民更看重可达性的提升带来的便利，更愿意居住在交通设施附近；而高收入居民则更看重居住环境的舒适性，对交通设施产生的负向外部性的容忍度较低，从而愿意支付更多的溢价来远离这些负向外部影响（Hunt，2001；Tian et al.，2017）。快速路设施一方面提高了周边区域的可达性，另一方面也带来了不可忽视的负向外部性。由于快速路设施多以高架形式存在，对城市空间和景观的分割作用明显，此外，机动车通行产生的噪声和尾气污染难以消除，对周边居民的生理和心理健康产生消极影响。因此，高价位住宅购买者对快速路设施支付意愿较低，而低价位住宅购买者为了可达性的改善而具有较高的支付意愿。

6.3.2　数据获取与量化

本章研究选取杭州市作为研究区域，主要基于以下两方面的原因。首先，杭州市机动化水平逐年提高，人均机动车保有量从 0.01 辆/每人（2000 年）增加至 0.33 辆/人（2022 年），居全国前列（杭州市统计局，2001；2023）。根据姜英来（2013）关于杭州市民出行模式的调查，43.33％的市民选择机动车（私家车、公车和出租车）出行，37.93％的市民选择公共交通出行，12.73％的市民选择自行车出行，另外有 6.01％的市民选择步行。由此可见，机动车出行是杭州市民最重要的出行方式。其次，快速路作为城市交通的骨干系统，对缓解交通压力，提高交通通行能力有重要作用。杭州市早在 1997 年就开始建设快速路，目前较完整的快速路网体系已基本形成并承担着大量的城市机动化交通。然而以往关于快速路或高速公路设施的研究多集中在西方发达国家，针对发展中国家的研究较为罕见，对杭州市的研究还处于空白。

德胜快速路承担杭州市东西向的长距离机动交通，连接城市中心和边缘地区，是快速路网中重要的主干道。德胜快速路自东向西可分为三段（图 6-1），东段沿德胜东路布线，东起文汇路，西至机场路，长约 16.7 千米；中段沿德胜中路、德胜路布线，东起机场路，西至保俶路，长约 6.9 千米；西段东起保俶路，西至紫金港路，长约 5.4 千米。其中，西段为隧道形式，位于西湖区；中段为高架形式，跨越下城区和拱墅区；以上两段快速路均位于杭州市区；东段快速路主要为高架形式，位于杭州郊区。由于快速路对住宅价格的影响存在一定的空间范围，当距离增加到一定程度，影响消失。Seo 等（2014）的研究表明高速公路设施对距离出入口 4 800 米以外的住宅价格的影响可忽略不计。同时，为了避免其他快速路线路的影响，本章将研究范围设定在德胜快速路沿线 5 000 米内。截至 2018 年，德胜快速路所有改造和扩建工程完成，实现全线贯通。因此，本章研究选取德胜快速路周边 5 000 米内并在 2018 年发生交易的二手住宅为样本，交易价格和建筑特征信息来自透明售房网。

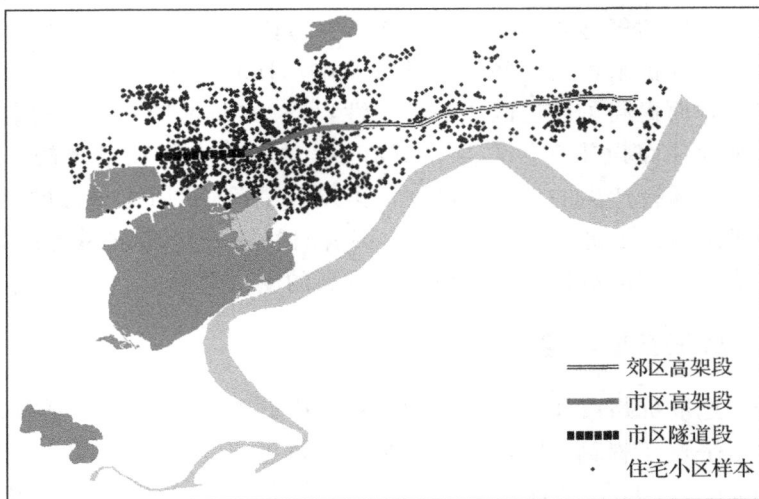

图 6-1　德胜快速路与住宅样本分布

本章研究选取四个建筑特征变量，一个区位特征变量和九个邻里特征变量作为控制变量，变量的定义和期望符号如表 6-1 所示。建筑特征包括面积、装修档次、朝向和房龄，房间数和卫生间数等属性由于信息缺失和多重共线性而没有被纳入到模型中。西湖距离反映了住宅的区位特征。邻里特征数据来源于杭州市地理信息中心，根据 2018 年的地图 POI 数据库量化了住宅周边的生活、教育等设施配套情况。快速路对住宅价格的影响是本章研究的关注重点，本章研究首先采用最近距离法量化住宅到快速路出入口的可达性，并估计快速路资本化效应的大小；在此基础上，通过虚拟变量法以 1 000 米为标准，设置五个虚拟变量 D_1—D_5，进一步考察快速路对住宅价格的资本化效应与距离之间的非线性关系。此外，为了避免遗漏变量问题，反映住宅周边交通配套情况，本章研究选取多个与交通相关的变量作为控制变量进入到模型，如邻近地铁站、邻近铁路线、公交站点数量、客运站距离。对数据的描述性统计如表 6-2 所示。

表 6-1 特征变量的含义及其量化方式

类型	名称	变量含义	预期符号
交通变量	快速路距离	住宅到最近德胜快速路出入口的直线距离，单位：千米	—
	D_i	住宅与德胜快速路出入口之间距离的虚拟变量，$i=1,2,3,4,5$。$i=1$ 为 0~1 000 米，$i=2$ 为 1 000~2 000 米，$i=3$ 为 2 000~3 000 米，$i=4$ 为 3 000~4 000 米，$i=5$ 为 4 000~5 000 米。	+
	T_m	德胜快速路类型的虚拟变量，$m=1,2,3$。$m=1$ 为市区隧道快速路段；$m=2$ 为市区高架快速路段；$m=3$ 为郊区高架快速路段。	/
控制变量	邻近地铁站	住宅周边 1 000 米内是否有地铁站，是为 1，否则为 0	+
	邻近铁路线	住宅周边 1 000 米内是否有铁路线，是为 1，否则为 0	+
	公交站点数量	住宅周边 1 000 米内的公交站点数量，单位：个	+
	客运站距离	住宅到大型客运站点的最近直线距离，单位：千米	—
	西湖距离	住宅到西湖的直线距离，单位：千米	+
	面积	住宅面积，单位：平方米	+
	装修档次	住宅装修档次评分，分为四个等级：毛坯房（1）、简单装修（2）、精装修（3）、豪华装修（4）	+
	朝向	住宅朝向，朝南为 1，否则为 0	+
	房龄	住房建筑年龄，单位：年	—
	邻近大学	住宅周边 1 000 米内是否有重点大学，是为 1，否则为 0	+
	高中数量	住宅周边 1 000 米内高中的数量，单位：个	+
	购物中心数量	住宅周边 1 000 米的购物中心数量，单位：个	+
	邻近农贸市场	住宅周边 1 000 米内是否有农贸市场，是为 1，否则为 0	+

表 6-2　描述性统计

变量名称	均值	极小值	极大值	标准差
住宅价格	500 000	14 980 000	3 658 283.613	1 920 392.244
快速路距离	87.634	4 996.664	2 129.005	1 326.494
D_1	0	1	0.228	0.420
D_2	0	1	0.315	0.465
D_3	0	1	0.192	0.394
D_4	0	1	0.121	0.326
D_5	0	1	0.144	0.351
T_1	0	1	0.317	0.465
T_2	0	1	0.470	0.499
T_3	0	1	0.212	0.409
邻近地铁站	0	1	0.381	0.486
邻近铁路线	0	1	0.192	0.394
公交站点数量	2	97	44.504	20.343
客运站距离	0.358	8.355	3.948	1.770
西湖距离	0.096	21.160	6.479	4.253
面积	30.010	199.710	86.743	34.500
装修档次	1	4	1.514	0.771
朝向	0	1	0.929	0.256
房龄	2	31	15.277	7.798
邻近大学	0	1	0.201	0.401
高中数量	0	2	0.317	0.530
购物中心数量	0	11	4.000	2.592
邻近农贸市场	0	1	0.914	0.280

6.3.3　模型设定

(1)特征价格模型

首先,本章研究建立对数形式的特征价格模型来探究快速路对住宅价格的总体影响,因变量(住宅价格)和自变量中的连续型变量采用对数形式(快速路距离和区位特征变量等),非连续型变量(距离虚拟变量和邻近地铁站等)则取线性形式。模型 1 的表达式如下:

$$\ln P = \alpha_0 + \alpha_i \ln S_i + \beta_j \ln L_j + \gamma_k \ln N_k + \delta_m \ln D + \varepsilon \tag{6-1}$$

式中，P 为住宅价格；S_i 为建筑特征；L_j 为区位特征；N_k 为邻里特征；D 为住宅到最近快速路出入口的距离；α_0、α_i、β_j、γ_k、δ_m 为待估计系数；ε 为误差项。

然后，模型 2 根据住宅到快速路的距离，以 1 000 米为标准，创建 5 个距离虚拟变量表示住宅样本的位置，分别用 D_1—D_5 表示。将距离虚拟变量引入模型中，分析快速路设施资本化效应在不同距离范围的空间异质性特征。模型表达式如下：

$$\ln P = \alpha_0 + \alpha_i \ln S_i + \beta_j \ln L_j + \gamma_k \ln N_k + \rho_n D_n + \varepsilon \tag{6-2}$$

式中，D_n 为距离区间的虚拟变量，ρ_n 为待估系数，其余变量与模型 1 中一致。

接着，为了考察快速路对住宅价格资本化效应的区域异质性，根据德胜快速路的特征和所处位置，将其分为市区段和郊区段。其中，市区段分为隧道段和高架段。模型 3 的表达式如下：

$$\ln P = \alpha_0 + \alpha_i \ln S_i + \beta_j \ln L_j + \gamma_k \ln N_k + \varphi_l (T_m \times \ln D) + \varepsilon \tag{6-3}$$

式中，T_m 为快速路所处位置，其中，T_1 为市区隧道段，T_2 为市区高架段，T_3 为郊区高架段；φ_l 为待估系数；其他变量与模型 1 中一致。

进一步地，为了探究快速路对住宅价格的影响随距离的变化规律在不同区域的异质性特征，将距离虚拟变量 D_n 引入模型 4。模型表达式如下：

$$\ln P = \alpha_0 + \alpha_i \ln S_i + \beta_j \ln L_j + \gamma_k \ln N_k + \omega_p (T_m \times D_n) + \varepsilon \tag{6-4}$$

式中，ω_p 为待估系数；其他变量与模型 1 中一致。

(2)分位数回归模型

为了考察快速路对住宅价格资本化效应的社会异质性，采用分位数回归技术对模型 1—4 进行优化。分位数回归依据住宅价格的条件分位数对特征变量进行回归，得到不同分位点上的回归系数，这些系数可以反映快速路设施对不同价位住宅资本化效应的异质性。模型 5—8 的表达式如下：

$$\ln P = \alpha_0(\tau) + \alpha_i(\tau) \ln S_i + \beta_j(\tau) \ln L_j + \gamma_k(\tau) \ln N_k + \delta_m(\tau) \ln D + \varepsilon \tag{6-5}$$

$$\ln P = \alpha_0(\tau) + \alpha_i(\tau) \ln S_i + \beta_j(\tau) \ln L_j + \gamma_k(\tau) \ln N_k + \rho_n(\tau) D_n + \varepsilon \tag{6-6}$$

$$\ln P = \alpha_0(\tau) + \alpha_i(\tau) \ln S_i + \beta_j(\tau) \ln L_j + \gamma_k(\tau) \ln N_k + \varphi_l(\tau)(T_m \times \ln D) + \varepsilon \tag{6-7}$$

$$\ln P = \alpha_0(\tau) + \alpha_i(\tau) \ln S_i + \beta_j(\tau) \ln L_j + \gamma_k(\tau) \ln N_k + \omega_p(\tau)(T_m \times D_n) + \varepsilon \tag{6-8}$$

式中，τ 为分位数，$0 < \tau < 1$；$\alpha_0(\tau)$、$\alpha_i(\tau)$、$\beta_j(\tau)$、$\gamma_k(\tau)$、$\delta_m(\tau)$、$\rho_n(\tau)$、$\varphi_l(\tau)$、$\omega_p(\tau)$ 为待估计参数；其他变量与模型 1 中一致。

6.4 结果和讨论

6.4.1 快速路资本化的平均效应分析

模型 1 采用 OLS 回归估计快速路对住宅价格的平均资本化效应,结果如表 6-3 所示。经调整的 R^2 为 0.812,且在 1‰ 的统计水平上显著,表明模型的解释力度达 81.2%。F 检验统计量通过了 1‰ 显著性水平的检验,表明住宅特征变量与住宅价格之间的线性关系是成立的。此外,所有自变量的 VIF 值均小于 10,表明模型没有多重共线性问题。总体上,模型拟合效果较理想,模型构建良好。

表 6-3 模型 1 回归结果

变量名称	回归系数	标准误	t	p	VIF
ln(快速路距离)	−0.028***	−0.040	−9.514	0.000	1.492
邻近地铁站	0.007***	0.007	1.623	0.105	1.116
邻近铁路线	−0.040***	−0.031	−6.301	0.000	1.348
ln(公交站点数量)	0.100***	0.111	19.704	0.000	2.273
ln(客运站距离)	−0.036***	−0.039	−9.202	0.000	1.272
ln(西湖距离)	−0.197***	−0.258	−43.488	0.000	2.145
ln(面积)	1.097***	0.859	226.903	0.000	1.099
装修档次	0.009***	0.013	3.622	0.000	1.027
朝向	0.192***	0.097	26.253	0.000	1.042
ln(房龄)	−0.114***	−0.141	−27.395	0.000	1.947
邻近大学	0.084***	0.066	15.412	0.000	1.485
ln(高中数量)	0.025***	0.026	6.098	0.000	1.327
ln(购物中心数量)	0.002***	0.020	5.001	0.000	1.059
邻近农贸市场	0.038***	0.021	5.208	0.000	1.212
(常量)	10.287***	324.546	0.000	—	—
调整 R^2	0.812***				
D-W 统计量	1.777				
F	4 140.665***				

注:*** 表示在 1% 的显著性水平上显著;** 表示在 5% 的显著性水平上显著;* 表示在 10% 的显著性水平上显著。

　　回归结果显示，快速路距离变量的回归系数为－0.028，且通过了 1% 显著性水平的检验，表明快速路对住宅价格具有显著的正向影响，证明了假设一的有效性。具体来说，与快速路的距离每减少 1%，住宅价格上涨 0.028%。以标准住宅为例，每靠近快速路出入口 1 000 米，价格将上涨 48 112.59 元。可能原因是快速路凭借其快速、便利的优势缩短了周边居民的通勤时间，改善了周边区域的可达性，对住宅价格产生了正向影响。虽然快速路也具有噪声、空气污染等负向外部性，对周边住宅价格产生了负向影响，但综合来看，快速路对住宅价格的正向影响大于负向影响，从而对住宅价格产生正向的净资本化效应。

　　此外，其他控制变量的回归系数高度显著，全部通过了 10% 的显著性水平检验，且符号与理论预期一致。如建筑特征中，住房面积、装修档次对住宅价格有正向影响，朝南的住房通常拥有较好的采光，因而比非朝南的住宅价格平均高19.2%。房龄是衡量住宅新旧程度的重要指标，房龄越大意味着住宅的建成年份越久，对住宅价格产生负向的影响。区位特征西湖距离对房价具有显著的负向影响。邻里特征中，客运站距离、公交站点数量和邻近地铁站反映了住宅样本周边的交通设施配套完善程度，均对住宅价格产生显著的正向影响，而邻近铁路线的住宅通常受到火车运行时产生的噪声、振动等负向外部性的困扰，该特征对住宅价格产生负向影响。教育和生活配套设施对住宅价格的影响也符合预期，均产生正向的影响。

6.4.2　快速路资本化效应的空间异质性分析

　　基于快速路线路在城市空间中的布局特点，下文将从距离和区域两方面分别分析其资本化效应在空间上的分异规律。

（1）城市快速路资本化效应的距离异质性分析

　　模型 2 以 4 个距离虚拟变量 D_1—D_4 来表示住宅样本与快速路出入口距离的不同区间范围，代替模型 1 中的直线距离变量作为解释变量，并以 D_5 范围内的住宅样本作为对照组，来分析不同距离范围内快速路设施对住宅价格的影响程度，回归结果如表 6-4 所示。模型经调整的 R^2 为 0.813，且 F 检验统计量在 1% 的显著性水平上显著，说明模型具有较好的解释力。总体来说，绝大部分变量的回归系数通过了 1% 显著性水平检验，且符号符合理论预期，因此模型具有统计意义。

　　从距离虚拟变量（D_n）的回归系数来看，不同距离范围内快速路对住宅价格的资本化效应存在差异。D_1—D_4 的估计系数均为正，表明快速路对各个距离区间内的住宅价格产生了溢价作用。但溢价程度与距离呈非线性关系，先随着距离的

表 6-4　模型 2 回归结果

变量名称	回归系数	标准误	t	p	VIF
D_1	0.071***	0.006	11.113	0.000	2.601
D_2	0.094***	0.007	13.852	0.000	2.608
D_3	0.082***	0.007	12.090	0.000	2.118
D_4	0.038***	0.008	4.992	0.000	1.812
邻近地铁站	0.009*	0.004	1.952	0.051	1.118
邻近铁路线	−0.037***	0.006	−6.021	0.000	1.343
ln(公交站点数量)	0.105***	0.005	20.190	0.000	2.362
ln(客运站距离)	−0.031***	0.004	−7.991	0.000	1.301
ln(西湖距离)	−0.190***	0.005	−41.024	0.000	2.307
ln(面积)	1.097***	0.005	227.685	0.000	1.101
装修档次	0.009***	0.002	3.941	0.000	1.028
朝向	0.194***	0.007	26.578	0.000	1.044
ln(房龄)	−0.113***	0.004	−27.163	0.000	1.974
邻近大学	0.083***	0.005	15.094	0.000	1.470
ln(高中数量)	0.034***	0.004	8.115	0.000	1.469
ln(购物中心数量)	0.002***	0.000	4.511	0.000	1.064
邻近农贸市场	0.033***	0.007	4.582	0.000	1.220
(常量)	10.174***	0.033	311.817	0.000	—
调整 R^2	0.813***				
D-W 统计量	1.785				
F	3 489.856***				

注:***表示在 1%的显著性水平上显著;**表示在 5%的显著性水平上显著;*表示在 10%的显著性水平上显著。

增加而增加,到达最大影响程度后,再逐步减弱。回归结果与理论分析结果一致,证明了假设二。具体来说,D_1—D_4 的回归系数分别是 0.071、0.094、0.082、0.038,表明在其他变量不变的情况下,快速路对周边 1 000 米范围内的住宅价格的溢价作用为 7.1%;在 1 000~2 000 米范围内的溢价作用最大,为 9.4%;随着距离的增加,快速路对住宅价格的溢价作用逐步减弱,在 2 000~3 000 米和 3 000~4 000 米范围内分别为 8.2%和 3.8%。可能原因是快速路设施带来的负向外部效应在距离快速路 1 000 米范围内最大,抵消了部分由可达性提升带来的正向影响,因而快速路对住宅价格的溢价程度在 0~1 000 米距离区间内并非最大。随着距离的增加,负向外部效应快速衰减,同时可达性的改善带来的正向影响也逐渐减小,从而使得城市快速路对住宅价格的净资本化效应不断发生变化,呈现先增加后减小的趋势。

（2）城市快速路资本化效应的区域异质性分析

为了证明假设三，根据德胜快速路所处位置和特征，将其划分为市区隧道段（T_1）、市区高架路段（T_2）和郊区高架路段（T_3）进行回归分析，结果如表 6-5 所示。

表 6-5　模型 3 回归结果

变量名称	回归系数	标准误	t	p	VIF
$T_1 \times \ln D$	−0.067***	0.006	−12.157	0.000	1.537
$T_2 \times \ln D$	−0.014***	0.004	−3.840	0.000	1.720
$T_3 \times \ln D$	−0.019***	0.006	−3.369	0.001	1.328
邻近地铁站	0.000	0.005	0.069	0.945	1.293
邻近铁路线	−0.043***	0.006	−6.702	0.000	1.379
ln（公交站点数量）	0.099***	0.005	18.945	0.000	2.351
ln（客运站距离）	−0.045***	0.004	−10.780	0.000	1.571
ln（西湖距离）	−0.203***	0.005	−43.412	0.000	2.297
ln（面积）	1.095***	0.005	226.414	0.000	1.102
装修档次	0.008***	0.002	3.467	0.001	1.032
朝向	0.193***	0.007	26.367	0.000	1.043
ln（房龄）	−0.116***	0.004	−27.745	0.000	1.959
邻近大学	0.086***	0.005	15.689	0.000	1.564
ln（高中数量）	0.023***	0.004	5.774	0.000	1.367
ln（购物中心数量）	0.003***	0.001	5.312	0.000	1.083
邻近农贸市场	0.042***	0.007	5.645	0.000	1.280
（常量）	10.322***	0.033	317.579	0.000	—
调整 R^2	0.812***				
D-W 统计量	1.778				
F	3 663.931***				

注：*** 表示在 1% 的显著性水平上显著；** 表示在 5% 的显著性水平上显著；* 表示在 10% 的显著性水平上显著。

回归结果显示，交互项 $T_1 \times \ln D$、$T_2 \times \ln D$ 和 $T_3 \times \ln D$ 的回归系数均显著为负，分别为 −0.067、−0.014 和 −0.019。表明无论处于市区还是郊区，快速路对周边住宅价格都有显著的正向资本化效应，但大小存在差异。具体来说，对市区和郊区高架路段，与快速路距离每减小 1%，市区住宅价格上涨 0.014%，而郊区住宅价格则上涨 0.019%。该结果表明高架快速路对郊区住宅价格的资本化效应大于市区住宅，这为假设三提供了实证证据。值得注意的是，市区范围内，不同道路形式的快速路对住宅价格的影响也存在显著差异。隧道段（T_1）附近的住宅每靠近快速路 1%，住宅价格上涨 0.067%，远大于市区高架段和郊区高架段对住宅价格的影响。这可能是由于隧道快速路能够缓解地面道路交通产生的噪声、空气污染等负向外部性,且相较于高架快速路,隧道快速路保持了城市空间和景观的完整性,不会产生割裂作用。因此,隧道快速路对住宅价格产生了较大的正向资本化效应。

模型 4 探究了不同区域内,快速路对住宅价格的资本化效应在不同距离区间内是否具有显著的差异,回归结果如表 6-6 所示。

表 6-6　模型 4 回归结果

变量名称	回归系数	标准误	t	p	VIF
$T_1 \times D_1$	0.080***	0.009	9.403	0.000	1.948
$T_1 \times D_2$	0.174***	0.010	18.010	0.000	2.534
$T_1 \times D_3$	0.149***	0.011	13.724	0.000	1.858
$T_1 \times D_4$	0.083***	0.014	5.962	0.000	1.612
$T_2 \times D_1$	0.027***	0.009	3.012	0.003	2.281
$T_2 \times D_2$	0.078***	0.008	9.599	0.000	1.904
$T_2 \times D_3$	0.048***	0.008	5.781	0.000	1.770
$T_2 \times D_4$	0.028***	0.009	3.323	0.001	1.626
$T_3 \times D_1$	0.064***	0.010	6.192	0.000	1.779
$T_3 \times D_2$	0.117***	0.010	11.495	0.000	2.004
$T_3 \times D_3$	0.105***	0.012	9.067	0.000	1.758
$T_3 \times D_4$	0.069***	0.018	3.818	0.000	1.214
邻近地铁站	−0.001	0.005	−0.105	0.916	1.601
邻近铁路线	−0.045***	0.006	−7.088	0.000	1.405
ln(公交站点数量)	0.116***	0.006	20.142	0.000	3.047
ln(客运站距离)	−0.011**	0.005	−2.321	0.020	2.153
ln(西湖距离)	−0.180***	0.006	−32.182	0.000	3.088
ln(面积)	1.094***	0.005	227.095	0.000	1.122
装修档次	0.009***	0.002	3.621	0.000	1.030
朝向	0.197***	0.007	27.140	0.000	1.049
ln(房龄)	−0.106***	0.004	−24.968	0.000	2.081
邻近大学	0.082***	0.006	14.911	0.000	1.697
ln(高中数量)	0.030***	0.004	7.121	0.000	1.558
ln(购物中心数量)	0.003***	0.001	5.491	0.000	1.102
邻近农贸市场	0.025***	0.008	3.299	0.001	1.361
(常量)	10.127***	0.035	291.590	0.000	—
调整 R^2			0.817***		
D-W 统计量			1.796		
F			2,479.005***		

注:***表示在 1% 的显著性水平上显著;**表示在 5% 的显著性水平上显著;*表示在 10% 的显著性水平上显著。

以市区高架段为例（T_2），交互项 $T_2 \times D_1$、$T_2 \times D_2$、$T_2 \times D_3$、$T_2 \times D_4$ 的回归系数均显著为正，分别为 0.027、0.078、0.048 和 0.028。表明快速路对周边住宅价格具有显著的正向资本化效应，且影响程度随着距离的增加先上升后下降。类似地，在市区隧道快速路段和郊区高架快速路段也发现了相同的规律，这些结果为假设二进一步提供了实证证据。此外，对比城市不同区域内快速路设施对住宅价格资本化效应的大小，发现在同一距离区间内，郊区高架快速路对周边住宅价格的资本化效应大于市区高架快速路。如在 D_1 范围内，住宅价格资本化率在郊区和市区分别为 6.4％和 2.7％，可能原因是郊区的交通基础设施相对较缺乏，而快速路的存在降低了周边居民的交通成本，大大提高了通勤效率；而市区交通设施较为完善，居民出行可选择的交通工具多，从而使得快速路带来的边际交通成本的下降程度在市区子市场小于郊区子市场。因此，快速路设施对市区住宅价格产生的资本化效应低于郊区住宅，这些结果也进一步证明了假设三。

6.4.3 快速路资本化效应的社会异质性分析

本章研究的主要目的之一是探究快速路设施对住宅价格的资本化效应在社会维度上的异质性，为理解城市交通与住宅价格之间的关系提供新的视角。为了实现这一目的，对模型 1—4 分别进行分位数回归，选用 0.1—0.9 共 9 个分位点，回归结果展示在表 6-7—表 6-10 中。

模型 5 的回归结果如表 6-7 所示，模型伪 R^2 值的范围为 0.551～0.620，表明分位数回归在不同分位点上都具有较好的解释力。回归结果显示，lnD 的回归系数范围为 -0.003～0.045，且在绝大部分分位点上显著。表明在这些分位数水平上，住宅价格随着与快速路设施距离的减小而增加，但增加速率随分位点而异，证明了假设四中提出的社会异质性的存在。通过比较不同分位点上回归系数的大小，发现其绝对值随着分位点的上升而逐渐减小，表明快速路对低价位住宅的影响大于中、高价位住宅。例如，在 0.1 分位点上，到快速路的距离每减少 1％，住宅价格上涨 0.045％，而在 0.8 分位点上，这一影响则降低到 0.014％。可能原因是低价房周边交通基础设施配套较薄弱，快速路大大降低了居民交通成本（时间成本和经济成本）；而高价房周边交通基础设施配套完善，带来的边际交通成本下降程度有限。因此，低价位住宅购买者对快速路的支付意愿比高价位住宅购买者更为强烈，从而导致快速路对低价位住宅的资本化效应大于高价位住宅。

模型 6 的分位数回归结果如表 6-8 所示，估计结果进一步证明了假设四，即快速路设施对各距离缓冲带中的住宅价格的资本化效应均存在社会异质性。具体来说，在不同距离区间内，快速路设施对住宅价格的资本化效应均随着分位点的

表6-7 模型5的分位数回归结果

变量名称	0.1	0.2	0.3	0.4	0.5	0.6	0.7	0.8	0.9
ln(快速路距离)	-0.045***	-0.039***	-0.033***	-0.031***	-0.029***	-0.024***	-0.019***	-0.014***	-0.003
邻近地铁站	0.039***	0.030***	0.025***	0.021***	0.014**	0.014***	0.010***	0.006	-0.005
邻近铁路线	0.067***	0.018***	-0.007	-0.020***	-0.032***	-0.051***	-0.061***	-0.072***	-0.100***
ln(公交站点数量)	0.096***	0.097***	0.093***	0.084***	0.084***	0.078***	0.075***	0.075***	0.085***
ln(客运站距离)	-0.044***	-0.021***	-0.026***	-0.027***	-0.030***	-0.031***	-0.034***	-0.033***	-0.026***
ln(西湖距离)	-0.176***	-0.196***	-0.219***	-0.226***	-0.227***	-0.236***	-0.238***	-0.239***	-0.245***
ln(面积)	1.110***	1.074***	1.055***	1.041***	1.034***	1.034***	1.035***	1.038***	1.045***
装修档次	-0.004	0.000	0.004	0.007	0.008***	0.009***	0.011***	0.011***	0.010***
朝向	0.199***	0.254***	0.286***	0.267***	0.205***	0.166***	0.134***	0.123***	0.100***
ln(房龄)	0.016	-0.057***	-0.110***	-0.127***	-0.141***	-0.153***	-0.161***	-0.167***	-0.183***
邻近大学	0.025**	0.012	0.029***	0.042***	0.056***	0.062***	0.075***	0.096***	0.138***
ln(高中数量)	0.025***	0.033***	0.029***	0.029***	0.029***	0.025***	0.025***	0.027***	0.028***
ln(购物中心数量)	0.002***	0.001	0.001***	0.002***	0.002***	0.003***	0.003***	0.003***	0.001
邻近农贸市场	0.170***	0.017	-0.029***	-0.019***	-0.018*	-0.023***	-0.016**	-0.013	-0.010
(常量)	9.417***	9.973***	10.334***	10.529***	10.701***	10.862***	10.954***	11.008***	11.090***
伪R^2	0.551	0.567	0.582	0.593	0.602	0.610	0.617	0.620	0.613

注：*** 表示在1%的显著性水平上显著；** 表示在5%的显著性水平上显著；* 表示在10%的显著性水平上显著。

表 6-8　模型 6 的分位数回归结果

变量名称	0.1	0.2	0.3	0.4	0.5	0.6	0.7	0.8	0.9
D_1	0.098***	0.083***	0.076***	0.061***	0.054***	0.050***	0.043***	0.048***	0.046***
D_2	0.131***	0.101***	0.098***	0.087***	0.083***	0.078***	0.065***	0.059***	0.029***
D_3	0.103***	0.096***	0.084***	0.061***	0.061***	0.058***	0.047***	0.044***	0.012
D_4	0.049***	0.022***	0.025***	0.014***	0.012	0.008	0.005	−0.001	−0.013
邻近地铁站	0.038***	0.037***	0.029***	0.021***	0.013***	0.011***	0.009***	0.006	0.001
邻近铁路线	0.070***	0.012*	−0.005	−0.017*	−0.030***	−0.042***	−0.051***	−0.068***	−0.097***
ln(公交站点数量)	0.119***	0.115***	0.097***	0.089***	0.084***	0.082***	0.073***	0.067***	0.071***
ln(客运站距离)	−0.038***	−0.006	−0.021***	−0.024***	−0.028***	−0.032***	−0.035***	−0.035***	−0.033***
ln(西湖距离)	−0.157***	−0.186***	−0.211***	−0.220***	−0.225***	−0.232***	−0.238***	−0.239***	−0.243***
ln(面积)	1.108***	1.076***	1.053***	1.044***	1.037***	1.031***	1.036***	1.040***	1.042***
装修档次	0.000	0.004	0.002	0.007***	0.009***	0.009***	0.012***	0.011***	0.010***
朝向	0.208***	0.249***	0.302***	0.269***	0.202***	0.165***	0.135***	0.122***	0.106***
ln(房龄)	0.007	−0.076***	−0.110***	−0.126***	−0.140***	−0.155***	−0.159***	−0.162***	−0.178***
邻近大学	0.014	0.006	0.030***	0.046***	0.059***	0.069***	0.077***	0.098***	0.142***
ln(高中数量)	0.037***	0.049***	0.038***	0.037***	0.036***	0.036***	0.034***	0.042***	0.038***
ln(购物中心数量)	0.002	0.000	0.001***	0.002***	0.002***	0.003***	0.003***	0.003***	0.002***
邻近衣贸市场	0.133***	0.013	−0.024**	−0.018*	−0.022***	−0.021***	−0.015*	−0.010	−0.001
(常量)	9.226***	9.805***	10.191***	10.405***	10.614***	10.780***	10.888***	10.955***	11.093***
伪 R^2	0.553	0.569	0.584	0.594	0.604	0.612	0.619	0.622	0.615

注:*** 表示在 1% 的显著性水平上显著;** 表示在 5% 的显著性水平上显著;* 表示在 10% 的显著性水平上显著。

表 6-9 模型 7 的分位数回归结果

变量名称	0.1	0.2	0.3	0.4	0.5	0.6	0.7	0.8	0.9
$T_1 \times \ln D$	-0.088***	-0.081***	-0.056***	-0.048***	-0.035***	-0.022***	-0.014***	-0.008	0.011
$T_2 \times \ln D$	-0.027***	-0.029***	-0.022***	-0.020***	-0.017***	-0.014***	-0.011***	-0.010***	-0.015***
$T_3 \times \ln D$	-0.020**	-0.007	-0.022***	-0.027***	-0.031***	-0.028***	-0.028***	-0.026***	0.004
邻近地铁站	0.009	0.008	0.003	0.003	-0.001	-0.001	-0.003	-0.002	-0.006
邻近铁路线	0.002	-0.030***	-0.041***	-0.053***	-0.065***	-0.074***	-0.080***	-0.089***	-0.107***
ln(公交站点数量)	0.113***	0.111***	0.088***	0.091***	0.087***	0.086***	0.085***	0.085***	0.091***
ln(客运站距离)	-0.056***	-0.043***	-0.040***	-0.037***	-0.040***	-0.040***	-0.043***	-0.040***	-0.025***
ln(西湖距离)	-0.133***	-0.170***	-0.202***	-0.211***	-0.214***	-0.217***	-0.223***	-0.227***	-0.235***
ln(面积)	1.111***	1.075***	1.051***	1.041***	1.033***	1.032***	1.034***	1.040***	1.047***
装修档次	-0.002	-0.002	0.001	0.005***	0.008***	0.010***	0.011***	0.010***	0.010***
朝向	0.197***	0.265***	0.288***	0.275***	0.200***	0.162***	0.130***	0.122***	0.101***
ln(房龄)	0.028*	-0.053***	-0.097***	-0.128***	-0.139***	-0.150***	-0.159***	-0.164***	-0.178***
邻近大学	0.036***	0.028***	0.037***	0.053***	0.068***	0.083***	0.093***	0.107***	0.139***
ln(高中数量)	0.011	0.018***	0.019***	0.019***	0.019***	0.018***	0.019***	0.022***	0.029***
ln(购物中心数量)	0.002*	0.001	0.001	0.002***	0.002***	0.003***	0.003***	0.003***	0.001**
邻近农贸市场	0.096***	0.008	0.000	-0.008	-0.020**	-0.021***	-0.020***	-0.020***	-0.001
(常量)	9.516***	10.045***	10.417***	10.591***	10.786***	10.888***	10.976***	11.008***	11.040***
伪 R^2	0.554	0.571	0.585	0.595	0.604	0.612	0.619	0.621	0.614

注：*** 表示在 1% 的显著性水平上显著；** 表示在 5% 的显著性水平上显著；* 表示在 10% 的显著性水平上显著。

表 6-10 模型 8 的分位数回归结果

变量名称	0.1	0.2	0.3	0.4	0.5	0.6	0.7	0.8	0.9
$T_1 \times D_1$	0.052**	0.079***	0.078***	0.069***	0.071***	0.073***	0.081***	0.091***	0.129***
$T_1 \times D_2$	0.167***	0.172***	0.181***	0.179***	0.182***	0.168***	0.173***	0.164***	0.154***
$T_1 \times D_3$	0.182***	0.130***	0.113***	0.110***	0.130***	0.137***	0.137***	0.134***	0.101***
$T_1 \times D_4$	0.099**	−0.024	0.020	0.058*	0.106***	0.104***	0.115***	0.100***	0.091***
$T_2 \times D_1$	0.044**	0.041***	0.038***	0.031***	0.028***	0.021***	0.018***	0.002	−0.009
$T_2 \times D_2$	0.108***	0.080***	0.069***	0.058***	0.051***	0.041***	0.039***	0.045***	0.066***
$T_2 \times D_3$	0.033	0.051***	0.057***	0.051***	0.051***	0.049***	0.046***	0.043***	0.024**
$T_2 \times D_4$	0.072***	0.037***	0.027***	0.017**	0.014*	0.001	−0.001	−0.006	−0.022*
$T_3 \times D_1$	0.114***	0.064***	0.065*	0.040***	0.028***	0.005	−0.003	−0.014	−0.066***
$T_3 \times D_2$	0.197***	0.115***	0.100***	0.087***	0.077***	0.059***	0.045***	0.038***	−0.005
$T_3 \times D_3$	0.319***	0.170***	0.109***	0.066***	0.051***	0.016*	−0.002	−0.019*	−0.050***
$T_3 \times D_4$	0.079	0.060	−0.022	−0.033	−0.046**	−0.077***	−0.084**	0.035	0.092***
邻近地铁站	0.002	0.004	0.003	0.007	0.001	0.002	0.000	−0.003	0.000
邻近铁路线	0.018	−0.039***	−0.050***	−0.053***	−0.069***	−0.082***	−0.089***	−0.100***	−0.109***
ln(公交站点数量)	0.196***	0.135***	0.111***	0.096***	0.092***	0.084***	0.075***	0.073***	0.061***
ln(客运站距离)	−0.027***	−0.010	−0.013*	−0.018***	−0.020***	−0.019***	−0.020***	−0.018***	−0.018***
ln(西湖距离)	−0.121***	−0.155***	−0.179***	−0.189***	−0.188***	−0.188***	−0.190***	−0.192***	−0.197***
ln(面积)	1.104***	1.066***	1.045***	1.042***	1.033***	1.034***	1.034***	1.034***	1.035***
装修档次	0.001	0.004	0.004	0.005***	0.008***	0.008***	0.007***	0.008***	0.008***
朝向	0.216***	0.277***	0.323***	0.281***	0.202***	0.155***	0.125***	0.111***	0.100***
ln(房龄)	0.008	−0.068***	−0.107***	−0.121***	−0.131***	−0.139***	−0.144***	−0.150***	−0.173***
邻近大学	0.048***	0.031***	0.045***	0.054***	0.060***	0.074***	0.084***	0.095***	0.147***
ln(高中数量)	0.001	0.027***	0.030***	0.033***	0.035***	0.032***	0.030***	0.037***	0.036***
ln(购物中心数量)	0.002***	0.001**	0.001***	0.002***	0.002***	0.003***	0.003***	0.003***	0.002***
邻近农贸市场	0.064**	0.029	0.004	−0.023*	−0.037***	−0.043***	−0.049***	−0.054***	−0.066***
(常量)	9.159***	9.862***	10.219***	10.436***	10.647***	10.788***	10.909***	10.985***	11.170***
伪 R^2	0.559	0.574	0.587	0.597	0.605	0.614	0.620	0.623	0.618

注：*** 表示在 1% 的显著性水平上显著；** 表示在 5% 的显著性水平上显著；* 表示在 10% 的显著性水平上显著。

上升呈现下降的趋势。例如,在 D_2 距离区间内,快速路对住宅价格的溢价率在 0.1 分位点上为 13.1%,而在 0.9 分位点上则降为 2.9%。可能是由于低价位住宅周边交通设施不完善,购房者更看重可达性提升带来的出行便利性;而高价房购买者可能对快速路带来的交通噪声、空气污染、景观破坏等负向外部性的敏感程度较高,抵消了部分可达性提高对住宅价格产生的溢价作用,故快速路对高价位住宅的资本化效应比低价位住宅小。

模型 7 的分位数回归结果(表 6-9)证明了不同类型快速路设施对住宅价格的资本化效应均存在社会异质性,即对低、中、高价位住宅的影响程度各不相同。以市区为例,隧道快速路和高架快速路对住宅价格的影响呈现随分位点增大而减小的趋势,即快速路对市区低价住宅的影响大于中、高价位住宅。而在郊区范围内,快速路对住宅价格影响的回归系数在 $-0.020 \sim 0.031$ 波动,没有显示出明显的变化趋势,这可能因为德胜快速路作为郊区最主要的交通通道之一,对不同价位住宅购买者均具有一定的吸引力,故各价位住宅受快速路影响的程度较为接近。

模型 8 的分位数回归结果(表 6-10)显示,绝大部分回归系数通过了 10% 的显著性水平检验,且回归系数的大小随分位点变化的差异明显。具体来说,高架快速路设施对市区和郊区住宅价格的资本化效应总体上呈现随着分位点的上升而减小的趋势,并在部分分位点上伴随着微小的波动。如在市区范围内,高架快速路设施(T_2)对 $0 \sim 1\,000$ 米范围内住宅的溢价率从 0.1 分位点上的 4.4% 下降到 0.7 分位点上的 1.8%;在郊区范围内,高架快速路设施(T_3)对 $1\,000 \sim 2\,000$ 米范围内住宅的溢价率在 0.1 分位点上为 19.7%,而在 0.8 分位点上,溢价率则降至 3.8%;在其他距离区间内,回归系数的变化趋势类似。然而,位于市区范围内的隧道快速路设施(T_1)对住宅价格资本化效应则有所不同。具体来说,在 $0 \sim 1\,000$ 米范围内,隧道快速路设施对高价位住宅的资本化效应大于中、低价位住宅。这可能是由于在数据收集时德胜快速路市区隧道段即将开通,其对周边住宅价格的升值作用实则是购房者对隧道开通后该区域住宅价格会上升的预期造成的。由于住宅具有投资属性,因此,购买高价住宅的消费者预期德胜快速路市区隧道段的开通将对改善该区域的交通现状产生重要作用,进而显著提升周边住宅价格。在 $1\,000 \sim 2\,000$ 米范围内,快速路对各分位点住宅的资本化效应较 $0 \sim 1\,000$ 米范围内的住宅有明显提高,溢价率在 15.4% $\sim$ 18.1% 波动。可能原因是该距离范围内的住宅受快速路负向外部性影响较小,且可达性的提升程度仍较为可观,故不同价位住宅对购房者均有巨大的吸引力。随着距离的增加,快速路对 $2\,000 \sim 3\,000$ 米范围内的住宅价格影响规律与 $1\,000 \sim 2\,000$ 米范围内的住宅较为接近,在 $3\,000 \sim$

4 000 米范围内,隧道快速路设施对各分位点上住宅价格资本化效应的大小和显著性逐渐降低。

6.5　本章小结

虽然城市交通设施对住宅市场的资本化效应得到国内外学者的广泛研究,但鲜少有文献关注快速路对住宅价格的影响。为了弥补这一研究不足,本章以杭州市德胜快速路为研究对象,全面剖析快速路对住宅价格的资本化效应,具体结论如下。

①在交通拥堵问题日益严重的背景下,快速路为长距离交通提供了快速通道,使居民快速便捷地往返市区与郊区,大大节约了交通成本,并对交通廊道周边房地产价值产生正向影响。本章研究通过实证分析发现,住宅与快速路设施的距离每减少 1％,住宅价格平均上升 0.028％。换言之,每靠近快速路出入口 1 000米,住宅总价将上升 48 112.59 元,表明快速路对住宅价格具有显著的正向资本化效应,证明了假设一的有效性。

②空间维度上,快速路设施对住宅价格资本化效应的异质性主要体现在两个方面:距离异质性和区域异质性。在不同距离区间内,快速路对住宅价格的溢价作用存在异质性。具体而言,在 0～1 000 米、1 000～2 000 米、2 000～3 000 米和 3 000～4 000 米 4 个空间范围内,快速路对住宅价格的溢价作用先增大后减小,溢价率分别为 7.1％、9.4％、8.2％和 3.8％。受到快速路带来的交通噪声、空气污染和景观割裂等负向外部性的影响,快速路设施对最近距离范围内住宅的溢价作用并非最大,而是随着距离的增加溢价作用先增加,在适当的距离处达到最大后再逐步减弱。在本章研究中,快速路对住宅价格的溢价作用在距离快速路 1 000～2 000 米范围内达到最大。其次,在城市不同区域,快速路设施对住宅价格的资本化效应存在显著的空间差异。对高架快速路设施,其对郊区住宅价格的平均资本化效应大于市区住宅。此外,该资本化效应在各区域内也均与距离呈非线性关系,且在同一距离区间内,郊区住宅价格的溢价程度大于市区住宅。

③社会维度上,快速路设施对不同价位住宅的资本化效应存在异质性。快速路设施对住宅价格的平均资本化效应随着分位点的上升而减小,即对低价位住宅的影响程度和溢价作用大于中、高价位住宅。进一步地,在城市不同区域内,快速路设施对住宅价格的影响也存在社会异质性。在市区范围内,隧道快速路和高架快速路对附近低价住宅的影响显著大于对中、高价位住宅的影响;而在郊区范围

内，高架快速路对不同价位住宅价格的影响则相对较为接近，没有明显的差异。在各个距离区间内，市区和郊区高架快速路对住宅的资本化效应大致随着分位点的上升而下降；而市区隧道快速路由于购房者的预期作用，溢价率在 0～1 000 米范围内随着分位点的上升而上升，在 1 000～3 000 米范围内，溢价作用总体较大，波动幅度较小，随着距离的继续增加，溢价作用则略显下降。

第 7 章　结论与展望

7.1　主要研究结论

伴随着城市化和机动化的快速推进,我国大城市人口迅速增长,交通出行需求和住房需求不断提高,与城市现有供给水平的矛盾日益凸显。城市交通基础设施与房地产价值之间的关系是城市经济学领域的热点话题,得到了国内外学者的广泛关注和研究,但该主题的研究仍需进一步完善。本书在全局视角的基础上,进一步细化了研究视角,从空间维度和社会维度深入探究了交通资本化效应的空间异质性和社会异质性。以长三角的核心城市——杭州市为案例,首先对城市各类交通基础设施对住宅价格的资本化效应进行总体分析,通过构建地理加权回归模型和两阶段空间分位数回归模型探究交通资本化效应在城市空间和住宅价格条件分布上的总体分异规律。随后,本书以杭州地铁 1 号线和德胜快速路为例,深入探究城市重大交通基础设施对周边住宅价格的资本化效应,并分析其在沿线区域的空间异质性和住宅价格条件分布上的社会异质性。在基于空间－社会视角构建的交通资本化效应多维度分析框架下,得到了以下结论。

(1)总体而言,大部分交通基础设施对住宅价格具有显著的资本化效应,但不同类型交通基础设施的资本化效应在显著性、方向以及大小方面存在差异。

在本书研究的案例城市中,大多数交通基础设施对住宅价格都具有显著的资本化效应,但显著性水平有所差异。轨道交通、快速路、常规公交、公共自行车设施对住宅价格的影响在 1% 的水平上显著,快速公交设施、公共交通出行费用、道路通行速度的影响在 10% 的水平上显著。由此可见,绝大多数交通基础设施的外部性都显著资本化到房地产市场中,对住宅价格具有显著的影响。通过对比特征价格模型和空间计量模型的回归结果,发现控制住宅价格数据的空间自相关效应后,空间滞后模型对住宅价格的解释能力提高了9.9%,自变量回归系数的显著性水平也得到了改善,如水上巴士站点变量回归系数的显著性水平从10%提升到了5%。

然而,由于交通运输复杂的外部性,交通基础设施对住宅价格的资本化效应并不都是积极的。首先,出行费用是交通成本最直接的衡量方式,其与住房成本之间的权衡是影响居民购房决策的重要因素。以标准住宅为例,出行费用每增加1元,住宅价格下降710.615元/米²。大部分交通基础设施的正向外部性占主导地位,对住宅价格产生正向的净资本化效应。例如,住宅每靠近轨道交通站点或快速路出入口1 000米,住宅价格分别上涨1 457.845元/米²或858.682元/米²;小区周边1 000米范围内每增加1个快速公交站点,价格上升253.305元/米²;邻近水上公交站点为住宅小区带来1 694.089元/米²的溢价。相反地,常规公交和公共自行车设施的负向外部性大于正向外部性,对住宅价格的净资本化效应是负向的。住宅周边1 000米范围内每增加1个常规公交站点或公共自行车站点,住宅价格分别下降114.247元/米²和417.135元/米²。

根据上述分析结果,不同类型交通设施资本化效应的大小有所差异。在案例城市中,交通特征变量每变化1个单位,标准住宅价格的变化范围为下降710.615元/米²至上升1 694.089元/米²,表明购房者对不同类型交通基础设施的支付意愿存在较大的差异。水上巴士是杭州市的特色交通工具,兼具交通运输和休闲观光功能,提高了邻近住宅的可达性和居住舒适度,对住宅价格的溢价效应最大。轨道交通和快速路作为分别服务于公共交通出行和私人交通出行的重大基础设施,能够产生可观的社会效益和经济效益,对住宅价格具有较大的溢价效应。常规公交、快速公交、公共自行车和道路通行速度对住宅价格的影响较小,均小于500元/米²。这些结果有助于量化购房者对各类交通基础设施的偏好,为政府相关部门做出科学的交通投资决策提供需求侧的实证。

(2)城市交通资源的资本化效应在空间维度和社会维度均存在显著的异质性,且不同类型交通设施的资本化效应随住宅空间位置和价位变化的分异规律不同。

在空间维度上,地理加权回归模型的结果显示,交通特征变量回归系数的显著性和大小随住宅空间位置的变化而变化。首先,交通基础设施可能只对部分空间位置上的住宅价格具有显著的影响,而对另一部分住宅价格没有显著的影响。如常规公交设施只对位于城市中部区域的住宅产生了显著的资本化效应,水上巴士的邻近性也只资本化到周边的部分住宅价格中。其次,购房者对交通基础设施支付意愿的大小在空间上并不是均匀分布的。通过对回归结果的分析总结,交通资本化效应的空间异质性主要来源于以下三个方面。①不同区域交通禀赋的差异。如城市南部区域(钱塘江南侧)远离城市 CBD,交通禀赋较差,居民进入城市中心需要跨越钱塘江,交通成本较高,轨道交通设施明显提高了该区域居民出行的便捷程度,对轨道交通设施的支付意愿最强,最高可达 1 906.648 元/米²;而城市中部和北部区域经过多年的建设,交通禀赋较好,轨道交通设施对可达性的边际改善效应有限,对住宅价格产生的溢价最小仅为 624.591 元/米²。②居民需求的空间分异。如城市西部区域邻近众多自然景观景点,该区域居民对优质居住环境的需求较高,对常规公交产生的空气污染等负向外部性较为敏感,因此,公交设施对该区域住宅价格具有负向资本化效应;相反地,城市东部区域受地理条件限制容易形成交通瓶颈,该区域居民对可达性的需求更大,公交设施对住宅价格的资本化效应变为正向的,产生 18.800～37.600 元/米² 的溢价效应。③交通设施有限的服务范围。如快速公交和水上巴士设施的服务范围有限,无法辐射城市范围内的所有住宅,因此只对沿线一定空间范围内的住宅价格具有显著的影响,超出该范围,影响不再显著,这造成了资本化效应在空间上的分布不均匀。由此可见,城市交通基础设施对住宅价格资本化效应具有显著的空间异质性,但基于全局视角的特征价格模型的回归结果无法反映这一规律。

在社会维度上,不同价位住宅购买者对交通基础设施支付意愿的显著性和大小存在显著的异质性。一方面,由于对住宅特征偏好和需求的差异,不同价位住宅购买者对交通基础设施是否具有显著的支付意愿出现分异,如快速公交、常规公交和水上巴士设施会显著影响中、高价位住宅购买者的支付意愿,而低价位住宅购买者通常不关注这几类交通设施,但会考虑公共自行车设施。另一方面,高、中、低价位住宅购买者根据自身收入水平和支付能力而为交通基础设施支付不同程度的住宅溢价或折价。例如,购房者对轨道交通设施的支付意愿随着住宅价格的升高而逐渐增加,高价位住宅购买者愿意支付的住宅溢价大约为低价位住宅购买者的 2 倍。对于快速路设施,0.8 分位点上住宅购买者的支付意愿最大,每靠近快速路出入口 1 000 米,愿意支付 1 230.043 元/米² 的住宅溢价。对于快速公交设施,0.7 和 0.8 分位点上住宅的购买者对住宅周边增加一个站点的支付意愿分别为 454.302 元/米² 和 497.876 元/米²。然而,常规公交设施则对中、高价位住宅产生一定程度的折价效应。可见,优质的交通设施供给被更大程度地资本化到高价住宅中,这可能会导致低收入居民由于支付能力的限制而被挤出拥有高质量交通服务的区域,损害社会公平。

值得注意的是,在案例城市中,轨道交通和快速路设施对住宅价格的资本化效应在空间维度和社会维度上的异质性表现尤为明显。地理加权模型结果显示,轨道交通和快速路变量的回归系数几乎在所有空间位置上的样本点上显著,并呈现有规律的空间分布,表明绝大部分区域的居民都愿意为居住在轨道交通站点或快速路出入口附近而支付一定的住房溢价。两阶段空间分位数回归模型则表明高、中、低价位住宅购买者均愿意为了邻近轨道交通站点或快速路出入口的住宅而支付额外的溢价。由此可见,轨道交通和快速路设施作为服务于城市公共交通和私人交通的重大基础设施,对居民具有巨大的吸引力,影响居民的购房决策。因此,有必要对这两类交通基础设施的资本化效应进行针对性的全面分析。

(3)城市重大交通基础设施——轨道交通对住宅价格具有显著的正向资本化效应,且在空间维度和社会维度具有明显的异质性。

针对杭州地铁1号线的研究证明,轨道交通设施对周边住宅价格产生了显著的正向资本化效应,每靠近地铁站点 1 000 米,住宅价格平均上升 391.860 元/米²。进一步地,轨道交通资本化效应在空间上并不是均匀分布的,表现出明显的空间异质性。总体上来说,轨道交通站点对周边 500 米范围内住宅价格的溢价效应为 8.0%,在 500～1 000 米范围内,溢价效应降为 5.4%,随着距离的增加,溢价效应继续降至 2.8%(1 000～1 500 米)和 2.3%(1 500～2 000 米)。在距离站点周边较近的范围内,轨道交通设施带来的可达性提升较大且随距离的增加衰减速度较快,该区域住宅购买者对距离的变化较为敏感,支付意愿随距离增加而明显减小;在距离站点较远的区域,轨道交通设施带来的可达性提升较为有限,随距离衰减的速度放缓,购房者对距离变化的敏感程度也随之减弱。因此,轨道交通设施对住宅的溢价效应随着距离的增加呈现"先敏感、后平缓,总体下降"的非线性规律。

在不同价位住宅子市场中,杭州地铁1号线对住宅价格的资本化效应具有显著的社会异质性。总体上,轨道交通设施的资本化效应随着价格分位点的上升而增加,表明高价位住宅购买者愿意为轨道交通站点周边的住宅支付更高的溢价。这一规律也体现在轨道交通站点周边不同距离范围内的住宅中,如在 0～500 米范围内,轨道交通设施对高价位(0.9 分位点)住宅购买者具有强烈的吸引力,其对轨道交通设施的支付意愿是低价位(0.2 分位点)住宅购买者的近 4 倍。此外,轨道交通资本化效应在不同价位住宅子市场中的影响范围也具有异质性,随着住宅价格的上升,影响范围逐渐扩大。2011—2015 年,地铁设施对低价位(0.2—0.4 分位点)住宅的资本化效应只在 500 米范围内显著,对于中价位(0.5—0.8 分位点)住宅的影响范围为 1 000 米,对于高价位(0.9 分位点)住宅的影响范围则增加至 1 500 米。由此可见,设施对高价位住宅资本化效应的大小和范围均大于低价位住宅,该结果可为相关决策和政策的制定提供有价值的参考。

（4）线路的开通运营提升了轨道交通的资本化效应，并进一步强化了资本化效应在空间维度和社会维度上的异质性。

由于轨道交通的建设周期漫长，购房者在评估住宅价值时会将未来交通服务的供给情况纳入考虑范围，轨道交通的资本化效应可能在项目开通运营之前就已显现，线路的正式开通则会进一步提升资本化效应。对杭州地铁 1 号线建设期数据和运营期数据建模分析的结果证实了这一观点，建设期内，住宅每靠近轨道交通设施 1% 的距离，住宅价格将上升 0.048%，线路开通后，资本化效应增加至 0.058%，增加幅度达 21%。基于对站点周边区域未来可达性改善和交通成本降低的预期，购房者愿意为靠近站点的住宅提前支付一定的溢价，线路开通运营后，之前的预期切实转化为了效用满足，节约了居民的交通成本，并在站点周边区域产生了一定的集聚效益，土地级差地租上升，进一步促进住宅价格的上涨。长期来看，从项目规划确定公布线路和站点位置、公布项目信息，到开始建设，城市居民对站点周边房地产价值上涨的预期不断加强，在线路开通运营后，轨道交通设施正式发挥效用，对住宅价格的资本化效应达到峰值。

局部来看，在不同的距离区间内，轨道交通设施对周边住宅的资本化效应在线路开通运营后显著提升。例如运营期内轨道交通站点周边 500 米范围内住宅价格的溢价率为 9.1%，但建设期内对应的溢价率仅为 5.7%；在 500～1 000 米范围内，线路开通前后的溢价率分别为 6.4% 和 3.2%；随着距离的增加，轨道交通设施的资本化效应在建设期内不再显著，而运营期内的影响范围则扩大至 2 000 米。由此可见，线路的开通运营使轨道交通设施资本化效应的大小和影响范围进一步增大，加剧了资本化效应的空间分异。在不同价位住宅子市场中，轨道交通资本化效应在线路开通运营前后均表现出显著的社会异质性，对中、高价位住宅的影响大于低价位住宅。在建设期，轨道交通设施只对邻近站点的高价位住宅具有显著溢价效应；到了运营期，轨道交通设施的资本化效应扩散到稍低价位住宅或距离稍远处住宅的价格中，溢价程度也在线路开通后有所提高。由此可见，线路的开通运营扩大了资本化效应的影响范围，对更多价位的住宅产生了显著的溢价效应，进一步强化了社会异质性。

（5）城市重大交通基础设施——快速路对住宅价格具有显著的正向资本化效应，并在空间维度和社会维度存在明显的异质性。

德胜快速路作为杭州"四纵五横"快速路网中重要的"一横"，自东向西连接了郊区与中心区域，为城市中长距离交通提供了快速通道，节约了居民往返市区与郊区的交通成本，进而对周边住宅价格产生显著的正向资本化效应。以标准住宅为例,每靠近快速路设施 1 000 米,住宅价格上升 48 112.59 元。进一步地,基于快速路的特殊属性和在城市中的布局特点,快速路资本化效应在空间维度上具有显著的距离异质性和区域异质性。首先,随着与快速路设施距离的增加,资本化效应先增加后减小。由于快速路服务于机动车交通且多以高架的形式存在,产生的交通噪声、空气污染、景观影响等负向外部性较为明显,并易于被邻近住宅居民感知。因此,快速路设施对最近范围内(0～1 000 米)住宅的溢价效应并不是最大的;随着距离的增加,负向外部性快速衰减,而可达性的提升仍较为明显,资本化效应在 1 000～2 000 米范围内达到最大值。其次,由于城市不同区域交通禀赋的差异,快速路对郊区可达性的边际改善作用大于市区,对来自郊区的购房者具有较大的吸引力。因此,高架快速路对郊区住宅价格的溢价效应大于市区住宅。此外,快速路道路形式的差异也会造成资本化效应的空间分异,如德胜快速路的隧道段对周边住宅价格的资本化效应显著大于高架段。隧道快速路建造于地下,在缓解地面交通拥堵的同时,还保持了城市空间和景观的完整性,机动车通行产生的噪声和空气污染也易于通过技术手处理,对周边住宅的负向影响减小。由此可见,隧道快速路能够产生较为可观的社会和经济效益。

分位数回归模型的结果证实了快速路设施资本化效应的社会异质性。总体上,快速路设施对住宅价格的资本化效应随着分位点的上升而减小,即低价位住宅购买者对快速路设施的支付意愿比中、高价位住宅购买者更强烈,这一规律与轨道交通设施相反。可能原因是快速路多以高架形式建设,虽然能显著改善周边区域的可达性,但是其大尺度和封闭性的特点对城市空间和景观造成了明显的割裂。此外,机动车通行产生的空气和噪声污染难以消除,困扰着周边住宅居民。高价位住宅购买者对优质居住环境的偏好导致他们对快速路负向外部性的容忍度比低价位住宅购买者低,而低价位住宅购买者则对可达性提升的需求更强烈,因此快速路对住宅价格的资本化效应在低分位点最大,随着分位点的上升,资本化效应逐渐减小。特别的是,在不同区域子市场,快速路设施对住宅价格的资本化效应在价格的条件分布上的变化规律存在差异。在市区住宅子市场,快速路设施对低价位住宅价格的影响大于中、高价位住宅;而在郊区子市场,由于交通基础设施配套不完善,交通禀赋较差,快速路对不同价位住宅购买者均具有一定的吸引力,对住宅价格的资本化效应较为接近。

7.2　形成机制总结

本书的研究结果证实城市交通基础设施对住宅价格具有显著的资本化效应，并且在空间和社会维度表现出明显的异质性。那么，是什么导致了显著的交通资本化效应及其异质性？其背后蕴含着怎样的形成机制？本节将从城市经济发展、社会发展、交通外部性、社会贫富分化和重大事件影响这五个方面解答该问题。

（1）城市经济的持续快速发展提升了居民家庭的交通需求，交通资本化效应日益明显。

改革开放以来，我国的经济增长驶入快车道。2019 年，我国的 GDP 逼近 100 万亿大关，达到 99.08 万亿，不变价 GDP 比 1978 年增长 38.3 倍，年均增长率为 9.3%，远高于同期世界经济年均增速。人均国民总收入突破 1 万美元，在世界银行公布的 192 个国家和地区中排名第 71 位，按照目前的经济增速，我国在不久的未来将步入高收入国家的行列（国家统计局，2020）。杭州市作为我国经济体量最大的城市群——长三角城市群的核心城市，其经济实力、国际竞争力和可持续发展能力居全国城市前列。全市 GDP 在 2019 年突破 1.5 万亿元，同比增长 7.5%，城镇居民可支配收入为 66 068 元，位列全国第四，与排名第一的上海相差 7 547 元。在经济发展的快车道上，杭州市打造了具有城市特色的"互联网＋跨境贸易＋中国制造"模式，以"一带一路"倡议为依托，构筑开放型经济新高地。在国民经济产业结构中，三大产业对生产总值的贡献率分别为 2.1%、31.7%、66.2%，服务业已成为经济发展的主要驱动力。为了实现经济又好又快发展，杭州市着力建设创新型城市，大力引进科技型人才，加大科研投入，形成以创新为支撑的经济发展模式，规模以上高新技术产业对工业产值增长的贡献率达 50%，数字经济核心产值同比增长 15.1%，达到 3 795 亿元，占国民的比重为 24.7%（杭州市统计局，2020）。

随着经济的持续健康发展，居民的收入水平不断提升，对美好生活的向往日益强烈。在购房决策过程中，除了住宅价格，人们越来越重视住宅周边交通设施配套、邻里环境质量、教育、商业和医疗资源等对生活品质具有显著影响的因素，并愿意为具有优质配套资源的住宅支付一定的溢价。交通基础设施的建设和改善一方面能够使周边居民出行更加便捷，另一方面能够缓解交通拥堵及其带来的空气污染和交通噪声等环境问题，改善居住环境。因此，住宅周边的交通基础设施配套对居民购房决策的影响越来越明显，特别是轨道交通、快速路、快速公交、水上巴士等优质的交通资源，对住宅价格产生了显著的正向资本化效应，然而，常规公交、公共自行车等设施由于明显的负向外部性以及对可达性的提升有限,对住宅价格可能产生负向的资本化效应。

(2)城市化和机动化进程的快速推进激化了供需矛盾,加剧了交通资本化效应。

住房和交通一直以来都是重要的民生问题,与人们的日常生活息息相关。随着社会的发展,快速推进的城市化和机动化进程激化了城市交通服务供给与居民出行需求之间的矛盾,使得交通资本化效应进一步加剧。目前,城市人口的增长和外来人口的流入加速了杭州的城市化进程,根据杭州市统计局数据,2015—2018 年人口增量逐年增长,分别为 12.6 万人、17 万人、28 万人和 33.8 万人,2019 年的人口增量达 55.4 万人,位居全国第一。2019 年末,杭州市常住人口城市化率达到 78.5%,户籍人口城市化率为 67.38%,均远远高于全国平均水平。大量人口的涌入增加了城市的劳动力,为社会发展注入了新的活力,但也对城市住房和交通服务提出了更高的要求。与此同时,城市机动化水平逐年提高,如第 3 章 3.2 节所述,杭州市机动车保有量和使用量显著增长,对城市道路交通系统的服务范围和服务水平提出了新的挑战。

然而,随着人口数量的增长,交通出行需求持续上升,交通拥堵问题依然存在,由此引发的交通噪声、尾气污染等环境问题,对居民的生理和心理健康造成了一定影响。此外,由于市区住宅供给存在一定缺口,部分居民选择居住在城市边缘或远郊区域,由此产生了大量长距离通勤需求,这进一步加重了交通系统的负担。上述供需之间的动态变化使得人们对交通资源的竞争态势有所加剧。在此背景下,部分拥有优质交通资源配置的住宅的价格出现了一定程度的上涨,交通资本化效应进一步强化。

(3)交通基础设施的外部性内部化到住宅价格中,并引发了交通资本化效应的空间异质性。

基于外部性理论,交通基础设施具有正向外部性和负向外部性,并通过不同的途径内部化到住宅价格中:①交通基础设施的主要功能是为周边居民提供交通服务,提高周边区域的可达性,降低交通出行的经济成本和时间成本;②吸引商业、办公、住宅等物业和公共服务设施在可达性较好的区域集聚,引导城市土地向边缘地区扩张,拉动郊区土地和住宅价格的上涨,进而改变城市住宅价格梯度;③促进周边区域综合开发,提高土地利用的密度和强度,提升区位价值,进而推升土地和住宅价值;④交通建设和运行过程中产生的交通噪声、空气污染的负向外部性影响周边住宅居住环境的舒适度,密集且流动快速的人口对周边居民的居住私密性和安全性造成不利影响,降低了购房者的支付意愿。前三项外部性分别通过降低交通成本、改变住宅价格梯度、提升区位价值而对住宅价格产生正向资本化效应,最后一项通过影响住宅宜居度而对住宅价格产生负向资本化效应,正向和负向资本化效应叠加得到最终的净资本化效应。

更具体地,交通设施的正向外部性和负向外部性在空间上并不是无限延伸的,而是具有一定的影响范围,并且对住宅价格的影响程度在该范围内随着距离的增加而减小。因此,交通设施只对有限范围内的住宅价格具有显著的资本化效应,且资本化效应随着距离的变化而变化,例如,第 4 章 4.4.3 节、第 5 章 5.4.2 节和第 6 章 6.4.2 节发现的各类交通基础设施对住宅价格的资本化效应在空间维度上都具有显著的异质性。另外,交通设施外部性对住宅价格梯度的改变表明交通资本化效应随着与城市中心距离的变化而有所差异,在城市中心区域和边缘或远郊区域存在异质性(参见第 6 章 6.4.2 节)。由此可见,交通资本化效应随着空间位置的变化而变化,具有显著的空间异质性。

(4)社会贫富分化逐渐加剧,导致了交通资源资本化效应的社会异质性。

改革开放以来,我国经济持续快速发展,国内生产总值在 2019 年达到了 14.4 万亿美元,占全球生产总值的比重超过 16%,是继美国之后的世界第二大经济体。人均国内生产总值突破 1 万美元大关,达到 10 276 美元。与此同时,社会的贫富分化却越来越明显。根据《中国住户调查年鉴》,1995—1999 年,我国居民收入的基尼系数在 0.371~0.389 波动,2000 年增加至 0.408,突破了 0.4 的国际警戒线,表明收入差距较大。随后,基尼系数继续上升,并在 2008 年上升至 0.491,即将达到收入悬殊(0.5)的警戒线。2008 年以后,基尼系数上升的趋势得到了抑制,并在 2019 年降低至 0.465,同年,我国城镇家庭资产基尼系数为 0.51,75% 以上的社会财富由前 25% 的富有家庭占有。《中国家庭财富调查报告 2019》显示房产净值占家庭财产的 70% 以上,房产净值增长对家庭财富增长的贡献率达 90% 以上。过去二十年里,住宅价格持续快速增长,全国住宅平均销售价格从 1999 年的 1 857 元/米² 上升至 2019 年的 9 287 元/米²,而部分热点城市的上升幅度更大,如杭州市住宅平均销售价格则从 1999 年的 2 893 元/米² 上升至 2019 年的 26 527 元/米²,涨幅达 817%。在住宅价格高涨的背景下,2019 年杭州的住宅价格收入比高达 17.7,远远高于 4~6 的合理取值范围。因此,低收入、房产净值较低的居民家庭购房压力越来越大,而高收入、房产净值较高的居民家庭在此过程中积累更多的财富,贫富差距进一步扩大。

在购房决策过程中,高收入家庭对拥有优质配套的住宅拥有更强烈的支付意愿和更高的支付能力,而低收入家庭在有限的预算和支付能力的制约下,通常难以获得优质的资源,这导致了公共资源在社会阶层之间的差异化分配。对于交通基础设施,优质交通设施(如轨道交通)数量的稀缺性和服务范围的有限性导致只有部分居民能够享受便捷的交通服务,高收入居民为了获得高效率的交通服务和高质量的居住环境而愿意支付较高的住宅溢价,而低收入居民只能承受有限的住宅溢价。例如,在本书第 4 章 4.4.4 节、第 5 章 5.4.4 节以及第 6 章 6.4.3 节中,不同价位住宅购买者根据自身的收入水平和支付能力而对轨道交通、快速路、快速公交、水上巴士等设施支付不同程度的住宅溢价,表现出明显的社会异质性。此外,不同收入居民对住宅特征的偏好也是社会异质性的来源之一(参见第 4 章4.4.4 节),高收入居民对优质居住环境的偏好使得他们对常规公交产生的空气污染、交通噪声等负向外部性容忍度较差,愿意支付较高的住宅溢价以远离消极的环境影响;而低收入居民对可达性的偏好导致他们对常规公交负向外部性的容忍度较高,支付意愿的下降幅度小于高收入家庭。

(5)重大事件影响交通资源资本化效应的进程,并进一步强化了资本化效应的异质性。

作为影响城市发展和演变的重要因素,交通基础设施往往投资成本巨大、项目复杂程度高、在投入使用前需要经历细致的勘探、规划、审批、公告和建设等流程,项目周期漫长。以杭州地铁 1 号线为例,其早在 1986 年就已开始规划,2005年获得国务院的批准,随后可行性研究报告和设计方案的审批通过,杭州地铁 1号线一期工程于 2007 年开工建设,经过五年的建设,于 2012 年底开通运营。在项目规划时,交通设施的线路和节点位置就已大致确定,居民可能会基于对未来的预期做出相应的购房决策;公告期公布了确切的项目信息,居民的预期进一步加强,并在开通运营之后切实感受交通设施的效用。因此,交通设施在建成运营之前可能就会对周边住宅价格产生显著的资本化效应,项目开工建设、开通运营等重大事件对资本化效应产生正向或负向的刺激作用,导致资本化效应在事件发生前后可能存在差异。具体来说,在项目规划期和公告期,居民对交通设施未来降低交通成本、改善区位价值具有一定的预期,对于周边住宅的支付意愿可能会提高;建设期内,居民的预期进一步增强,但支付意愿还受到建设过程中施工噪声等负向影响;开通运营之后,居民的预期转化成了真实的效用满足,对住宅价格产生升值冲击,并且交通设施的集聚效应带来了额外的收益,区位价值进一步上升。参见第 5 章 5.4.3 节,轨道交通设施对住宅价格的资本化效应在建设期内就已存在,线路开通运营这一重大事件提升了地铁资本化效应,并进一步强化了资本化效应在空间维度和社会维度的异质性。

7.3　学术贡献和应用价值

7.3.1　学术贡献

城市交通系统是保持城市活力和促进经济发展的重要基础设施,畅通、高效、经济和切实适应城市发展的交通系统是解决城市化和机动化带来的城市问题的关键。本书定量研究了城市交通基础设施对住宅价格的资本化效应,多维度的分析框架为我们理解在中国特色社会主义制度背景和市场环境下,城市交通与住宅市场之间的关系提供了新的研究视角和经验证据。本书的学术贡献主要有以下三点。

①在理论分析方面,通过对相关理论文献的系统梳理,总结了交通资本化效应及其异质性的形成机理,为进一步完善交通资本化效应的分析框架提供参考。在此基础上,本书细化了以往文献的研究视角,创新性地提出了从空间和社会维度切入的交通资本化效应及其异质性研究的多维度分析框架。具体来说,以土地价值理论为基础,初步探究了城市交通基础设施与房地产价值之间的关系;在外部性理论的启发下梳理了交通基础设施的正向外部性和负向外部性,并归纳其对住宅价格的影响效果,为不同类型交通基础设施资本化效应的差异提供解释框架;最重要的是,引入了多维度市场细分概念,指出由交通基础设施引发的市场细分路径,并归纳了交通资本化效应在空间维度和社会维度的子市场效应。基于空间-社会视角的多维度分析框架的提出进一步完善了相关主题研究的分析思路,有助于全面揭示城市交通基础设施对住宅价格的资本化效应,并为其他类型城市公共品资本化效应的研究提供参考。

②在实证分析方面,为了探究城市交通基础设施对住宅价格的资本化效应及其异质性特征,本书在多维度分析框架下综合运用多种模型方法展开实证研究。在对城市各类交通基础设施资本化效应的总体分析中,首先采用特征价格模型估计各类交通设施对住宅价格的平均影响;随后构建空间计量模型(空间滞后模型和空间误差模型),以避免空间自相关效应导致的估计结果偏差,研究结果显示空间计量模型对住宅价格数据具有更好的解释能力,并提高了估计结果的准确度。住宅价格数据的空间异质性在以往研究中由于模型方法的限制通常被忽略,本书采用基于局部回归技术的地理加权回归模型探究交通资本化效应空间异质性。交通资本化效应在社会维度上的异质性也得到了系统的分析,弥补了以往研究的

缺陷。随着贫富分化日益明显,该结果有助于揭示可能存在的社会不公平问题,促进社会和谐发展。此外,本书分别选取杭州地铁1号线和德胜快速路作为研究对象,针对性地探究城市重大交通基础设施对住宅价格的资本化效应及其异质性特征,结合项目的建设历程,还探究了重大事件对轨道交通资本化效应的影响。总体来说,本书对以往文献中的研究思路、研究方法和研究内容分别进行了扩展、改进和充实,提高了研究结果的可靠度和有效性,为类似主题的研究提供有价值的参考。

③在研究内容方面,以杭州市为案例,本书研究有效识别了城市居民对各类交通基础设施的偏好参数。以往研究中通常只关注某一类交通基础设施对房地产价值的影响,如轨道交通设施长期以来是国内外学者的热点关注对象。实际上,城市交通系统构成复杂,各类交通基础设施相辅相成,共同为居民提供交通出行服务。因此,在估计城市交通与房地产市场之间关系时,有必要全面考虑各类交通基础设施的影响,提高估计结果的准确性。本书研究充分利用杭州市住宅市场微观交易价格数据和城市交通基础设施分布信息,在多维度分析框架下,首先从总体层面出发,对城市各类交通基础设施对住宅价格的资本化效应进行定量估计,包括轨道交通、快速公交、常规公交、水上巴士、公共自行车、快速路、城市常规道路;接着从个体层面出发,针对性地分析了轨道交通和快速路这两类重大交通基础设施对住宅价格的资本化效应,揭示了资本化效应的空间异质性和社会异质性,并探究了重大事件对轨道交通资本化效应的影响;最后对交通资本化效应及其多维异质性的形成机制进行总结归纳。本书的研究结果反映了居民对各类交通基础设施的偏好及其在空间维度和社会维度的分异规律,如此全面且细致的研究结论是以往文献没有实现的,能够为实现以需求为导向的城市管理和规划政策的制定提供有价值的定量支持,同时也为国际学术界提供来自中国独特背景下的实证案例。

7.3.2　应用价值

(1)系统把握城市交通与房地产市场的关系,有助于设计合理的经济效益返还机制。

从本书的研究结论可看出,大多数交通基础设施都能诱发周边住宅产生明显的增值效益,但项目投资者和管理者并没有充分利用这部分收益,在面临大规模交通基础设施建设的需求时,仍面临着巨大的财政压力。因此,有必要设计合理的效益返还机制,将交通基础设施项目的外部效益内部化,将流失的经济效益收集起来,为后续交通设施建设提供源源不断的资金支持。一方面,可以在大量实证研究和定量分析的基础上,确定合理的土地出让价格,最大程度地利用各类交通基础设施项目的经济效益。还可以利用房地产税收政策实现外部经济效益的再分配,通过制定科学的房地产税标准,使纳税人承担与其所拥有物业价值相匹配的税赋,可根据距离、区域、住宅价格水平、时间阶段、设施类型等采取有梯度的、差异化的税率,促进经济效益再分配的效率与公平。另一方面,可以增加融资渠道,借鉴"轨道交通＋物业"的运营模式,将交通项目建设投资和沿线物业开发相结合,利用物业开发产生的土地和房产增值来填补项目投资的缺口。在这种模式下,政府不必承担沉重的财政压力,社会资本获得了可观的投资收益,城市居民的生活也更加便利,形成"三赢"局面。

(2)以城市居民的真实需求为基础,提高城市交通基础设施配置的针对性和有效性。

本书的实证结果表明,城市交通基础设施对住宅价格的资本化效应具有显著的空间异质性,且不同类型交通设施资本化效应在空间上的分布规律不同。这一结果说明城市中不同空间位置上的居民对交通基础设施的需求存在差异。因此,在制定城市和交通等相关规划时应充分考虑居民的真实需求,这有助于提高城市交通基础设施空间配置效率,促进交通公共品供给和房地产市场的和谐发展。在现实情况中,虽然交通基础设施与住宅市场存在紧密的联系,但是城市空间中交通服务供给与居民需求不一致的现象随处可见,部分交通供给不足的区位资本化效应过高,导致住宅价格非理性上涨。根据居民实际需求在不同区域提供相应类型交通基础设施,如在住房密集区域或城市边缘和郊区区域增加优质交通基础设施的供给,特别是轨道交通设施,不仅能够改善交通资源供给不足、均等化水平低的问题,缓解局部区域住宅价格过高问题,还能够提高交通设施的空间配置效率,避免空间失配导致居民被迫承受高昂的住房成本或交通成本。

(3)合理协调城市交通基础设施为不同社会阶层群体带来的收益和成本,建立公平完善的再分配协调制度。

城市中来自不同社会阶层和收入水平不同的居民对各类交通基础设施的偏好存在明显差异。在市场竞争中,高收入居民具有更高的支付能力,对优质交通资源的偏好使得他们愿意为交通配置完善区位的住宅支付更高的溢价,而低收入居民支付能力有限,容易被挤出交通资源丰富的区位。本书的研究结果表明,轨道交通、快速路、快速公交等优质交通设施对周边住宅价格具有显著的溢价效应,居民购房成本大幅增加。如在杭州市区,以面积为 100 平方米的住宅为例,每靠近轨道交通站点 1 000 米,住宅价格平均上升 15.65 万元,高价位住宅购买者的支付意愿高于平均水平,愿意为靠近轨道交通站点的住宅多支付约 40% 的溢价,即

21.87万元,而低价位住宅购买者的支付能力则低于平均水平,仅为12.01万元。这一现象导致优质的交通资源被高收入居民占有,他们的住房财富也随着住宅价格的上涨进一步积累;而低收入居民为了在有限的购房预算里追求最大的效用组合,往往会被迫居住在交通资源相对匮乏、出行不便的地区,这些地区通常位于城市外围或者边缘郊区,其往返工作地和居住地的时间成本和经济成本增加,这最终可能会导致劳动力的流失,长期来看不利于城市人力资本的积累,或使城市活力下降。此外,交通基础设施的投资通常会吸引大量资本在项目周边积累,促进该区域向土地混合利用的新的城市次中心演变,这可能会导致资本在城市范围内的不均衡分布,原有的低技能劳动力被挤出(Beyazit,2015)。由此可见,城市交通基础设施项目的投资可能有损社会公平和生产效率,并引发一系列发展问题。政府相关部门在制定城市规划和管理政策时需要建立完善的再分配调节机制,如征收房地产税,或提高保障性住房的建设比例,对受损群体给予适当的经济补偿等。

7.4 研究不足和研究展望

7.4.1 研究不足

本书试图从多维度探究交通资本化效应的分异特征,研究结果不仅能够深入认识城市交通与住宅市场之间的关系,还能够为相关规划和城市管理政策的制定提供定量参考和科学指导。虽然取得了一些有意义的结论,但仍存在一些不足。

①住宅价格受建筑特征、区位特征、邻里特征等多种特征的影响,一些对住宅价格影响显著的特征可能由于在现实中难以获取或难以量化等原因而没有被纳入本书的变量体系中,这导致了遗漏变量的问题。同时,受现实情况限制,部分特征变量的量化存在一定程度的简化,如本书的距离变量均采用直线距离进行衡量,包括轨道交通站点距离、快速路距离、西湖距离等,而基于城市路网分布情况测量的网络距离更能反映真实情况,直接将直线距离引入模型可能会导致有偏的估计结果。另外,对交通基础设施的负向外部性缺乏正确的衡量和评价,未能获得交通噪声、空气污染等相关数据支撑,本书采用的交通特征变量只能获得正向外部性和负向外部性叠加形成的净效应,无法将两者分离出来。

②交通投资可能会在周边区域造成一定程度的集聚效应,促进各类房地产的开发,包括住宅、商业和办公地产。然而本书的研究重点关注城市交通基础设施对二手住宅价格的影响,忽略了其他类型房地产。商业和办公地产与住宅地产之

间存在较大的差异,考察城市交通与各类房地产价值之间的关系能够进一步完善本书的研究结论。此外,交通基础设施还能提高周边区域住房租赁市场的活力,本书未探索交通资本化效应在租赁价格中的体现,若能获取住房租金数据,并在本书研究的分析框架下探索交通基础设施对周边区域住房租金的影响,将具有重要的理论和现实意义。

③在重大事件的研究中,本书只探究了轨道交通线路的开通运营对交通资本化效应的影响,研究数据的时间跨度为项目的建设期和运营期。由于缺乏早期数据,无法在更长的时间范围内探究交通项目的规划审批通过、开工建设等事件对资本化效应是否具有显著的影响。另外,对其他类型交通基础设施资本化效应演变规律的关注有限,如快速路作为重大交通基础设施项目,来自城市不同区域、不同社会阶层的购房者对快速路设施都表现出强烈的支付意愿,遗憾的是,由于研究数据的限制,本书未针对重大事件对快速路资本化效应的影响展开深入的探究。

④对城市居民交通需求的关注有限。本书的研究主要从城市交通基础设施供给的角度出发,探究交通设施对住宅价格的资本化效应,并进一步探究其空间、时间和社会维度的异质性。然而,城市居民的需求是影响他们对交通设施的偏好和支付意愿的决定因素之一,未来如有大规模且信息全面的居民调查数据,可以尝试从需求侧角度出发,获取居民对交通设施的主观需求,这将为交通资本化效应提供新的解读角度。

7.4.2　研究展望

根据上述研究不足,未来的研究可以从以下几个方面进行完善和深化。

①完善样本数据,优化变量选择和量化。借助城市完善的道路分布信息和地理信息系统的网络分析技术测算样本住宅与兴趣点之间真实的网络距离,以替代本书研究中的直线距离,提高模型估计结果的准确性。通过实地调查测量各类交通基础设施周边的噪声分贝值和空气质量指数,为城市交通负向外部性的量化提供数据支撑,把交通设施对住宅价格的负向影响分离出来,这有利于准确把握交通设施的正向资本化效应和负向资本化效应的大小。

②深化城市交通与其他类型房地产市场的研究。在本书的分析框架下,全面探究城市交通基础设施对住宅、商业、办公地产价值以及住房租金的资本化效应及其异质性特征,揭示资本化效应形成机制的差异,为政府拓宽经济效益回收途径提供经验证据和定量支持。

③充分考虑交通资本化效应及其异质性的演变历程,探究交通设施项目建设

过程中重大事件对住宅价格的影响。通过收集项目各个阶段（规划期、公告期、建设期、运营期）的数据，利用双重差分模型探究交通资本化效应在重大事件发生前后的变化规律。特征价格模型通过不同截面数据"前后差异"的对比无法分离出重大事件的净影响，而双重差分模型借鉴自然实验的思想，能够剔除"事前差异"，更准确地识别重大事件引起的交通资本化效应的变化。

　　④结合显示性偏好法（revealed preference method，RPM）和陈述性偏好法（stated preference method，SPM）量化城市居民需求。本书的研究方法属于 RPM 的范畴，以客观的住宅交易价格为基础，通过居民在住宅市场中的选择行为推断出相应的支付意愿和偏好。而 SPM 则是通过问卷调查等方式直接获取居民对交通设施的主观偏好和对住宅周边交通配置现状的满意程度。通过客观和主观数据的比较和印证，能够进一步提高研究结论的可靠度，并为相关规划和城市管理政策提供科学的指导。后续研究应综合主客观研究方法，在该研究方向实现新的突破。

参考文献

百度地图,2020.2019 年度中国城市交通报告[R/OL].(2020-01-09)[2025-04-01].https://huiyan.baidu.com/boswebsite/cms/report/2019annualtrafficreport/index.html.

庇古,2007.福利经济学[M].金镝,译.北京:华夏出版社.

城市建设研究院,2007.城市公共交通分类标准:CJJ/T114-2007[S].北京:中国建筑工业出版社.

崔新明,贾生华,周刚华.实施"住在杭州"战略建设花园式生态城市[J].城市开发,2001(6):28-30.

邓明,2014.中国城市交通基础设施与就业密度的关系——内生关系与空间溢出效应[J].经济管理,36(1):163-174.

董冠鹏,张文忠,武文杰,等,2011.北京城市住宅土地市场空间异质性模拟与预测[J].地理学报,66(6):750-760.

高德地图,2014.2014Q3 中国主要城市交通分析报告[R/OL].(2014-12-03)[2024-03-01].http://trp.autonavi.com/traffic/.

谷一桢,郭睿,2008.轨道交通对房地产价值的影响——以北京市八通线为例[J].经济地理(3):411-414,453.

谷一桢,郑思齐,2010.轨道交通对住宅价格和土地开发强度的影响——以北京市 13 号线为例[J].地理学报,65(2):213-223.

顾杰,贾生华,2008.公共交通改善期望对住房价格及其价格空间结构的影响——基于杭州地铁规划的实证研究[J].经济地理,28(6):1020-1024,1034.

国家统计局,2020.中华人民共和国 2019 年国民经济和社会发展统计公报[EB/OL].(2020-02-28)[2025-04-01].https://www.stats.gov.cn/sj/zxfb/202302/t20230203_1900640.html.

国家统计局,2012.16-24 民用汽车拥有量[EB/OL].(2012-02-22)[2024-05-01].https://www.stats.gov.cn/sj/ndsj/2012/html/P1624C.HTM.

国家统计局,2024.中华人民共和国 2023 年国民经济和社会发展统计公报[EB/OL].

（2024-02-29）［2024-05-01］. https：//www. stats. gov. cn/sj/zxfb/202402/t20240228_
1947915. html.

杭州市统计局，2001. 2000 年杭州市国民经济和社会发展统计公报 第五篇 交通运输、邮电
［EB/OL］.（2001-08-22）［2025-04-01］. https://zjjcmspublic. oss-cn-hangzhou-zwynet-
d01-a. internet. cloud. zj. gov. cn/jcms_files/jcms1/web3148/site/tjnj/nj2001/05. pdf.

杭州市统计局，2020. 2019 年杭州市国民经济和社会发展统计公报［EB/OL］.（2020-03-
20）［2025-04-01］. https://www. hangzhou. gov. cn/art/2020/3/20/art_805865_
42336875. html.

杭州市统计局，2023. 2022 年杭州市国民经济和社会发展统计公报［EB/OL］.（2023-03-
20）［2025-04-01］. https://tjj. hangzhou. gov. cn/art/2023/3/20/art_1229279682_
4149703. html.

何宁，顾保南，1998. 城市轨道交通对土地利用的作用分析［J］. 城市轨道交通研究（4）：
32-36.

姜英来，2013. 杭州市民出行模式调查与交通拥堵治理思路［J］. 浙江交通职业技术学院学
报，14（2）：36-41.

科斯，等，1991. 财产权利与制度变迁：产权学派与新制度学派译文集［M］. 上海：上海三联
书店.

兰德尔，1989. 资源经济学［M］. 北京：商务印书馆：155.

李飞，2007. 城市轨道交通对房地产价值影响的定量分析［D］. 南京：河海大学.

梁青槐，孔令洋，邓文斌，2007. 城市轨道交通对沿线住宅价值影响定量计算实例研究［J］.
土木工程学报（4）：98-103.

刘贵文，胡国桥，2007. 轨道交通对房价影响的范围及时间性研究——基于重庆轨道交通
二号线的实证分析［J］. 城市发展研究（2）：83-87.

刘康，吴群，王佩，2015. 城市轨道交通对住房价格影响的计量分析——以南京市地铁 1、2
号线为例［J］. 资源科学，37（1）：133-141.

刘兴华，2009. 城市基础设施系统效益贡献度评价［J］. 中国人口·资源与环境，19（3）：
136-139.

罗玉波，2011. 房价影响因素分析：分位数回归方法［J］. 统计与决策（6）：158-159.

马歇尔，1981. 经济学原理（上卷）［M］. 北京：商务印书馆.

聂冲，温海珍，樊晓锋，2010. 城市轨道交通对房地产增值的时空效应［J］. 地理研究，29
（5）：801-810.

钱七虎，2004. 建设特大城市地下快速路和地下物流系统——解决中国特大城市交通问题
的新思路［J］. 科技导报（4）：3-6.

萨缪尔森，诺德豪斯，1999. 经济学［M］. 北京：华夏出版社：263.

石晓凤,崔东旭,魏薇,2011.杭州公共自行车系统规划建设与使用调查研究[J].城市发展研究,18(10):105-114.

世界银行,1994.1994年世界发展报告:为发展提供基础设施[M].北京:中国财政经济出版社.

苏亦宁,冯长春,2011.城市轨道交通对其沿线住宅价格的影响分析——以北京市地铁四号线和八通线为例[J].城市发展研究,18(7):108-113.

隋雪艳,吴巍,周生路,等,2015.都市新区住宅地价空间异质性驱动因素研究——基于空间扩展模型和GWR模型的对比[J].地理科学,35(6):683-689.

王德起,于素涌,2012.城市轨道交通对沿线周边住宅价格的影响分析——以北京地铁四号线为例[J].城市发展研究,19(4):82-87.

王福良,冯长春,甘霖,2014.轨道交通对沿线住宅价格影响的分市场研究——以深圳市龙岗线为例[J].地理科学进展,33(6):765-772.

王琳,2009.城市轨道交通对住宅价格的影响研究——基于特征价格模型的定量分析[J].地域研究与开发,28(2):57-61,70.

王霞,朱道林,张鸣明,2004.城市轨道交通对房地产价格的影响——以北京市轻轨13号线为例[J].城市问题(6):39-42.

温海珍,张之礼,张凌,2011.基于空间计量模型的住宅价格空间效应实证分析:以杭州市为例[J].系统工程理论与实践,31(9):1661-1667.

吴凯峰,2013.杭州市公共自行车系统发展现状及其对策研究[J].交通科技(2):154-157.

新华社,2022.习近平:高举中国特色社会主义伟大旗帜 为全面建设社会主义现代化国家而团结奋斗——在中国共产党第二十次全国代表大会上的报告[EB/OL].(2022-10-25)[2024-05-01].https://www.gov.cn/xinwen/2022-10/25/content_5721685.htm.

闫小培,毛蒋兴,2004.高密度开发城市的交通与土地利用互动关系——以广州为例[J].地理学报(5):643-652.

杨林川,张衔春,洪世键,等,2016.公共服务设施步行可达性对住宅价格的影响——基于累积机会的可达性度量方法[J].南方经济(1):57-70.

叶霞飞,蔡蔚,2002.城市轨道交通开发利益的计算方法[J].同济大学学报:自然科学版(4):431-436.

张学良,2012.中国交通基础设施促进了区域经济增长吗——兼论交通基础设施的空间溢出效应[J].中国社会科学,3:60-77.

赵坚,2007.交通与运输的含义及交通经济学问题[J].综合运输(8):13-16.

郑思齐,张文忠,2007.住房成本与通勤成本的空间互动关系——来自北京市场的微观证据及其宏观含义[J].地理科学进展(2):35-42.

周京奎,吴晓燕,2009.公共投资对房地产市场的价格溢出效应研究——基于中国30省市数据的检验[J].世界经济文汇(1):15-32.

Abelson P, Joyeux R, Mahuteau S, 2013. Modelling house prices across Sydney[J]. Australian Economic Review, 46(3): 269-285.

Adair A, McGreal S, Smyth A, et al, 2000. House prices and accessibility: The testing of relationships within the Belfast urban area[J]. Housing studies, 15(5): 699-716.

Adkins W G, 1957. Effects of the Dallas Central Expressway on Land Values and Land Use[M]. Arlington: Texas Transportation Institute.

Agostini C A, Palmucci G A, 2008. The anticipated capitalisation effect of a new metro line on housing prices[J]. Fiscal studies, 29(2): 233-256.

Ahlfeldt G M, 2013. If we build it, will they pay? Predicting property price effects of transport innovations[J]. Environment and Planning A, 45(8): 1977-1994.

Ahlfeldt G, 2011. If Alonso was right: Modeling accessibility and explaining the residential land gradient[J]. Journal of Regional Science, 51(2): 318-338.

Allen D E, Gerrans P, Powell R, et al, 2009. Quantile regression: Its application in investment analysis[J]. Finsia Journal of Applied Finance (4): 7.

Allen M T, Springer T M, Waller N G, 1995. Implicit pricing across residential rental submarkets[J]. Journal of Real Estate Finance and Economics, 11(2): 137-151.

Allen W B, Liu D, Singer S, 1993. Accessibility measures of U. S. metropolitan areas[J]. Transportation Research B, 27(6): 439-449.

Al-Mosaind M, Dueker K, Strathman J, 1993. Light-rail transit stations and property values: A hedonic price approach[J]. Transportation Research Record, 1400: 90-94.

Alonso W, 1964. Location and Land Use: Toward a General Theory of Land Rent[M]. Cambridge: Harvard university press.

Andersson H, Jonsson L, Ögren M, 2010. Property prices and exposure to multiple noise sources: Hedonic regression with road and railway noise[J]. Environmental and resource economics, 45: 73-89.

Anselin L, 1988. Spatial Econometrics: Methods and Models[M]. Berlin: Springer Science & Business Media.

Anselin L, Arribas-Bel D, 2013. Spatial fixed effects and spatial dependence in a single cross-section[J]. Regional Science and Urban Economics, 92(1): 3-17.

Armstrong R J, Rodriguez D A, 2006. An evaluation of the accessibility benefits of commuter rail in Eastern Massachusetts using spatial hedonic price functions[J]. Transportation, 33(1): 21-43.

Arsenio E, Bristow A L, Wardman M, 2006. Stated choice valuations of traffic related noise[J]. Transportation Research Part D-Transport and Environment, 11(1): 15-31.

Asabere P K, Huffman F E, 2009. The relative impacts of trails and greenbelts on home price[J]. Journal of Real Estate Finance and Economics, 38(4): 408-419.

Atkinson-Palombo C, 2010. Comparing the capitalisation benefits of light-rail transit and overlay zoning for single-family houses and condos by neighbourhood type in metropolitan Phoenix, Arizona[J]. Urban Studies, 47(11): 2409-2426.

Ayan E, Erkin H C, 2014. Hedonic modeling for a growing housing market: Valuation of apartments in complexes[J]. International Journal of Economics and Finance, 6(3): 188-199.

Bae C H C, Jun M J, Park H, 2003. The impact of Seoul's subway Line 5 on residential property values[J]. Transport Policy, 10(2): 85-94.

Bae C H C, Sandlin G, Bassok A,et al. , 2007. The exposure of disadvantaged populations in freeway air-pollution sheds: a case study of the Seattle and Portland regions[J]. Environment and Planning B-Planning & Design, 34(1): 154-170.

Baerwald T J, 1981. The site selection process of suburban residential builders[J]. Urban Geography, 2(4): 339-357.

Baerwald T J, 1982. Land use change in suburban clusters and corridors[J]. Urban Studies, 19(4): 341-353.

Bajic V, 1983. The effects of a new subway line on housing prices in metropolitan Toronto [J]. Urban Studies, 20(2): 147-158.

Ball M J, 1973. Recent empirical work on the determinants of relative house prices[J]. Urban Studies, 10(2): 213-233.

Baranzini A, Schaerer C, Thalmann P, 2010. Using measured instead of perceived noise in hedonic models[J]. Transportation Research Part D: Transport and Environment, 15 (8): 473-482.

Barker W G, 1998. Bus service and real estate values[C]//68th Annual Meeting of the Institute of Transportation EngineersInstitute of Transportation Engineers (ITE), Toronto.

Barreiro J, Sánchez M, Viladrich-Grau M, 2005. How much are people willing to pay for silence? A contingent valuation study[J]. Applied Economics, 37(11): 1233-1246.

Bartholomew K, Ewing R, 2011. Hedonic price effects of pedestrian and transit-oriented development[J]. Journal of Planning Literature, 26(1): 18-34.

Bateman I, Day B, Lake I, et al, 2001. The effect of road traffic on residential property values: A literature review and hedonic pricing study[J]. Transport Research, 1.

Bates L K, 2006. Does neighborhood really matter? Comparing historically defined neighborhood boundaries with housing submarkets[J]. Journal of Planning Education and Research，26(1)：5-17.

Baudry M，Maslianskaia-Pautrel M，2016. Revisiting the hedonic price method in the presence of market segmentation[J]. Environmental Economics and Policy Studies，18 (4)：527-555.

Bayer P，McMillan R，Rueben K，2005. An equilibrium model of sorting in an urban housing market[J]. Working Papers，860(1)：75-76.

Beimer W，Maennig W，2017. Noise effects and real estate prices：A simultaneous analysis of different noise sources [J]. Transportation Research Part D：Transport and Environment，54：282-286.

Beyazit E，2015. Are wider economic impacts of transport infrastructures always beneficial? Impacts of the Istanbul Metro on the generation of spatio-economic inequalities[J]. Journal of Transport Geography，45：12-23.

Billings S B，2011. Estimating the value of a new transit option[J]. Regional Science and Urban Economics，41(6)：525-536.

Bitter C，Mulligan G F，Dall'erba S，2007. Incorporating spatial variation in housing attribute prices：A comparison of geographically weighted regression and the spatial expansion method[J]. Journal of Geographical Systems，9(1)：7-27.

Black J，Conroy M. Accessibility measures and the social evaluation of urban structure[J]. Environment and Planning A，1977，9(9)：1013-1031.

Blanco J C，Flindell I，2011. Property prices in urban areas affected by road traffic noise [J]. Applied Acoustics，72(4)：133-141.

Blomquist G，Worley L，1981. Hedonic prices，demands for urban housing amenities，and benefit estimates[J]. Journal of Urban Economics，9(2)：212-221.

Boarnet M G，Chalermpong S，2001. New highways，house prices，and urban development：A case study of toll roads in Orange County，CA[J]. Housing Policy Debate，12(3)：575-605.

Bohman H，Nilsson D，2016. The impact of regional commuter trains on property values：Price segments and income[J]. Journal of Transport Geography，56：102-109.

Bourassa S C，Hoesli M，Peng V S，2003. Do housing submarkets really matter[J]. Journal of Housing Economics，12(1)：12-28.

Bowen W M，Mikelbank B A，Prestegaard D M，2001. Theoretical and empirical considerations regarding space in hedonic housing price model applications[J]. Growth and Change，32(4)：466-490.

Boyle M，Kiel K，2001. A survey of house price hedonic studies of the impact of environmental externalities[J]. Journal of real estate literature，9(2)：117-144.

Bravo-Moncayo L, Pavón-García I, Lucio-Naranjo J, et al. , 2017. Contingent valuation of road traffic noise: A case study in the urban area of Quito, Ecuador[J]. Case studies on transport policy, 5(4): 722-730.

Brown G M, Pollakowski H O, 1977. Economic valuation of shoreline[J]. The Review of Economics and Statistics: 272-278.

Brunsdon C, Fotheringham A S, Charlton M E, 1996. Geographically weighted regression: a method for exploring spatial nonstationarity [J]. Geographical analysis, 28 (4): 281-298.

Buffington J L, Meuth H G, 1964. Restudy of Changes in Land Value, Land Use, and Business Activity Along a Section of Interstate Highway 35, Austin, Texas[M]. Arlington: Texas Transportation Institute.

Burns L D, 1979. Transportation, Temporal and Spatial Components of Accessibility[M]. Toronto: Lexington Books.

Burns L D, Golob T F, 1976. The role of accessibility in basic transportation choice behavior[J]. Transportation, 5(2): 175-198.

Butler R V, 1982. The specification of hedonic indexes for urban housing [J]. Land Economics, 58(1): 96-108.

Can A, 1990. The measurement of neighborhood dynamics in urban house prices[J]. Economic geography, 66(3): 254-272.

Cao J, 2013. The association between light rail transit and satisfactions with travel and life: evidence from Twin Cities[J]. Transportation, 40(5): 921-933.

Cao X, Hough J A. Hedonic value of transit accessibility: An empirical analysis in a small urban area[J]. Journal of the Transportation Research Forum. 2008, 47(3): 170-183.

Carroll T M, Clauretie T M, Jensen J, 1996. Living next to godliness: Residential property values and churches[J]. The Journal of Real Estate Finance and Economics, 12(3): 319-330.

Cervero R, 2004. Transit-oriented development in the United States: Experiences, challenges, and prospects: TCRP report 102 [R]. Washington DC: Transportation Research Board.

Cervero R, Duncan M, 2002. Transit's value-added effects - Light and commuter rail services and commercial land values[J]. Transportation Research Record, 1805: 8-15.

Cervero R, Kang C D, 2011. Bus rapid transit impacts on land uses and land values in Seoul, Korea[J]. Transport Policy, 18(1): 102-116.

Cervero R, Landis J, 1993. Assessing the impacts of urban rail transit on local real estate markets using quasi-experimental comparisons[J]. Transportation Research Part A:

Policy and Practice, 27(1): 13-22.

Chattopadhyay S, 1998. An empirical investigation into the performance of Ellickson's random bidding model, with an application to air quality valuation[J]. Journal of Urban Economics, 43(2): 292-314.

Chattopadhyay S, 2000. The effectiveness of McFadden's nested logit model in valuing amenity improvement[J]. Regional Science and Urban Economics, 30(1): 23-43.

Chau K W, Chin T, 2003. A critical review of literature on the hedonic price model[J]. International Journal for Housing Science, 27(2): 145-165.

Chen Z, Haynes KE, 2015. Impact of high-speed rail on housing values: An observation from the Beijing-Shanghai line[J]. Journal of Transport Geography, 43: 91-100.

Chernobai E, Reibel M, Carney M, 2011. Nonlinear spatial and temporal effects of highway construction on house prices[J]. Journal of Real Estate Finance and Economics, 42(3): 348-370.

Chernozhukov V, Hansen C, 2006. Instrumental quantile regression inference for structural and treatment effect models[J]. Journal of Econometrics, 132(2): 491-525.

Christaller W,1933. Die zentralen Orte in Süddeutschland: Eine ökonomisch-geographische Untersuchung über die Gesetzmässigkeit der Verbreitung und Entwicklung der Siedlungen mit städtischen Funktionen [M]. Darmstadt: Wissenschaftliche Buchgesellschaft.

Clark DE, 2006. Externality effects on residential property values: The example of noise disamenities[J]. Growth and Change, 37(3): 460-488.

Clower TL, Weinstein BL, 2002. The impact of Dallas (Texas) area rapid transit light rail stations on taxable property valuations[J]. Australasian Journal of Regional Studies, 8(3): 389-400.

Cohen J P, Coughlin C C, 2008. Spatial hedonic models of airport noise, proximity, and housing prices[J]. Journal of regional science, 48(5): 859-878.

Comber S, Arribas-Bel D, 2017. "Waiting on the train": The anticipatory (causal) effects of Crossrail in Ealing[J]. Journal of Transport Geography, 64: 13-22.

Conrow L, Mooney S, Wentz EA, 2020. The association between residential housing prices, bicycle infrastructure, and ridership volumes [J]. Urban Studies, 0042098020926034.

Coppola P, Nuzzolo A, 2011. Changing accessibility, dwelling price and the spatial distribution of socio-economic activities[J]. Research in Transportation Economics, 31(1): 63-71.

Cotteleer G, Peerlings J H M, 2011. Spatial planning procedures and property prices: The role of expectations[J]. Landscape and Urban Planning, 100(1-2): 77-86.

Dabinett G, 1998. Realising regeneration benefits from urban infrastructure investment: Lessons from Sheffield in the 1990s[J]. The Town Planning Review, 69(2): 171-189.

Dai X, Bai X, Xu M, 2016. The influence of Beijing rail transfer stations on surrounding housing prices[J]. Habitat International, 55: 79-88.

Dale-Johnson D, 1982. An alternative approach to housing market segmentation using hedonic price data[J]. Journal of Urban Economics, 11(3): 311-332.

Damm D, Lerman SR, Lerner-Lam E, et al., 1980. Response of urban real estate values in anticipation of the Washington Metro[J]. Journal of Transport Economics and Policy, 14(3): 315-336.

De Vany A S, 1976. An economic model of airport noise pollution in an urban environment [M]//Theoryand Measurement of Economic Externalities. New York: Academic Press: 205-216.

Debrezion G, Pels E, Rietveld P, 2007. The impact of railway stations on residential and commercial property value: A meta-analysis[J]. Journal of Real Estate Finance and Economics, 35(2): 161-180.

Debrezion G, Pels E, Rietveld P, 2011. The impact of rail transport on real estate prices: an empirical analysis of the Dutch housing market[J]. Urban studies, 48 (5): 997-1015.

Deng T, Nelson J D, 2010. Can bus rapid transit stimulate land development? Evidence from Beijing southern axis BRT line 1[C]//European Transport Conference, Glasgow.

Devaux N, Dube J, Apparicio P, 2017. Anticipation and post-construction impact of a metro extension on residential values: The case of Laval (Canada), 1995-2013[J]. Journal of Transport Geography, 62: 8-19.

Dewees DN, 1976. The effect of a subway on residential property values in Toronto[J]. Journal of urban Economics, 3(4): 357-369.

Diamond DB, 1980. The relationship between amenities and urban land prices[J]. Land Economics, 56(1): 21-32.

Diao M, Ferreira Jr J, 2010. Residential property values and the built environment: Empirical study in the Boston, Massachusetts, metropolitan area[J]. Transportation Research Record, 2174(1):138-147.

Ding C, 2004. Urban spatial development in the land policy reform era: Evidence from Beijing[J]. Urban Studies, 41(10): 1889-1907.

Dong H, 2017. Rail-transit-induced gentrification and the affordability paradox of TOD[J]. Journal of Transport Geography, 63: 1-10.

Du H，Mulley C，2006. Relationship between transport accessibility and land value：Local model approach with geographically weighted regression[J]. Transportation Research Record，1977(1)：197-205.

Du HB，Mulley C，2007. The short-term land value impacts of urban rail transit： Quantitative evidence from Sunderland，UK[J]. Land Use Policy，24(1)：223-233.

Duarte C M，Tamez C G，2009. Does noise have a stationary impact on residential values [J]. Journal of European Real Estate Research，2：259-279.

Dubé J，Des Rosiers F，Thériault M，et al，2011. Economic impact of a supply change in mass transit in urban areas：A Canadian example[J]. Transportation Research Part A： Policy and Practice，45(1)：46-62.

Dubé J，Thériault M，Des Rosiers F，2013. Commuter rail accessibility and house values： The case of the Montreal South Shore，Canada，1992-2009 [J]. Transportation Research Part A：Policy Practice，54：49-66.

Dubin R A，1988. Estimation of regression coefficients in the presence of spatially autocorrelated error terms[J]. The Review of Economics and Statistics：466-474.

Dubin RA，Sung CH，1987. Spatial variation in the price of housing：rent gradients in non-monocentric cities[J]. Urban Studies，24(3)：193-204.

Dziauddin MF，Powe N，Alvanides S，2015. Estimating the effects of light rail transit (LRT) system on residential property values using geographically weighted regression (GWR)[J]. Applied Spatial Analysis and Policy，8(1)：1-25.

Efthymiou D，Antoniou C，2013. How do transport infrastructure and policies affect house prices and rents? Evidence from Athens，Greece[J]. Transportation Research Part A： Policy and Practice，52：1-22.

Ellickson B，1981. An alternative test of the hedonic theory of housing markets[J]. Journal of Urban Economics，9(1)：56-79.

Fik T J，Ling D C，Mulligan G F，2003. Modeling spatial variation in housing prices：A variable interaction approach[J]. Real Estate Economics，31(4)：623-646.

Fletcher M，Gallimore P，Mangan J，2000. The modelling of housing submarkets[J]. Journal of Property Investment and Finance,18(4)：473-487.

Forouhar A，Hasankhani M，2018. The effect of Tehran metro rail system on residential property values：A comparative analysis between high-income and low-income neighbourhoods[J]. Urban Studies，55(16)：3503-3524.

Forrest D，Glen J，Ward R，1996. The impact of a light rail system on the structure of house prices：A hedonic longitudinal study[J]. Journal of Transport Economics and Policy：15-29.

Franck M, Eyckmans J, De Jaeger S, et al., 2015 Comparing the impact of road noise on property prices in two separated markets[J]. Journal of Environmental Economics and Policy, 4(1): 15-44.

Gabszewicz JJ, Thisse J-F, 1979. Price competition, quality and income disparities[J]. Journal of economic theory, 20(3): 340-359.

Gadzinski J, Radzimski A, 2016. The first rapid tram line in Poland: How has it affected travel behaviours, housing choices and satisfaction, and apartment prices[J]. Journal of Transport Geography, 54: 451-463.

Gallet CA, 2004. Housing market segmentation: An application of convergence tests to Los Angeles region housing[J]. The Annals of Regional Science, 38(3): 551-561.

Gamble H B, 1974. The Influenceof Highway Environmental Effects on Residential Property Values [M]. Philadelphia: Institute for Research on Land and Water Resources, Pennsylvania State University.

Gatzlaff D H, Smith M T, 1993. The impact of the Miami Metrorail on the value of residences near station locations[J]. Land economics: 54-66.

Geurs KT, van Wee B, 2004. Accessibility evaluation of land-use and transport strategies: Review and research directions[J]. Journal of Transport Geography, 12(2): 127-140.

Glaeser E L, Gyourko J, 2005. Urban decline and durable housing[J]. Journal of political economy, 113(2): 345-375.

Golub A, Guhathakurta S, Sollapuram B, 2012. Spatial and temporal capitalization effects of light rail in Phoenix: From conception, planning, and construction to operation[J]. Journal of Planning Education and Research, 32(4): 415-429.

Goodman A C, 1978. Hedonic prices, price indices and housing markets[J]. Journal of Urban Economics, 5(4): 471-484.

Goodman A C, Thibodeau T G, 1998. Housing market segmentation[J]. Journal of Housing Economics, 7(2): 121-143.

Goodman A C, Thibodeau T G, 2003. Housing market segmentation and hedonic prediction accuracy[J]. Journal of Housing Economics, 12(3): 181-201.

Goodman A C, Thibodeau T G, 2007. The spatial proximity of metropolitan area housing submarkets[J]. Real Estate Economics, 35(2): 209-232.

Griliches Z, 1971. Price indexes and quality change: Studies in new methods of measurement[M]. Cambridge: Harvard University Press.

Grimes A, Young C, 2013. Spatial effects of urban rail upgrades[J]. Journal of Transport Geography, 30: 1-6.

Haider M, Miller EJ, 2000. Effects of transportation infrastructure and location on

residential real estate values - Application of spatial autoregressive techniques[J].
　　Transportation Research Record, 1722(1): 1-8.

Haig R M, 1926. Toward an understanding of the metropolis[J]. The Quarterly Journal of
　　Economics, 40(2): 179-208.

Hansen W G, 1959. How accessibility shapes land use[J]. Journal of the American
　　Institute of Planners, 25(2): 73-76.

Harrison Jr D, Rubinfeld D L, 1978. Hedonic housing prices and the demand for clean air
　　[J]. Journal of Environmental Economics and Management, 5(1): 81-102.

Henneberry J, 1998. Transport investment and house prices[J]. Journal of Property
　　Valuation and Investment, 16(2): 144-158.

Hess D B, Almeida T M, 2007. Impact of proximity to light rail rapid transit on station-
　　area property values in Buffalo, New York[J]. Urban Studies, 44(5-6): 1041-1068.

Hewitt C M, Hewitt W E, 2012. The effect of proximity to urban rail on housing prices in
　　Ottawa[J]. Journal of Public Transportation, 15(4): 43-65.

Higgins C D, Kanaroglou P S, 2016. Forty years of modelling rapid transit's land value
　　uplift in North America: Moving beyond the tip of the iceberg[J]. Transport Reviews,
　　36(5): 610-634.

Hincks S, Baker M, 2012. A Critical reflection on housing market area definition in
　　England[J]. Housing Studies, 27(7): 873-897.

Huang B, Wu B, Barry M, 2010. Geographically and temporally weighted regression for
　　modeling spatio-temporal variation in house prices [J]. International Journal of
　　Geographical Information Science, 24(3): 383-401.

Huang W, 1994. The effects of transportation infrastructure on nearby property values: A
　　review of literature: Research report No. 620[R]. Berkeley: Institute of Urban and
　　Regional Studies, University of California.

Hughes W, Sirmans C, 1992. Traffic externalities and single - family house prices[J].
　　Journal of Regional Science, 32(4): 487-500.

Hui EC, Liang C, 2016. Spatial spillover effect of urban landscape views on property price
　　[J]. Applied Geography, 72: 26-35.

Humphreys B R, Nowak A, Zhou Y, 2019. Superstition and real estate prices:
　　Transaction-level evidence from the US housing market[J]. Applied Economics, 51
　　(26): 2818-2841.

Hunt J D, 2001. Stated preference analysis of sensitivities to elements of transportation and
　　urban form[J]. Transportation Research Record, 1780(1): 76-86.

Hurd R M, 1903. Principles of City Land Values[M]. New York: Arno Press.

Hurst N B, West S E, 2014. Public transit and urban redevelopment: The effect of light rail transit on land use in Minneapolis, Minnesota[J]. Regional Science and Urban Economics, 46: 57-72.

Hurvich C M, Simonoff J S, Tsai C L, 1998. Smoothing parameter selection in nonparametric regression using an improved Akaike information criterion[J]. Journal of the Royal Statistical Society Series B-Statistical Methodology, 60: 271-293.

Iacono M, Levinson D, 2011. Location, regional accessibility, and price effects: Evidence from home sales in Hennepin County, Minnesota [J]. Transportation Research Record, 2245(1): 87-94.

Ingram D R, 1971. The concept of accessibility: A search for an operational form[J]. Regional Studies, 5(2): 101-107.

Ingvardson J B, Nielsen O A, 2018. Effects of new bus and rail rapid transit systems-an international review[J]. Transport Reviews, 38(1): 96-116.

Istamto T, Houthuijs D, Lebret E, 2014. Willingness to pay to avoid health risks from road-traffic-related air pollution and noise across five countries[J]. Science of the Total Environment, 497: 420-429.

Jang M, Kang C D, 2015. Retail accessibility and proximity effects on housing prices in Seoul, Korea: A retail type and housing submarket approach [J]. Habitat International, 49: 516-528.

Jiao L M, Liu Y L, 2010. Geographic Field Model based hedonic valuation of urban open spaces in Wuhan, China[J]. Landscape and Urban Planning, 98(1): 47-55.

John B, 1996. Mass transportation, apartment rent and property values[J]. Journal of Real Estate Research, 12(1): 1-8.

Jones C, Leishman C, Watkins C, 2004. Intra-urban migration and housing submarkets: Theory and evidence[J]. Housing Studies, 19(2): 269-283.

Kawamura K, Mahajan S. Hedonic analysis of impacts of traffic volumes on property values[J]. Transportation Research Record, 2005, 1924(1): 69-75.

Kim H, Park S W, Lee S, Xue X Q, 2015. Determinants of house prices in Seoul: A quantile regression approach[J]. Pacific Rim Property Research Journal, 21 (2): 91-113.

Kim J, Zhang M, 2005. Determining transit's impact on Seoul commercial land values: An application of spatial econometrics[J]. International Real Estate Review, 8(1): 1-26.

Kim K S, Park S J, Kweon Y-J, 2007. Highway traffic noise effects on land price in an urban area[J]. Transportation Research Part D: Transport and Environment, 12(4): 275-280.

Kim K, 1995. Land price impact from the subway construction[D]. Seoul: Sung Gyun Kwan University.

Kim K, Lahr M L, 2014. The impact of Hudson-Bergen Light Rail on residential property appreciation[J]. Papers in Regional Science, 93: 79-S97.

Kim T H, Muller C, 2004. Two-stage quantile regression when the first stage is based on quantile regression[J]. The Econometrics Journal, 7(1): 218-231.

Knaap G J, Ding C, Hopkins L D, 2001. Do plans matter? The effects of light rail plans on land values in station areas[J]. Journal of Planning Education, 21(1): 32-39.

Ko K T, Cao X J Y, 2013. The impact of Hiawatha Light Rail on commercial and industrial property values in Minneapolis[J]. Journal of Public Transportation, 16(1): 47-66.

Koenker R, Bassett G, 1978. Regression quantiles[J]. Econometrica: Journal of the Econometric Society: 33-50.

Koenker R, Hallock K F, 2001. Quantile regression [J]. Journal of Economic Perspectives, 15(4): 143-156.

Kohlhase J E, 1991. The impact of toxic waste sites on housing values[J]. Journal of urban Economics, 30(1): 1-26.

Kok N, Monkkonen P, Quigley J M, 2014. Land use regulations and the value of land and housing: An intra-metropolitan analysis [J]. Journal of Urban Economics, 81: 136-148.

Kotler P, 1997. Marketing Management: Analysis, Planning, Implementation and Control [M]. Printice-Hall: Upper Saddle River.

Krizek K, 2006. Two approaches to valuing some of bicycle facilities' presumed benefits: Propose a session for the 2007 national planning conference in the city of brotherly love [J]. Journal of the American Planning Association, 72(3): 309-320.

Kuminoff N V, Parmeter C F, Pope J C, 2010. Which hedonic models can we trust to recover the marginal willingness to pay for environmental amenities? [J]. Journal of Environmental Economics andManagement, 60(3): 145-160.

Laakso S, 1992. Public transport investment and residential property values in Helsinki [J]. Scandinavian Housing and Planning Research, 9(4): 217-229.

Lafferty R N, Frech I H, 1978. Community environment and the market value of single-family homes: The effect of the dispersion of land uses[J]. The Journal of Law and Economics, 21(2): 381-394.

Lancaster K J, 1966. A new approach to consumer theory[J]. Journal of Political Economy, 74(2): 132-157.

Landis J, Guhathakurta S, Huang W, et al. , 1995. Rail Transit Investments, Real Estate Values, and Land Use Change: A Comparative Analysis of Five California Rail Transit Systems[M]. Berkeley: University of California Transportation Center.

Landis J, Guhathakurta S, Zhang M, 1994. Capitalization of transit investments into single-family home prices: A comparative analysis of five California rail transit systems [J]. University of California Transportation Center Working Papers, 42(8):860.

Langley C. J, 1976. Adverse impacts of the Washington beltway on residential property values[J]. Land Economics, 52(1): 54-65.

Larsen E R, 2006. Distributional effects of environmental taxes on transportation: evidence from Engel curves in the United States[J]. Journal of Consumer Policy, 29(3): 301-318.

Laurance W F, Clements G R, Sloan S, et al. , 2014. A global strategy for road building [J]. Nature, 513(7517): 229-232.

Lee J, Edil T B, Benson C H, et al. , 2013. Building environmentally and economically sustainable transportation infrastructure: Green highway rating system[J]. Journal of Construction Engineering and Management, 139(12): 4013006.

Leishman C, 2009. Spatial change and the structure of urban housing sub-markets[J]. Housing Studies, 24(5): 563-585.

LeSage J, Pace R K, 2009. Introductionto Spatial Econometrics [M]. Boca Raton: Chapman and Hall/CRC.

Levkovich O, Rouwendal J, Van Marwijk R, 2016. The effects of highway development on housing prices[J]. Transportation, 43(2): 379-405.

Lewis P G, Baldassare M, 2010. The complexity of public attitudes toward compact development: survey evidence from five States[J]. Journal of the American Planning Association, 76(2): 219-237.

Lewis-Workman S, Brod D, 1997. Measuring the neighborhood benefits of rail transit accessibility[J]. Transportation Research Record, 1576(1): 147-153.

Liao W C, Wang X, 2012. Hedonic house prices and spatial quantile regression[J]. Journal of Housing Economics, 21(1): 16-27.

Liou F M, Yang S Y, Chen B, et al. , 2016. The effects of mass rapid transit station on the house prices in Taipei: The hierarchical linear model of individual growth[J]. Pacific Rim Property Research Journal, 22(1): 3-16.

Losch A, 1954. The Economics of Location[M]. Yale: Yale University Press.

Macfarlane G S, Garrow L A, Moreno-Cruz J, 2015. Do Atlanta residents value MARTA? Selecting an autoregressive model to recover willingness to pay[J]. Transportation Research Part A: Policy and Practice, 78: 214-230.

Maclennan D, Tu Y, 1996. Economic perspectives on the structure of local housing systems[J]. Housing Studies, 11(3): 387-406.

Malpezzi S, 2002. Hedonic pricing models: A selective and applied review[J]. Housing Economics and Public Policy: 67-89.

Martínez L M, Viegas J M, 2009. Effects of transportation accessibility on residential property values: Hedonic price model in the Lisbon, Portugal, metropolitan area[J]. Transportation Research Record, 2115(1): 127-137.

Mathur S, 2019. Impact of an urban growth boundary across the entire house price spectrum: The two-stage quantile spatial regression approach[J]. Land Use Policy, 80: 88-94.

Mathur S, 2020. Impact of transit stations on house prices across entire price spectrum: A quantile regression approach[J]. Land Use Policy, 99: 104828.

Mathur S, Ferrell C, 2013. Measuring the impact of sub-urban transit-oriented developments on single-family home values[J]. Transportation Research Part A-Policy and Practice, 47: 42-55.

Mayor K, Lyons S, Duffy D, et al., 2012. Hedonic Analysis of the Value of Rail Transport in the Greater Dublin Area[J]. Journal of Transport Economics and Policy, 46: 239-261.

McDonald J F, Osuji C I, 1995. The effect of anticipated transportation improvement on residential land values[J]. Regional Science Urban Economics, 25(3): 261-278.

McMillen D P, McDonald J F, 1999. Land use before zoning: The case of 1920's Chicago [J]. Regional Science and Urban Economics, 29(4): 473-489.

McMillen D P, McDonald J, 2004. Reaction of house prices to a new rapid transit line: Chicago's midway line, 1983-1999[J]. Real Estate Economics, 32(3):463-486.

Meyer J R, Kain J F, Wohl M, 2013. The Urban Transportation Problem [M]. Cambridge: Harvard University Press.

Michaels R G, Smith V K, 1990. Market segmentation and valuing amenities with hedonic models: the case of hazardous waste sites[J]. Journal of urban Economics, 28(2): 223-242.

Mikelbank B A, 2005. Be careful what you wish for—The house price impact of investments in transportation infrastructure[J]. Urban Affairs Review, 41(1):20-46.

Mills E S, 1972. Studies in the Structure of the Urban Economy[M]. Baltimore: Johns Hopkins University Press.

Mohammad S I, Graham D J, Melo P C, 2017. The effect of the Dubai Metro on the value of residential and commercial properties[J]. Journal of Transport and Land Use, 10 (1):263-290.

Mohammad S I, Graham D J, Melo P C, et al. , 2013. A meta-analysis of the impact of rail projects on land and property values[J]. Transportation Research Part A-Policy and Practice, 50:158-170.

Mok H M, Chan P P, Cho Y S, 1995. A hedonic price model for private properties in Hong Kong[J]. The Journal of Real Estate Finance and Economics, 10(1):37-48.

Morris J M, Dumble P L, Wigan M R, 1979. Accessibility indicators for transport planning[J]. Transportation Research Part A, 13(2):91-109.

Mueller J M, Loomis J B, 2014. Does the estimated impact of wildfires vary with the housing price distribution? A quantile regression approach[J]. Land Use Policy, 41: 121-127.

Mulley C, 2014. Accessibility and residential land value uplift: Identifying spatial variations in the accessibility impacts of a bus transitway[J]. Urban Studies, 51(8):1707-1724.

Mulley C, Ma L, Clifton G, et al. , 2016. Residential property value impacts of proximity to transport infrastructure: An investigation of bus rapid transit and heavy rail networks in Brisbane, Australia[J]. Journal of Transport Geography, 54:41-52.

Mulley C, Tsai C H, 2013. The impact of Liverpool-Parramatta Transitway on housing price: A repeat sales approach[C]// 36th Australasian Transport Research Forum (ATRF), Brisbane.

Mulley C, Tsai C H, 2015. Impact of bus rapid transit on housing price and accessibility changes in Sydney: A repeat sales approach[J]. International Journal of Sustainable Transportation, 11(1):3-10.

Mulley C, Tsai C H, Ma L, 2018. Does residential property price benefit from light rail in Sydney? [J]. Research in Transportation Economics, 67:3-10.

Munoz-Raskin R, 2010. Walking accessibility to bus rapid transit: Does it affect property values? The case of Bogotá, Colombia[J]. Transport Policy, 17(2):72-84.

Muth R F 1969. Cities and Housing. The Spatial Pattern of Urban Residential Land Use [M]. Chicago: University of Chicago Press.

Nelson A C, 1992. Effects of elevated heavy-rail transit stations on house prices with respect to neighborhood income[J]. Transportation Research Record, 1359:127-132.

Nelson J P, 1978. Economic Analysisof Transportation Noise Abatement[J]. Cambridge: Ballinger Publishing Company.

Nelson J P, 1982. Highway noise and property values: A survey of recent evidence[J]. Journal of Transport Economics Policy, 117-138.

Newsome B A, Zietz J, 1992. Adjusting comparable sales using multiple regression analysis-The need for segmentation[J]. Appraisal Journal, 60(1): 129-136.

Oates W E, 1969. The effects of property taxes and local public spending on property values: An empirical study of tax capitalization and the Tiebout hypothesis[J]. Journal of political economy, 77(6):957-971.

Osland L, 2010. An application of spatial econometrics in relation to hedonic house price modeling[J]. Journal of Real Estate Research, 32(3):289-320.

Osland L, Thorsen I, 2008. Effects on housing prices of urban attraction and labor-market accessibility[J]. Environment and Planning A, 40(10):2490-2509.

Pace R K, Gilley O W, 1997. Using the spatial configuration of the data to improve estimation[J]. The Journal of Real Estate Finance and Economics, 14(3):333-340.

Paez A, 2006. Exploring contextual variations in land use and transport analysis using a probit model with geographical weights[J]. Journal of Transport Geography, 14(3): 167-176.

Pagliara F, Papa E, 2011. Urban rail systems investments: An analysis of the impacts on property values and residents' location[J]. Journal of Transport Geography, 19(2): 200-211.

Paliska D, Drobne S, 2020. Impact of new motorway on housing prices in rural North-East Slovenia[J]. Journal of Transport Geography, 88:102831.

Pan Q S, 2013. The impacts of an urban light rail system on residential property values: a case study of the Houston METRO Rail transit line[J]. Transportation Planning and Technology, 36(2):145-169.

Pang H, Jiao J, 2015. Impacts of Beijing bus rapid transit on pre-owned home values[J]. Journal of Public Transportation, 18(2):34-44.

Parent O, Vom Hofe R, 2013. Understanding the impact of trails on residential property values in the presence of spatial dependence[J]. The Annals of Regional Science, 51 (2):355-375.

Perdomo Calvo J A, Mendoza C A, Baquero-Ruiz A F, et al., 2007. Study of the effect of the transmilenio mass transit project on the value of properties in Bogotá, Colombia [J]. SRPN: Public Transport (Topic), 2007: WP07CA1.

Piovani D, Arcaute E, Uchoa G, et al., 2018. Measuring accessibility using gravity and radiation models[J]. Royal Society open science, 5(9): 171668.

Pope J C, 2007. Limited attention, asymmetric information, and the hedonic model[D]. Raleigh: North Carolina State University.

Portnov B, Genkin B, Barzilay B, 2009. Investigating the effect of train proximity on apartment prices: Haifa, Israel as a case study[J]. Journal of Real Estate Research, 31(4):371-396.

Quigley J M, 1985. Consumer choice of dwelling, neighborhood and public services[J]. Regional Science and Urban Economics, 15(1):41-63.

Rich J H, Nielsen O A, 2004. Assessment of traffic noise impacts[J]. International Journal of environmental studies, 61(1):19-29.

Ridker R G, Henning J A, 1967. The determinants of residential property values with special reference to air pollution[J]. The Review of Economics and Statistics:246-257.

Rodríguez DA, Targa F, 2004. Value of accessibility to Bogotá's bus rapid transit system [J]. Transport Reviews, 24(5):587-610.

Rosen S, 1974. Hedonic prices and implicit markets: Product differentiation in pure competition[J]. Journal of Political Economy, 82(1):34-55.

Rothengatter W, 1994. Do external benefits compensate for external costs of transport? [J]. Transportation Research Part A: Policy and Practice, 28(4):321-328.

Ryan S, 1999. Property values and transportation facilities: finding the transportation-land use connection[J]. Journal of Planning Literature, 13(4):412-427.

Ryan S, 2005. The value of access to highways and light rail transit: Evidence for industrial and office firms[J]. Urban Studies, 42(4):751-764.

Saelensminde K, 1999. Stated choice valuation of urban traffic air pollution and noise[J]. Transportation Research Part D: Transport and Environment, 4(1): 13-27.

Salon D, Wu J, Shewmake S, 2014. Impact of bus rapid transit and metro rail on property values in Guangzhou, China[J]. Transportation Research Record, 2452(1):36-45.

Schiffman L G, Kanuk L L, 2004. Consumer behavior[M]. 8th edition. Englewood Cliffs: Prentice Hall.

Schnare A B, Struyk R, 1976. Segmentation in urban housing markets[J]. Journal of Urban Economics, 3(2):146-166.

Se Can A, Megbolugbe I, 1997. Spatial dependence and house price index construction[J]. The Journal of Real Estate Finance and Economics, 14(1): 203-222.

Seo K, Golub A, Kuby M, 2014. Combined impacts of highways and light rail transit on residential property values: A spatial hedonic price model for Phoenix, Arizona[J]. Journal of Transport Geography, 41: 53-62.

Sieg H, Smith V K, Banzhaf H S, et al., 2002. Interjurisdictional housing prices in locational equilibrium[J]. Journal of urban Economics, 52(1): 131-153.

Smith W R, 1956. Product differentiation and market segmentation as alternative marketing strategies[J]. Journal of marketing, 21(1): 3-8.

Sonstelie J C, Portney P R, 1980. Gross rents and market values: Testing the implications of Tiebout's hypothesis[J]. Journal of urban Economics, 7(1): 102-118.

Stover V G, Koepke F J, 1988. Transportation and Land Development[M]. Englewood Cliffs: Prentice Hall.

Straszheim M R, 1975. An Econometric Analysis of the Urban Housing Market[M]. New York: National Bureau of Economic Research.

Sun H, Wang Y N, Li Q B, 2016. The impact of subway lines on residential property values in Tianjin: An empirical study based on hedonic pricing model[J]. Discrete Dynamics in Nature and Society, 2016: 1478413.

Thibodeau T G, 2003. Marking single-family property values to market[J]. Real Estate Economics, 31(1): 1-22.

Tiebout C, 1956. A pure theory of local expenditures[J]. Journal of Political Economy, 64(5): 416-424.

Tobler W R, 1970. A computer movie simulating urban growth in the Detroit region[J]. Economic geography, 46(1): 234-240.

Tse R Y C, 2002. Estimating neighbourhood effects in house prices: Towards a new hedonic model approach[J]. Urban Studies, 39(7): 1165-1180.

Tu Y, 1997. The local housing sub-market structure and its properties[J]. Urban Studies, 34(2): 337-353.

Vickerman R W, 1974. Accessibility, attraction, and potential: A review of some concepts and their use in determining mobility[J]. Environment and Planning A, 6(6): 675-691.

von Thünen J H, 1826. Der Isolierte Staat in Beziehung auf Landwirtschaft und Nationalökonomie[M]. Berlin: Walter de Gruyter GmbH & Co KG.

Wang Y, Kockelman K M, Wang X C, 2013. Understanding spatial filtering for analysis of land use-transport data[J]. Journal of Transport Geography, 31: 123-131.

Wang Y, Potoglou D, Orford S, et al., 2015. Bus stop, property price and land value tax: A multilevel hedonic analysis with quantile calibration[J]. Land Use Policy, 42: 381-391.

Wardman M, Bristow A L, 2004. Traffic related noise and air quality valuations: Evidence from stated preference residential choice models[J]. Transportation Research Part D: Transport and Environment, 9(1): 1-27.

Watkins C A, 2001. The definition and identification of housing submarkets [J]. Environment and Planning A, 33(12): 2235-2253.

Weber A, 1909. Über den standort der industrien (Theory of the location of industries) [M]. Chicago: University of Chicago Press.

Weinstock A, Hook W, Replogle M, et al., 2011. Recapturing global leadership in bus rapid transit: A survey of select US cities[R/OL]. (2011-05-01)[2024-02-01].

https://docslib. org/doc/12900064/recapturing-global-leadership-in-bus-rapid-transit-a-survey-of-select-u-s.

Welch T F, Gehrke S R, Wang F, 2016. Long-term impact of network access to bike facilities and public transit stations on housing sales prices in Portland, Oregon[J]. Journal of Transport Geography, 54: 264-272.

Wen H Z, Bu X Q, Qin Z F, 2014a. Spatial effect of lake landscape on housing price: A case study of the West Lake in Hangzhou, China[J]. Habitat International, 44: 31-40.

Wen H Z, Gui Z Y, Tian C H, et al. , 2018. Subway opening, traffic accessibility, and housing prices: A quantile hedonic analysis in Hangzhou, China[J]. Sustainability, 10 (7): 2254.

Wen H Z, Gui Z Y, Zhang L, et al. , 2020. An empirical study of the impact of vehicular traffic and floor level on property price[J]. Habitat International, 97: 102132.

Wen H Z, Jin Y L, Zhang L, 2017a. Spatial heterogeneity in implicit housing prices: Evidence from Hangzhou, China [J]. International Journal of Strategic Property Management, 21(1): 15-28.

Wen H, Tao Y, 2015. Polycentric urban structure and housing price in the transitional China: Evidence from Hangzhou[J]. Habitat International, 46: 138-146.

Wen H, Xiao Y, Zhang L, 2017b. School district, education quality, and housing price: Evidence from a natural experiment in Hangzhou, China[J]. Cities, 66: 72-80.

Wen H, Xiao Y, Zhang L, 2017c. Spatial effect of river landscape on housing price: An empirical study on the Grand Canal in Hangzhou, China[J]. Habitat International, 63: 34-44.

Wen H, Zhang Y, Zhang L, 2014b. Do educational facilities affect housing price? An empirical study in Hangzhou, China[J]. Habitat International, 42: 155-163.

Wingo L, 1961. Transportationand Urban Land[M]. Baltimore: Johns Hopkins University Press.

Wu B, Li R, Huang B, 2014. A geographically and temporally weighted autoregressive model with application to housing prices[J]. International Journal of Geographical Information Science, 28(5): 1186-1204.

Wu C, Ren F, Hu W, et al. , 2019. Multiscale geographically and temporally weighted regression: Exploring the spatiotemporal determinants of housing prices [J]. International Journal of Geographical Information Science, 33(3): 489-511.

Wu C, Ye X Y, Ren F, et al. , 2018. Check-in behaviour and spatio-temporal vibrancy: An exploratory analysis in Shenzhen, China[J]. Cities, 77: 104-116.

Xu T，Zhang M，Aditjandra P T，2016. The impact of urban rail transit on commercial property value：New evidence from Wuhan，China[J]. Transportation Research Part A：Policy and Practice，91：223-235.

Yan S S，Delmelle E，Duncan M，2012. The impact of a new light rail system on single-family property values in Charlotte，North Carolina[J]. Journal of Transport and Land Use，5(2)：60-67.

Yang L C，Chu X L，Gou Z H，et al.，2020. Accessibility and proximity effects of bus rapid transit on housing prices：Heterogeneity across price quantiles and space[J]. Journal of Transport Geography，88：102850.

Yang L，Chau K W，Szeto W Y，et al.，2020. Accessibility to transit，by transit，and property prices：Spatially varying relationships[J]. Transportation Research Part D：Transport and Environment，85：102387.

Yang L，Wang B，Zhou J，et al.，2018. Walking accessibility and property prices[J]. Transportation research part D：transport and environment，62：551-562.

Yang L，Zhou J，Shyr O F，2019. Does bus accessibility affect property prices? [J]. Cities，84：56-65.

Yen B T，Mulley C，Shearer H，et al.，2018. Announcement，construction or delivery：When does value uplift occur for residential properties? Evidence from the Gold Coast Light Rail system in Australia[J]. Land Use Policy，73：412-422.

Yinger J，1982. Capitalization and the theory of local public finance[J]. Journal of Political Economy，90(5)：917-943.

Yiu C Y，Wong S K，2005. The effects of expected transport improvements on housing prices[J]. Urban Studies，42(1)：113-125.

Yu K，Van Kerm P，Zhang J，2005. Bayesian quantile regression：an application to the wage distribution in 1990s Britain[J]. Sankhyā：The Indian Journal of Statistics：359-377.

Zhang L，2016. Flood hazards impact on neighborhood house prices：A spatial quantile regression analysis[J]. Regional Science and Urban Economics，60：12-19.

Zhang M，Liu Y，2015. An exploratory analysis of Bus Rapid Transit on property values：A case study of Brisbane's South East Busway[C]// State of Australian Cities National Conference 2015，Gold Coast.

Zhang M，Meng X Y，Wang L L，et al.，2014. Transit development shaping urbanization：Evidence from the housing market in Beijing[J]. Habitat International，44：545-554.

Zhang M，Wang L，2013. The impacts of mass transit on land development in China：The case of Beijing[J]. Research in Transportation Economics，40(1)：124-133.

Zhang M, Yen B T, 2020. The impact of Bus Rapid Transit (BRT) on land and property values: A meta-analysis[J]. Land Use Policy, 96: 104684.

Zheng S, Cao J, Kahn ME, et al. , 2013. Real estate valuation and cross-boundary air pollution externalities: Evidence from Chinese cities[J]. The Journal of Real Estate Finance and Economics, 48(3): 398-414.

Zheng S, Kahn M E, 2006. Land and residential property markets in a booming economy: New evidence from Beijing[J]. Journal of Urban Economics, 63(2): 743-757.

Zheng S, Yang Z, 2007. Housing price gradient with respect to true commuting time in Beijing: Empirical estimation and its implications[C]// 2007 International Conference on Management, Wuhan.

Zietz J, Zietz E N, Sirmans G S, 2008. Determinants of house prices: A quantile regression approach[J]. The Journal of Real Estate Finance and Economics, 37: 317-333.

附　录

附表 1　交通资本化相关文献回顾

文献	研究区域	交通设施类型	主要结论
Bowes 等 (2001)	美国·亚特兰大	地铁	地铁站点对距离周边 1～3 英里范围内的住宅具有显著的正向资本化效应，而距离站点 1/4 英里以外的住宅受到住宅价格负向外部性的影响，价格比 3 英里以外的住宅价格低 19%。具体来说，地铁站点对住宅价格的影响在城市范围内并不是均匀的，而是随居民家庭收入水平，与 CBD 的距离和与其他站点的不同而存在较大差异。居民家庭收入水平越高，离 CBD 越近，地铁站点的资本化效应越大，对住宅开发的吸引力越强
Hess 等 (2007)	美国·布法罗	轻轨	选取轻轨站点周边 0.5 英里内的住宅为研究对象，分别采用住宅与轻轨站点之间的直线距离和网络距离来衡量邻近性。结果显示，每靠近轻轨站点 1 英尺，住宅价格分别上升 2.31 美元（直线距离）和 0.99 美元（网络距离）。此外，轻轨站点的资本化效应在城市内部是不均匀的，在高收入区域为正，在低收入地区为负
Agostini 等 (2008)	智利·圣地亚哥	地铁	轨道交通对房地产价值的资本化效应在宣告期已经显现，在宣布建设后，确定车站位置后，住宅价格上升了 3.9% 至 5.4%
Billings(2011)	美国·夏洛特	轻轨	轻轨对站点周边 1 英里范围内的房地产价值产生显著的影响，独栋住宅价格上升 4.0%，公寓价格上升 11.3%
Pan(2013)	美国·休斯敦	轻轨	总体上，轻轨的开通运营对房地产价值产生显著的正向资本化效应，但距离轻轨站点最近（0.25 英里）的房地产价值受交通噪声、空气污染等负向外部性影响而下降
Dubé 等 (2013)	加拿大·蒙特利尔	通勤铁路	通勤铁路对加拿大蒙特利尔房地产市场价值的平均资本化率为 2.6%，为政府增加了数百万美元的房地产税收

续表

文献	研究区域	交通设施类型	主要结论
Zhang 等(2014)	中国,北京	地铁、轻轨	地铁站点对住宅价格的资本化率和影响范围均比轻轨站点大。具体而言,住宅每靠近地铁站点 100 米,住宅价格上升 248.31 元/米²,并且地铁站点的溢价作用在 1 英里范围内均显著;而每靠近轻轨站点 100 米,住宅价格上升 110.71 元/米²,其影响范围降至 0.5 英里
Xu 等(2016)	中国,武汉	地铁	地铁对站点 400 米路网距离内的住宅具有增值作用。地产价值在 0～100 米核心区域增加了 16.7%,在 100～400 米内增加了约 8.0%
Dai 等(2016)	中国,北京	地铁	轨道交通站点对住宅价格具有正向的资本化效应,但是换乘站点的距离交通站点的溢价范围均比非换乘站点大。住宅价格与轨道交通站点 100 米,住宅价格平均上升 27.4 元/米²。其中,换乘站点对住宅产生的正向资本化作用为 96.5 元,非换乘站点为 23.0 元。此外换乘站点影响的空间范围也比非换乘站点更大,分别为 1 200～1 400 米和 1 000 米
Zhong 等(2016)	美国,洛杉矶	地铁、轻轨	已经开通运营的轨道交通站点对多户住宅对该范围外的多户住宅价格有正向的资本化效应,距离站点 1 600 米内多户住宅的资本化率比该范围外的多户住宅价格高 27%～99%。而拟建设的轨道交通站点,对站点周边 400～800 米内的住宅产生 8% 的负向资本化效应
Wang 等(2016)	中国,上海	地铁	每靠近地铁站点 100 米,公寓租金平均上涨 0.4%。而对于不同租金水平的公寓,如在 0.25 分位点上,地铁站点对公寓租金的资本化效应为 0.061%,在 0.5 和 0.75 分位点上,资本化率则降为 0.054% 和 0.055%
Perk(2016)	美国,波士顿	快速公交	快速公交站对住宅价格的溢价作用为 7.6%
Ulloa(2015)	美国,里诺	快速公交	快速公交对距车站 0.4～0.8 英里的住房溢价最高,为 5 000 美元。
Rodriguez 等(2004)	哥伦比亚,波哥大	快速公交	到快速公交站点每增加 5 分钟步行时间,物业租金下降 6.8%～9.3%
Perdomo Calvo 等(2007)	哥伦比亚,波哥大	快速公交	快速公交距离站点 500 米内的住宅价格的资本化效应为 5.8%～17%
Perk 等(2009)	美国,匹兹堡	快速公交	快速公交站点对住宅价格产生正向资本化效应,并且随着距离的增加而减小。具体来说,其边际价格在 100 英尺处为 19 美元,而在 1 000 英尺处则为 2.75 美元

续表

文献	研究区域	交通设施类型	主要结论
Deng 等(2010)	中国，北京	快速公交	快速公交站点对周边房地产价值的资本化效应随着距离的增加而减小，对站点300~500米范围内的物业高7.4%，比500~1 000米范围内的物业高15%
Cervero 等(2011)	韩国，首尔	快速公交	快速公交站点300米内的住宅价格溢价高达10.0%
Ma 等(2014)	中国，北京	快速公交	没有显著的影响
Salon 等(2014)	中国，广州	快速公交	快速公交站点对周边中低价位住房产生显著的溢价作用
Pang 等(2015)	中国，北京	快速公交	快速公交站点5~10分钟步行距离内的住房的溢价效应为5.3%
Mulley(2014)	澳大利亚，新南威尔士	快速公交	乘坐快速公交前往就业中心的时间每缩短1分钟，住宅价格上涨2.9%（6 595澳元）；前往购物中心的时间每缩短1分钟，住宅价格上涨4.9%（11 143澳元）
Mulley 等(2017)	澳大利亚，布里斯班	快速公交	快速公交线路开通后，站点周边800米内的物业价格上涨7%
Zheng 等(2008)	中国，北京	常规公交，地铁	住宅与地铁站点的距离每增加10%，住宅价格上涨5.1%~7.9%；与公交站点的距离每增加10%，住宅价格上涨0.4%~1.6%
Cao 等(2012)	美国，法戈	常规公交	常规公交服务对靠近交通走廊的住宅价格产生负向资本化效应，线路周边1/8英里范围内的住宅租金降低18.41美元/月
Ibeas 等(2012)	西班牙，桑坦德	常规公交	每增加1条公交线路，住宅价格上升0.5%~1.1%；每增加1个公交车站，住宅价格上升1.4~2.2%；而到达CBD的出行时间每增加1分钟，住宅价格下跌0.5%~1.1%
Wang 等(2015)	英国，加的夫	常规公交	公交站点周边1 500米内高价位住宅（0.8和0.9分位点）比低价位住宅（0.1和0.2分位点）受益更多；每增加1个公交车站，对价格分位数高于0.8的住宅，资本化效应最强，住宅价格上升0.22%，而对价格分位数较低的住宅，资本化效应则降至0.11%
Wen 等(2014)	中国，杭州	常规公交	未发现显著的影响

续表

文献	研究区域	交通设施类型	主要结论
Wen 等（2015）	中国，杭州	常规公交	城市常规公交服务对住宅价格的影响随时间的推移而变化。2003 年，公交线路对住宅价格产生 0.3% 的正向影响；2008 年，未发现显著的影响；到了 2011 年，产生 0.1% 的负向影响
Wen 等（2017a）	中国，杭州	常规公交	未发现显著的影响
Conrow 等（2020）	美国，坦帕	自行车	自行车基础设施的密度与住宅价格呈正相关。住宅 0.5 英里缓冲区内的自行车道每增加 1 英里，住宅价格上升 619 美元。
Liu 等（2017）	美国，波特兰	自行车	每靠近自行车设施 0.25 英里，住宅价格上涨 686 美元，自行车道密度每增加 0.25 英里，住宅价格增加 4 039 美元
Welch 等（2016）	美国，波特兰	自行车	自行车设施对住宅价格产生了负向影响，住宅与自行车道之间的距离每增加 1 英尺，住宅价格上涨 2.47 美元
Krizek（2006）	美国，明尼阿波里斯—圣保罗	自行车	不同类型的自行车设施对住宅价格的影响差异很大，如：每靠近路边自行车道 400 米，住宅售价中位数的住宅价格下降 2 272 美元；而每靠近非路边自行车道 400 米，住宅价格上涨 510 美元。此外，邻近自行车道郊区住宅价格有负向影响，对城市区住宅价格没有显著影响
Lindsey 等（2004）	美国，波利斯	自行车	城市绿道对 0.5 英里范围内的住宅价格具有显著的正向影响，对住宅价格的贡献率为 14%
Asabere 等（2009）	美国，贝克萨尔	自行车	城市步道、绿道以及拥有绿化的步道对住宅价格的溢价效应分别为 2%、4% 和 5%
Nicholls 等（2005）	美国，奥斯汀	自行车	在巴顿地区，邻近巴顿缓溪自然区域的住宅价格上升了 44 332 美元；而在洛斯维克里克呈正克里克呈里克呈地区，城市绿道并没有对住宅价格产生显著的影响 14 777 美元
Parent 等（2013）	美国，哈密尔顿	自行车	具有"小迈阿密"之称的风景步道与住宅价格呈正相关关系，住宅每远离步道 1 英尺，价格下降 3.98 美元

续表

文献	研究区域	交通设施类型	主要结论
Boarnet 等（2001）	美国，奥兰治	高速公路	收费高速公路运营后，周边高速公路周边的住宅价格显著上升。山麓高速公路周边的住宅每远离 1 英里，住宅价格下降 4 600 美元；圣华金山高速公路周边的住宅每远离 1 英里，住宅价格下降 24 000 美元
Ten Siethoff 等（2002）	美国，奥斯汀	高速公路	高速公路的扩建引发周边房地产价值的上升，特别是靠近高速公路的土地，每平方英里可获得 1 亿美元的溢价
Du 等（2006）	英国	高速公路	使用 GWR 模型估计了英国可达性对住宅价格的影响，研究结果显示，可达性通常对住宅价格产生积极影响。到就业中心可达性的增加使住宅价格上升了 4 000～17 783 英镑
Chernobai 等（2011）	美国，洛杉矶	高速公路	高速公路周边住房的溢价在 0.4 英里处达到最大值，随着距离的增加，溢价作用减小
Seo 等（2014）	美国，凤凰城	高速公路	高速公路对邻近住宅价格具有显著正向的影响，且影响程度随距离增加而呈先增大后减小的倒 U 形规律
Levkovich 等（2016）	荷兰	高速公路	可达性的改善对住宅价格下降，综合所有外部性因素，高速公路的修建对住宅价格的影响总体上是正向的
Selmer 等（2017）	德国，柏林	城市道路	交通噪声每增加 1 分贝，住宅价格下降约 1 500 英镑
Andersson 等（2010）	瑞典	城市道路	交通噪声每增加 1 分贝，住房价格下降 0.17%～0.68%
Li 等（2012）	美国，洛杉矶	高速公路、城市道路	在快速路 100 米内，交通噪声每增加 1%，住房价格下降 24 美元
Wardman 等（2004）	英国，爱丁堡	城市道路	城市居民为交通噪声水平降低 50% 的支付意愿为 10.63～18.33 英镑，为交通产生的空气污染水平降低 50% 的支付意愿为 11.49～19.30 英镑
Kawamura 等（2005）	美国，伊利诺伊	城市道路	城市道路交通流量增加 10%，住宅价格将下降 0.4%

附表 2　模型 7 的分位数回归结果

变量名称	0.1	0.2	0.3	0.4	0.5	0.6	0.7	0.8	0.9
ln(轨道交通站点距离)	-0.030***	-0.045***	-0.045***	-0.043***	-0.049***	-0.054***	-0.056***	-0.062***	-0.078***
ln(快速公交站点数量)	0.061***	0.035*	0.012	0.010	0.015	0.017*	0.007	0.006	-0.003
ln(快速路距离)	-0.019***	-0.015***	-0.019***	-0.017***	-0.012**	-0.012**	-0.014***	-0.016***	-0.015*
ln(常规公交站点数量)	-0.017*	-0.005	0.001	0.000	-0.007	-0.006	-0.006	-0.012	-0.014
水上巴士站点	0.032***	0.036***	0.030***	0.026***	0.025***	0.022**	0.025***	0.028**	0.006
ln(公共自行车点数量)	-0.021	-0.007	-0.001	-0.001	-0.003	0.001	-0.004	-0.004	-0.018
ln(西溪湿地距离)	-0.242***	-0.234***	-0.253***	-0.265***	-0.259***	-0.272***	-0.274***	-0.280***	-0.277***
ln(房龄)	-0.003	-0.012	-0.029***	-0.037***	-0.049***	-0.059***	-0.065***	-0.066***	-0.047***
自然环境	0.020***	0.010*	0.012***	0.010*	0.013*	0.014**	0.014**	0.019***	0.030***
小区环境	0.022***	0.020***	0.022***	0.020***	0.017**	0.021**	0.025***	0.025***	0.014**
教育配套	-0.009	-0.007	-0.005	0.002	0.004	0.003	0.016***	0.022**	0.038***
生活设施	0.026***	0.016***	0.012***	0.010***	0.008**	0.007*	0.011**	0.012**	0.012**
物业管理	0.020***	0.028***	0.029***	0.034***	0.034***	0.035***	0.030***	0.033***	0.049***
滨江区	-0.103***	-0.099***	-0.125***	-0.132***	-0.139***	-0.162***	-0.185***	-0.229***	-0.268***
西湖区	0.081**	0.118***	0.134***	0.123***	0.126***	0.137***	0.126***	0.111***	0.108***
拱墅区	0.045*	0.063***	0.041**	0.025	0.005	-0.008	-0.024	-0.056**	-0.076***
下城区	0.000***	0.017	-0.001	-0.010	-0.021	-0.032	-0.045**	-0.068**	-0.069***
上城区	-0.031	-0.022	-0.044**	-0.057***	-0.060***	-0.059***	-0.068***	-0.107***	-0.106***
Y_{2012}	-0.079***	-0.074***	-0.066***	-0.069***	-0.067***	-0.068***	-0.076***	-0.077***	-0.068***
Y_{2013}	-0.031***	-0.028**	-0.018*	-0.010	-0.010	-0.013	-0.011	-0.016	-0.019
Y_{2014}	-0.119***	-0.097***	-0.093***	-0.084***	-0.079***	-0.075***	-0.078***	-0.076***	-0.092***
Y_{2015}	-0.141***	-0.128***	-0.117***	-0.107***	-0.091***	-0.085***	-0.080***	-0.090***	-0.075***
(常量)	9.695***	9.843***	10.010***	10.096***	10.147***	10.226***	10.285***	10.348***	10.459***
伪 R^2	0.448***	0.436***	0.424***	0.418***	0.420***	0.427***	0.441***	0.453***	0.473***

注：*** 表示在 1% 的显著性水平上显著；** 表示在 5% 的显著性水平上显著；* 表示在 10% 的显著性水平上显著。

附表 3　模型 8 的分位数回归结果

	0.1	0.2	0.3	0.4	0.5	0.6	0.7	0.8	0.9
ln(轨道交通站点距离)	-0.029*	-0.040***	-0.043***	-0.034***	-0.038***	-0.044***	-0.051***	-0.064***	-0.071***
ln(快速公交站点数量)	0.032*	0.047**	0.020	0.015	0.005	0.007	0.005	0.011	0.000
ln(快速路距离)	-0.019**	-0.019***	-0.010	-0.008	-0.004	0.001	-0.004	-0.006	-0.002
ln(常规公交站点数量)	0.035*	0.006	-0.004	0.013	0.014	-0.003	0.004	-0.005	-0.018
水上巴士站点	-0.026	-0.004	-0.012	-0.008	-0.001	-0.002	0.008	-0.003	-0.021
ln(公共自行车点数量)	-0.019	-0.006	0.009	0.001	-0.004	-0.001	-0.004	-0.002	-0.040*
ln(西湖距离)	-0.226***	-0.231***	-0.244***	-0.264***	-0.271***	-0.285***	-0.289***	-0.297***	-0.272***
ln(房龄)	-0.004	-0.004	-0.020	-0.031***	-0.043***	-0.055***	-0.062***	-0.065***	-0.048***
自然环境	0.028***	0.016**	0.010	0.013*	0.016*	0.014	0.014	0.015*	0.041***
小区环境	0.026***	0.023***	0.028***	0.027***	0.021***	0.024***	0.032***	0.034**	0.023*
教育配套	-0.005	-0.005	0.004	0.006	0.000	0.009	0.008	0.010	0.024**
生活设施	0.024***	0.015***	0.008	0.010*	0.009*	0.010	0.013*	0.012*	0.019**
物业管理	0.020**	0.025***	0.029***	0.029***	0.034***	0.030***	0.022***	0.032***	0.052***
滨江区	-0.178***	-0.156***	-0.176***	-0.185***	-0.210***	-0.219***	-0.240***	-0.276***	-0.317***
西湖区	0.051	0.081**	0.084**	0.060*	0.046	0.059*	0.073*	0.072**	0.077*
拱墅区	0.022	0.043	0.046	0.005	-0.012	-0.014	-0.030	-0.025	-0.039
下城区	-0.005	0.010	0.002	-0.015	-0.024	-0.032	-0.034	-0.035	0.008
上城区	-0.050*	-0.040	-0.043	-0.068**	-0.068*	-0.087**	-0.099***	-0.122***	-0.083*
Y_{2012}	-0.080***	-0.082***	-0.074***	-0.068***	-0.070***	-0.078***	-0.072***	-0.073***	-0.066***
(常量)	9.728***	9.878***	10.006***	10.071***	10.211***	10.319***	10.379***	10.457***	10.457***
伪 R^2	0.479	0.458	0.437	0.431	0.434	0.439	0.456	0.479	0.504***

注:"***"表示在 1% 的显著性水平上显著;"**"表示在 5% 的显著性水平上显著;"*"表示在 10% 的显著性水平上显著。

附表 4　模型 9 的分位数回归结果

变量名称	0.1	0.2	0.3	0.4	0.5	0.6	0.7	0.8	0.9
ln(轨道交通站点距离)	−0.032**	−0.042**	−0.048***	−0.050***	−0.051***	−0.059***	−0.066***	−0.075***	−0.077***
ln(快速公交站点数量)	0.082***	0.052**	0.025	0.029	0.026	0.025	0.016	0.009	−0.004
ln(快速路距离)	−0.016*	−0.017*	−0.023***	−0.019***	−0.017***	−0.016***	−0.018***	−0.023***	−0.021*
ln(常规公交站点数量)	−0.022	−0.008	0.001	−0.006	−0.010	−0.004	−0.001	−0.008	0.002
水上巴士站点	0.033	0.029*	0.035***	0.043***	0.040***	0.033***	0.036***	0.046***	−0.001
ln(公共自行车点数量)	−0.020	−0.003	−0.002	0.001	−0.002	0.000	−0.011	−0.015	−0.010
ln(西湖距离)	−0.247***	−0.247***	−0.258***	−0.262***	−0.263***	−0.267***	−0.264***	−0.274***	−0.291***
ln(房龄)	−0.007	−0.027*	−0.043***	−0.050***	−0.072***	−0.074***	−0.070***	−0.074***	−0.053***
自然环境	0.015*	0.005	0.011*	0.011**	0.009	0.012*	0.018**	0.026***	0.032***
小区环境	0.022**	0.013	0.018*	0.014*	0.015**	0.012	0.014*	0.020**	0.014
教育配套	−0.010	−0.007	−0.007	−0.002	0.004	0.009	0.016**	0.026**	0.039***
生活设施	0.025***	0.019***	0.012***	0.010**	0.006	0.005	0.011*	0.010*	0.012*
物业管理	0.019*	0.032**	0.030***	0.032***	0.033***	0.037***	0.037***	0.035***	0.045***
滨江区	−0.037	−0.061*	−0.078***	−0.081***	−0.105***	−0.138***	−0.152***	−0.208***	−0.243***
西湖区	0.099**	0.144***	0.170***	0.179***	0.173***	0.168***	0.169***	0.159***	0.114***
拱墅区	0.049	0.069**	0.052*	0.028	0.011	−0.008	−0.011	−0.064**	−0.084**
下城区	0.005	0.023	0.001	−0.015	−0.022	−0.050*	−0.054**	−0.095***	−0.110***
上城区	−0.025	−0.016	−0.032	−0.049*	−0.057***	−0.046*	−0.048*	−0.096***	−0.099***
Y_{2014}	−0.089***	−0.074***	−0.067***	−0.065***	−0.066***	−0.068***	−0.066***	−0.063***	−0.077***
Y_{2015}	−0.111***	−0.101***	−0.096***	−0.089***	−0.082***	−0.076***	−0.076***	−0.071***	−0.063***
(常量)	9.647***	9.846***	9.984***	10.041***	10.156***	10.218***	10.209***	10.314***	10.482***
伪 R^2	0.448***	0.436***	0.424***	0.418***	0.420***	0.427***	0.441***	0.453***	0.473***

注：*** 表示在 1% 的显著性水平上显著；** 表示在 5% 的显著性水平上显著；* 表示在 10% 的显著性水平上显著。

附表 5　模型 10 的分位数回归结果

变量名称	0.1	0.2	0.3	0.4	0.5	0.6	0.7	0.8	0.9
D_1	-0.017	0.035*	0.049*	0.044**	0.047***	0.063***	0.097***	0.093***	0.122***
D_2	-0.023	0.007	0.020	0.021	0.031**	0.052***	0.061***	0.054***	0.098***
D_3	-0.045*	-0.020	-0.011	-0.009	-0.013	0.009	0.022	0.018	0.046*
D_4	-0.025	-0.001	0.020	0.011	0.007	0.015	0.023	0.019	0.032
ln(快速公交站点数量)	0.066***	0.052***	0.028	0.021	0.026*	0.023*	0.017	0.017	0.003
ln(快速路距离)	-0.013**	-0.013**	-0.015***	-0.014***	-0.013**	-0.017**	-0.019***	-0.018***	-0.030***
ln(常规公交站点数量)	-0.014	-0.010	0.002	-0.001	-0.007	-0.017**	-0.023**	-0.041***	-0.027**
水上巴士站点	0.013	0.025**	0.021**	0.017*	0.018**	0.018*	0.016**	0.023*	-0.002
ln(公共自行车点数量)	-0.021	0.002	0.004	0.004	0.003	0.001	-0.001	-0.006	-0.024**
ln(西湖距离)	-0.272***	-0.266***	-0.273***	-0.283***	-0.286***	-0.296***	-0.291***	-0.296***	-0.304***
ln(房龄)	-0.011	-0.010	-0.031***	-0.045***	-0.057***	-0.065***	-0.068***	-0.066***	-0.038***
自然环境	0.020***	0.011**	0.010**	0.010**	0.011**	0.014**	0.013**	0.019***	0.035***
小区环境	0.026***	0.018***	0.020***	0.020**	0.016***	0.019***	0.025***	0.022***	0.014*
教育配套	-0.006	-0.007	-0.002	0.002	0.005	0.010*	0.021**	0.034***	0.046***
生活设施	0.012*	0.006	0.011**	0.010**	0.010**	0.004	-0.001	-0.004	-0.029**
物业管理	0.013***	0.027***	0.029***	0.030***	0.035***	0.034***	0.033***	0.040***	0.059***
滨江区	-0.185***	-0.153***	-0.149***	-0.163***	-0.178***	-0.176***	-0.187***	-0.205***	-0.233***
西湖区	-0.028	0.018	0.043	0.041	0.044*	0.081***	0.091***	0.074***	0.071***
拱墅区	-0.030	-0.006	-0.015	-0.036***	-0.054***	-0.048***	-0.052***	-0.085***	-0.086***
下城区	-0.044**	-0.034**	-0.041***	-0.050***	-0.059***	-0.054***	-0.046***	-0.068***	-0.054*
上城区	-0.084***	-0.073***	-0.082***	-0.098***	-0.100***	-0.094***	-0.085***	-0.116***	-0.096***
Y_{2012}	-0.076***	-0.073***	-0.066***	-0.066***	-0.074***	-0.067***	-0.077***	-0.076***	-0.065***
Y_{2013}	-0.030*	-0.025*	-0.023*	-0.010	-0.013	-0.009	-0.008	-0.012	-0.018
Y_{2014}	-0.111***	-0.097***	-0.094***	-0.086***	-0.085***	-0.076***	-0.080***	-0.078***	-0.085***
Y_{2015}	-0.137***	-0.130***	-0.121***	-0.104***	-0.102***	-0.091***	-0.080***	-0.084***	-0.075***
(常量)	9.820***	9.877***	10.008***	10.118***	10.171***	10.231***	10.262***	10.283***	10.354***
伪 R^2	0.445***	0.430***	0.416***	0.411***	0.411***	0.416***	0.430***	0.444***	0.461***

注:"***"表示在 1% 的显著性水平上显著;"**"表示在 5% 的显著性水平上显著;"*"表示在 10% 的显著性水平上显著。

附表 6　模型 11 的分位数回归结果

变量名称	0.1	0.2	0.3	0.4	0.5	0.6	0.7	0.8	0.9
D_1	-0.061	0.030	0.013	0.021	0.028	0.043	0.058**	0.075**	0.113***
D_2	-0.046	-0.009	-0.010	-0.001	0.013	0.024	0.036	0.058**	0.077**
D_3	-0.067	-0.044	-0.042*	-0.031	-0.022	-0.018	-0.021	0.009	0.060
D_4	-0.041	-0.012	-0.008	-0.010	-0.018	0.001	0.004	-0.022	0.007
ln(轨道交通站点数量)	0.052**	0.030	0.021	0.019	0.011	0.019	0.029	0.018	-0.018
ln(快速路路距离)	-0.015*	-0.019**	-0.010	-0.011*	-0.008	-0.006	-0.013	-0.006	-0.012
ln(常规公交站点数量)	-0.011	0.007	0.009	-0.002	-0.001	-0.007	-0.018	-0.030*	-0.048**
水上巴士站点	0.007	0.019	0.008	-0.002	-0.005	0.004	0.002	-0.003	-0.009
ln(公共自行车点数量)	-0.032	0.003	0.000	0.003	-0.003	-0.005	0.013	-0.004	-0.012
ln(西湖距离)	-0.263***	-0.265***	-0.280***	-0.291***	-0.305***	-0.309***	-0.319***	-0.322***	-0.300***
ln(房龄)	-0.006	0.003	-0.021*	-0.039***	-0.047***	-0.052***	-0.063***	-0.067***	-0.054**
自然环境	0.023**	0.014*	0.008	0.013*	0.016*	0.012	0.015	0.015	0.034***
小区环境	0.034***	0.027***	0.026***	0.021**	0.017*	0.026***	0.029***	0.030***	0.022
教育配套	0.013	0.010	0.012	0.014**	0.010	0.003	0.002	-0.005	-0.022
生活设施	-0.006	-0.003	0.000	0.005	0.006	0.000	0.017	0.023**	0.036***
物业管理	0.015	0.025***	0.031***	0.030***	0.031***	0.028***	0.029***	0.033***	0.050***
滨江区	-0.254***	-0.205***	-0.236***	-0.215***	-0.236***	-0.240***	-0.228***	-0.252***	-0.328***
西湖区	-0.067	-0.021	-0.029	-0.026	-0.021	0.000	0.016	0.038	0.015
拱墅区	-0.047	-0.012	-0.041	-0.054*	-0.055**	-0.058**	-0.066**	-0.054	-0.090*
下城区	-0.032	-0.024	-0.044	-0.052**	-0.051**	-0.056*	-0.058	-0.022	-0.029
上城区	-0.077***	-0.088***	-0.101***	-0.122***	-0.112***	-0.107***	-0.118***	-0.129***	-0.121**
Y_{2012}	-0.079***	-0.074***	-0.068***	-0.070***	-0.068***	-0.073***	-0.076***	-0.073***	-0.070***
(常量)	9.831***	9.878***	10.060***	10.168***	10.272***	10.283***	10.310***	10.411***	10.502***
伪 R^2	0.480***	0.452***	0.432***	0.427***	0.430***	0.432***	0.448***	0.469***	0.493***

注:***表示在 1% 的显著性水平上显著;**表示在 5% 的显著性水平上显著;*表示在 10% 的显著性水平上显著。

附表 7 模型 7 的分位数回归结果

变量名称	0.1	0.2	0.3	0.4	0.5	0.6	0.7	0.8	0.9
D_1	-0.002	0.035	0.056**	0.067**	0.070***	0.094***	0.113***	0.119***	0.134***
D_2	-0.019	0.015	0.031	0.048**	0.057***	0.065***	0.074***	0.076***	0.117***
D_3	-0.027	0.000	0.042*	0.034*	0.035*	0.038*	0.036*	0.032	0.067*
D_4	-0.053	-0.017	0.009	0.017	0.022	0.042*	0.044**	0.034	0.053
ln(轨道交通站点数量)	0.097***	0.073***	0.036	0.035*	0.033	0.026	0.021	0.019	0.001
ln(快速路路距离)	-0.015*	-0.017*	-0.020**	-0.018**	-0.015*	-0.021***	-0.022***	-0.027**	-0.042***
ln(常规公交站点数量)	-0.014	-0.008	0.002	-0.006	-0.012	-0.008	-0.021	-0.026	-0.014
水上巴士站点	0.020	0.026*	0.028**	0.035***	0.036***	0.023**	0.020*	0.031**	-0.001
ln(公共自行车点数量)	-0.022	0.006	0.001	0.011	0.004	-0.003	-0.007	-0.015	-0.014
ln(西湖距离)	-0.275***	-0.276***	-0.275***	-0.279***	-0.280***	-0.284***	-0.281***	-0.295***	-0.309***
ln(房龄)	-0.001	-0.027*	-0.044***	-0.058***	-0.074***	-0.076***	-0.079***	-0.077***	-0.038*
自然环境	0.012	0.008	0.011*	0.010*	0.010	0.012	0.015**	0.021**	0.033***
小区环境	0.024***	0.012	0.010	0.015*	0.014*	0.012	0.015*	0.019**	0.017
教育配套	-0.014	-0.011	-0.003	0.001	0.004	0.010	0.021**	0.031***	0.042***
生活设施	0.004	0.007	0.013**	0.007	0.009	0.004	0.000	-0.006	-0.032**
物业管理	0.014	0.031***	0.031***	0.032***	0.031***	0.040***	0.038***	0.038***	0.057***
滨江区	-0.092	-0.113***	-0.112***	-0.115***	-0.121***	-0.148***	-0.180***	-0.196***	-0.201***
西湖区	-0.001	0.042	0.071*	0.109***	0.115***	0.124***	0.111***	0.110***	0.119***
拱墅区	-0.028	0.001	-0.012	-0.020	-0.024	-0.035	-0.049*	-0.094**	-0.077**
下城区	-0.039	-0.037	-0.045*	-0.052**	-0.052**	-0.058*	-0.056*	-0.086***	-0.082**
上城区	-0.070**	-0.070***	-0.073***	-0.081***	-0.070***	-0.068**	-0.069***	-0.111***	-0.085***
Y_{2014}	-0.076***	-0.069***	-0.067***	-0.065***	-0.072***	-0.072***	-0.074***	-0.064***	-0.073***
Y_{2015}	-0.100***	-0.097***	-0.095***	-0.085***	-0.085***	-0.082***	-0.075***	-0.072***	-0.072***
(常量)	9.723***	9.849***	9.983***	10.052***	10.124***	10.198***	10.239***	10.271***	10.342***
伪 R^2	0.433***	0.420***	0.410***	0.407***	0.410***	0.416***	0.429***	0.444***	0.461***

注：*** 表示在 1% 的显著性水平上显著；** 表示在 5% 的显著性水平上显著；* 表示在 10% 的显著性水平上显著